西南财经大学"211工程"三期建设项目资助

西南财经大学经济学院
西南财经大学马克思主义经济学研究院

编

陈豹隐全集

第一卷

理论经济学

②

 西南财经大学出版社

1919年8月28日陈豹隐（右）与唐惟俶（左）
在北京来今雨轩举行结婚仪式

1919年12月初唐惟俶（右一）、陈豹隐（右二）、屠孝实（右四）、吴君毅、杨适夷在北京为潘力山（左二）赴美饯行

1927年陈豹隐（左）、白鹏飞（右）在武汉合影

编者按

一、《经济现象的体系》

《经济现象的体系》，署名陈豹隐，1929 年 6 月由上海乐群书店出版发行，1929 年 8 月再版（为本次所选参校本），1932 年三版（为本次所选底本）。该书曾整体收入施复亮、陈豹隐合著的《社会科学经济概论》（上海大江书店，1930 年。全书由施复亮《社会科学的研究》和陈豹隐《经济现象的体系》两部分组成）。

据《乐群月刊》所载的该书广告称："凡读过《经济学大纲》①的对陈先生当然有认识了。本书是陈先生在北大主讲时的讲义，加以修正补充，体系明晰，行文流利，为初研究经济学者不可缺的良书。据著者说，在未读《经济学大纲》之前，当先读这部《经济现象的体系》，由此可知本书的价值了。"②

相关介评，另可参看：黄华《评〈经济现象的体系〉》等，收入全集第六卷。

二、《经济学原理十讲（上册）》

《经济学原理十讲（上册）》，署名陈豹隐，1931 年 9 月由北平好望书店出版发行，本次所选底本为初版。

---

① 收入全集第二卷第一册。
② 《乐群月刊》1929 年 9 月 1 日第 2 卷第 9 期，书后广告页。

据谭辅书评称："本书系陈氏在学校所授的讲义，所说的道理都是深入浅出，所有的问题都是有先有后，何者为根本何者为枝叶……本书的最大好处还有：就是在每讲之末，把中国经济问题加入讨论"。①

又据好望书店的该书广告称："目前中国，一般关于经济学原理的课本，都是写了一些空洞抽象的零碎知识，没有实际而系统的叙述。这部书是陈先生继《经济现象的体系》之后而作的，可以说是他的补充篇。不过《经济现象的体系》一书，目的在供给一般经济学上的初步知识；本书的目的，则在供给专攻经济学者的参考资料，内容重剖析与观察，其周密与正确，均臻上乘，允为大学教科与参考之善本。"②

三、《商品的价值》

《商品的价值》，署名陈豹隐，选自《国立北平大学学报法学专刊》1933年4月第1卷第1期，第11—133页。该文为陈豹隐拟出但实际未出版的《经济学原理十讲（下册）》中的一部分，作于1932年。文中第7点"由必要劳动价值说看来的各种价值学说"与

---

① 谭辅：《一本可读的经济学原理——〈经济学原理十讲（上册）〉》，《中国新书月报》1932年5月第2卷第4、5号，第9—10页。收入全集第六卷。

② 章友江：《比较宪法》，北平好望书店，1933年，书后广告页。

《经济学讲话》第二篇第二章第四节"从抽象劳动价值说看来的种种价值学说"（收入全集第一卷第一册）内容雷同，为避免重复，此处只节录前6点。

四、《经济恐慌下的日本》

《经济恐慌下的日本》，署名陈豹隐等著，1937年由战时出版社出版发行，隶属"战时小丛刊之六三"。

该书收录了《法西斯蒂日本在战争下的财政经济的恐怖》（鲍阁来可夫）、《日本经济上的危机》（汪慰云）、《日本经济危机的检讨》（佛兰士）、《日本经济在过去的难局》（土屋乔雄）、《日本经济在今后的恐慌》（丕洛夫）、《日本的经济破绽》（冯玉祥）、《日本财政经济之危机》（陶希圣）等中外论文共31篇。

其中《日本经济的危机》一文为陈豹隐所著，该文实际上节选自《日本社会经济的危机》（收入全集第三卷），为避免重复，故作存目处理。

五、《抗战建国纲领浅说 经济篇》

《抗战建国纲领浅说》，署名中国国民党中央执行委员会宣传部编，1938年10月由重庆正中书局出版发行。

该书乃是"从学理方面阐发纲领内容"，"悉按抗战建国纲领原文顺序"①，分总则、外交、军事、政治、经济、民众运动和教育共七篇，分别由陶希圣、周鲠生、徐培根、陈博生、陈豹隐、陶百川、叶溯中执笔，书前有周佛海序，书后附有《中国国民党抗战建国纲领》。本次仅节选陈豹隐所撰的"经济篇"。

六、《实业计划综合研究总论》

《实业计划综合研究总论》，陈豹隐、黄元彬先生讲，1943 年 6 月重庆中央训练团党政高级训练班编印。本次仅节选陈豹隐所执笔的第一章。据"陈豹隐档案"②，陈豹隐曾任重庆中央训练团党政高级训练班经济主任教官。

七、《各国现代经济学说及组织》

《各国现代经济学说及组织》，邵力子、赵兰坪、许德珩、陈豹隐、朱偰先生讲，1943 年 6 月重庆中央训练团党政高级训练班编印。本次仅节选陈豹隐所执笔的"一　现代经济学说及组织。"和"六　中国现代经济学说及组织（日本附）"。

---

① 周佛海：《序》，中国国民党中央执行委员会宣传部编：《抗战建国纲领浅说》，重庆正中书局，1938 年，第 1 页。陈豹隐时任国民参政会参政员、军事委员会参事室参事、三青团中央监察会监察等。

② 西南财经大学档案馆藏。

目录

经济学原理十讲　（上册）　/097

经济现象的体系

序

在过去几年当中，常常有人问我："研究经济学原理，有什么顶好的方法？"我对于这种质问，常常都这样答复："顶好的方法，是先知道一般经济现象的大体，再进一步去研究各种现象之间的关系。"

据我想来，像上面那样的质问，的确是一种有根有据的质问。因为中国现今一般关于经济学原理的教科和教科书，都只是罗列一些抽象空洞的零碎知识，脱离了实际，忘记了各种经济现象的相互作用，所以一些学经济学的人所得的知识，不但往往为老辈有经验的人所讥笑，并且也并不能达他们——学经济学的人们——那种想由经济学的研究入手，去研究社会科学的目的，那种在近几年的多数青年所共同抱着的目的。所以他们奋起"热心学道"的精神，不惜下问到鄙人名下来。

同时，我那种答复，也不是信口瞎说的；我是根据十几年来的教书经验，才敢那样答复的。的确，初学经济学的人，最苦的是不能得到一个关于经济现象全体的轮廓，其次就是苦于不能解释各种现象之间的相互关联。

要想向中国青年对症下药，据我想，最好就是改变从来经济学的编次方法：把历史上传下来的经济原论四分法（即所谓生产篇，流通篇，分配篇，消费篇四种分篇法），打破了去，另立一个两分法，把经济学原论分为（一）经济现象的体系，（二）经济现象的解剖。更详细一点说，就是先在（一）的部分，供给学经济学的人以一种有系统的，关于经济现象的全般知识；再于（二）的部分，说明各种主要的经济现象间的相互关系。如果这样办，初学的人就一定不会感觉经济学原理的空洞虚渺和散漫零落了。

我为试行我这种意见，曾经在国立某校的短期班，照上述的编次，授了两次"经济学概要"的课。结果果然是很好的。我得了一种自信，所以就把一个学生整理出来的笔记加以修改，叫那学生交该校讲义课①出版，谁知那学校碰着革命的事变，一时被解散了，那本稿子也随着失了下落。我后来好几次想自己提笔从新写一遍出来，总苦于提不起勇气。今年翻译河上肇博士的《经济学大纲》②的时候，我的勇气忽然倍加起来，居然提起笔，照自己原来的讲义纲要的上半截写出了这本小书。写这本小书的目的，在供那些看《经济学大纲》的人以经济现象的概略。因为《经济学大纲》原是一部关于经济现象的解剖的高程度的书，如果没有最基础的经济现象的知识，就恐怕有一部分人还不容易读懂。关于这一层，我已在《经济学大纲》的跋文里面说过，在这里恕不赘说了。

我这书的目的，既在供给经济学上初步的基础知识，内容自然是依照这个目的决定了的：材料务求单纯化，说明务求浅显化，全书的体裁虽系别开生面，然而也极力求着系统化。我写完了之后，

① 原文如此，今多作"讲义科"。——编者
② 收入全集第二卷第一册。——编者

复读一遍，自己甚为满意。我相信，这本书对于初学经济学的人，一定可以给一个大大的帮助。

不消说，现今的经济现象，都是在国家的制度下面存在着的。所以如果要想彻底的理解经济现象，就得同时研究政治学。特别是关于金融资本现象的理解，须得有政治学上的知识的帮助。我目前正在开始写一本《新政治学》① ——和本书是一个姊妹篇，也是一本分为（一）"政治现象的体系"和（二）"政治现象的解剖"两部分的书——以供学经济学的人们的参考。

著者自记

---

① 收入全集第一卷第四册。——编者

第一章　序说

一、什么是经济？

1. 经济是人类的物质生活的一种

人类是一种生物。一切生物都继续不断的行着两种活动：第一是保存生物个体的活动，第二是繁殖生物个体的活动。生物和无生物的主要的不同的地方，就在它时时刻刻为保存它自己的个体的缘故，进行着体内的新陈代谢，从外部吸收营养成分，向体外排泄无用成分。这种个体保存活动的进程（进行的路程）就是生物的生活。这种进程一旦停止，那生物的个体就叫做死了。生物个体的组织，在不断的新陈代谢的进程当中，会渐渐老衰朽坏的，所以凡是生物都免不了会停止它的个体保存活动的进行，就是说，都免不了一死。

免不了一死的生物却又有一种特色：它会于自己个体之外，不断的繁殖新的个体出来。这种个体繁殖的进程，就是生物的生殖。这种生殖作用，自然也和新陈代谢的作用一样，会渐渐老衰消歇的。

上面说的两种活动，都是一切生物的根本活动。如果在老死以前，停止第一种活动，生物就会半途夭折。如果防碍或绝灭第二种活动，生物就会有绝种的一天。把这两种根本活动比较起来，保存个体的活动比繁殖个体的活动还更加紧切些，所以可以说是根本中的根本活动。这种最根本的活动的进程，是以个体对外界物质的吸收和体内物质的排泄为中心的，所以又叫做生物的物质生活，拿来和个体繁殖活动的进程即生殖生活（性生活）相区别。

一切生物，不管它是植物或动物，都非实行物质生活和性生活不可的。人类是动物当中的一种，当然也免不了要实行这两种生活。

不过，因为人类是动物当中最进步的东西，他比其他一切动物，具有（一）高度的意识，（二）浓厚的感情，（三）灵活的手腕，所以（一）他的行动是有目的意识的，不是纯然出乎本能的，（二）他能够有较久的社会结合，不纯然受冲动的驱使，（三）他能够制造并使用工具，去对付天然，不纯然受天然的征服。所以人类的生活的种类比其他动物要多些：它于物质生活和性生活之外，还有政治生活和精神生活。同时人类物质生活的意义和内容也比别的动物不同些：人类的物质生活是带着高度的社会性的；它不是每一个一个的个体独自的靠着本能，去行着物质生活，倒是合多数个体的力量，用预定的目的意识，协同去行物质生活。因此，人类的物质生活的内容也就比其他动物较复杂些：它在物质生活之中，还分出经济的生活和非经济的生活的区别。

上面已经说过，保存个体的活动，就是从外部吸收营养成分，向体外排泄无用成分。所以，要行物质生活，就得先有生活资料（即外界可供吸收营养之用的物质）的存在。人类以外的动物只是吸收现成的天然品，人类却能够于现成的，可供吸收之用的天然品以外，更去用人工造出一些生活资料出来，这就是说，行着生活资料的生产。如像牧畜耕种，都是人类行着的生活资料的生产。因为这个缘故，所以人类的物质上生活所吸收的东西，就分为两种：一是现成的天然品如像太阳光，空气等等，一是靠劳费（劳力和费用）得来的东西如像食物，衣服。用普通经济学上的话说来，第一种东西是经济上无价值的东西，第二种东西是经济上有价值的东西。这里应该特别注意两件事：第一，所谓经济上无价值，有价值，并不是说那东西对于人类的有用无用，只不过是说，在经济的观点上，是不是要靠劳费才能得着罢了。第二，价值本有两种，一是使用价值即值得供人类使用的性质，又有人叫做"效用"，一是交换价值，即值得拿去和别的东西相交换的性质；目前这里所说的价值，是指交换价值说的，并不是指使用价值，更不是指"效用"。（认真说来，效用和使用价值是有区别的：效用只是一般物件的有用性，使用价值却是限于人类造出来的东西的有用性）

人类关于经济上的无价值的东西所行的种种活动的进程，叫做非经济的物质生活。人类关于经济上有价值的东西所行的种种活动的进程，叫做经济生活。经济就是经济生活的缩短语。

2. 经济生活上的准则

人类的行动大半是有目的意识的，不比其他的动物纯受本能和冲动的支配，所以，人类的经济生活是照着特定的准则在特定的轨道上进行着的。人类经济生活上主要的准则有两个：第一是最小劳费的准则，详细说，就是"想以最小的劳费，获得最大的效果（或享受）"的准则。这是人类具有高度的目的意识那件事的当然的结果，也是大家在人类社会里面天天经验着实行着的事实。如果没有特殊的理由，谁也愿意走捷路，谁也不会花顶贵的价钱买顶坏的物品的。第二是欲望平等的准则，详细说，就是"人类种种的欲望在一方面虽不能同时都使其满足，然而，在另一方面，却也不会常常满足一种欲望，倒会在满足了一种欲望之后，更求满足别种欲望，结局，使种种欲望顺着强弱的顺序暂次给以满足，使它们之间得着一种平均"的准则。这里所说的欲望，自然是说经济生活上的欲望，如像吃饭，穿衣，住房子之类。这些经济的欲望虽然都是根据人类的天性而来的，但是，因为生活资料的生产的数量是有一定限制的，所以谁也不能够把所有的欲望同时令其满足。人类在满足这些欲望时，都是从最强的欲望入手，满足了一种最强的之后，再挨次满足次强的，一直推下去。这种准则的根本原因，也在人类固有的生理和心理上面。在日常生活上我们常常看见这种准则的实行，关于这个道理，只看，无论什么人，只要他不是一个异常的人，都决没有只吃饭不穿衣，或只穿衣不满足其他的经济的欲望的一件事就明白了。

3. 经济生活的主体

从上面两个准则看来可以知道，人类的经济生活，是在统一的意志下面，经了种种利害损益的打算和缓急轻重的比较选择，才决定实行活动的了。换别的话说，人类的经济生活从一般说来，是有组织，有秩序的，决不是漫无条理胡乱行动的。在经济生活上，用一种统一的意志去打算，去比较选择，去实行活动的人或人的结合，在经济学上就叫做经济主体。

充当经济主体的，可以是一个自然人，也可以是许多自然人合成的团体。普通经济学上，都用经济主体的区别为标准，把经济的种类分为个人经济和团体经济（如像公司，协会等等），公团体经济（如像具有强制团体员的权力的国家及其他公共团体），国民经济，世界经济。前三种经济的主体是统一而明显的，所以又叫做单独经济。后二种的主体，在目前还没有独立的统一机关去决定和执行意志，所以又叫做综合经济。举例说，国民经济本是指一个国家里面的个人经济和团体经济及公团体经济等等东西合起来对付国外时的经济主体说的，但是，在目前，并没有这种国民经济的主体的机关，只不过是国家代替着国民经济的主体，决定着并执行着若干的意志罢了。实则，国家是一种强制团体，并不就是国民全体，所以它替国民经济所行的事也往往不是国民经济主体所要求的事。世界经济本是站在世界全体的立场上看来的经济主体，从理想上说来，本是应该有的，即从事实上说来，现在全世界上经济交通一天一天密切起来，这种世界经济的基础，的确也是已经有了，但是，这种经济的独立的统一机关的成立，前途却很辽远，大概总在打倒世界上一切帝国主义之后，才有希望吧。

4. 经济行为

经济生活是经济主体在施行打算，比较，选择，活动等等有意识的动作的时候的进程，所以，如果把这种进程分析起来，也就可以说，经济生活是无数的单个行为构成的。这种单个行为（如像穿衣，吃饭，住房子等等）叫做经济行为。

经济行为的数目，虽然是多得不可计算，但是，如果按照它们的性质，依科学的方法分类起来，却可以分为 A，B，C，D 四种。

A. 生产行为　前面已经说过，经济生活，就是人类关于在经济上有价值的东西——用人工造成的东西——的时候的种种活动进程，所以，很明显的，经济行为至少都有两种基本的行为：第一是造成有价值的东西的行为，第二是吸收（使用）有价值的东西的行为。前者在经济学上叫做生产行为，后者叫做消费行为。生产行为就是关于有价值的东西的制造行为。不管它是像挖矿一样的，发见有价值的财货（财货两个字就是东西或物件的意思，这是经济学上的特别用语）的行为也好，或是像耕种一样的，培养有价值财货的行为也好，或是像织布一样的，改变有价值财货的形态的行为也好，或是像运货一样的，挪动有价值财货的位置的行为也好，也不管它是像耕田织布一样的，直接和有价值财货有关也好，或是像教书立说医病跑腿一样的，间接和有价值财货有关也好，总而言之，凡是直接间接和有价值财货的制造有关的行为，都叫做生产行为。

　　B. 消费行为　　这是和生产行为恰相对照的经济行为，就是说，它是关于有价值财货的消灭行为。不消说，消灭两个字并不是指物质的消灭，因为人类不能消灭物质，恰恰和不能创造物质一样。这里所谓消灭，只不过是说有价值财货的消灭罢了。在这个意义上，消费行为是包含着（一）立刻的消灭，如像被烧的炭和被吃的饭食的消灭，（二）慢慢的消灭，如像被住的房屋和被用的家具的消灭，（三）不大快不大慢的消灭，如像被穿的衣服的消灭等等东西在内的。此外，在消费行为当中，照普通的例，又可以分为生产的消费行为和享乐的消费行为两种：在消费了一种有价值财货之后，可以获得一种新的有价值财货的时候，那种消费行为叫做生产的消费行为，如像消费了棉花，得着了棉布，消费了麦子，得着了麦粉，消费了煤炭，得着了汽力等等时候的消费，就是生产的消费。在消费了有价值财货之后，得不着什么新的有价值财货，只得着一种享受的时候，那种消费行为就叫做享乐的消费行为，如像吃了饭，得着一饱，穿了衣，得着温暖，用了钟表，得着时间的报告等等时候的消费，就是享乐的消费。

C. 分配行为　　在现今的社会里面，人类都过着分业合作的经济生活；每个人所生产的财货，往往只是一种，至多也不过几种，而他所消费的财货，却多至几十种几百种，并且都是别人生产出来的东西。这是大家平常经验着的事，不必费许多话去说明。在这种社会状态下面，不单是各人不能把自己所消费的一切东西，都生产出来，并且从大体说，也不能把他所生产的东西，单独的生产出来。举例说，如像农人生产米谷，在表面上仿佛是他一个人生产出来的，实则所用的土地，肥料，种子，农具等等东西，都是靠别人的生产得来的，如果没有这些东西，他决不能把米谷生产出来。再如织工所织的布，更明明的是要靠农人种棉花，运输工人运送，商人卖棉花，纺工纺纱，机器工人做机器，建筑工人建工场，以及其他种种别人的工作才能变成布的。

所以，在现今的社会里面，即是说，在交换经济——大家互换着所生产的财货，去行消费行为的经济——生活下面，又发生了两种经济行为：（一）分配行为，（二）交换行为。这两种行为都是所谓自给经济（或自己经济）时代——即各人消费各人所生产的财货，没有交换的时代——所无的。

分配行为就是各人对于他所生产的财货，分得特定部分的结果时所行的行为。各人对于他所生产的财货，到底尽了若干分的力，这件事乍看起来仿佛是很难决定的事，但是，在事实上，因为有交换行为的缘故，这种分配虽不能够十分精确的，却能大致不差的，在交换关系当中被决定出来。举例说，工人对于所织的布的分配，是在布的交换即布的卖出当中，农人对于所种的棉花的分配，是在棉花的交换即棉花的卖出当中被决定着。如果他分配得太少，就是说，卖价太贱，他就会变得因为划算不来，而不去织布或种棉花。如果他分配得太多，就是说，卖价太贵，他就会变得因为别人不买或别的人比他贱卖的缘故，而维持不了他的太高的分配。所以，结局，适当的分配从全体说来，就会大致在交换关系上被决定着。换句话说，分配行为就是各人因为直接或间接参加了某种财货的生产进程的缘故，在那个财货的交换关系上领受一种报酬时的行为。如像织布工人的工资，农人的棉花价钱，资本家卖布时的利润，地主的地租，工场职员的薪水等等东西的领受行为，就尽是分配行为。

D. 交换行为　又称为流通行为。这是各人把他所生产的东西，拿去和他所需要的种种供消费的财货即别人所生产的种种财货相交换时的行为。在最初刚发生交换行为的时候，各人都是拿物件和物件交换（如像拿羊和米交换之类），叫做物物交换。后来慢慢发达起来，就发生一种货币——交换的媒介——出来，大家靠这种货币为媒介去行间接交换（如像先拿羊换成货币，再用货币去换米之类）。这种间接交换叫做卖买：用物件换货币叫做卖，用货币换物件叫做买。所以，从现今的社会上说，可以说交换行为就是卖买行为。

二、　什么是经济学？

5. 经济学是一种研究人类和人类①在经济生活上的关系的学问

---

① 在《经济学现象的体系》和《经济学原理十讲（上册）》中，陈豹隐大量使用"人类与人类"（相当于"人与人"）这类用法，我们在编校中均予以保留。——编者

关于经济学的定义常常有两种说法，很容易引人走入迷途。一种说法，说经济学是关于经济生活的学问。这种说法是不正确的，因为，照前面所述，经济生活是无数的生产行为，消费行为，分配行为及交换行为等等东西组织而成的，而这种种行为在实际上都含有（一）人类对财货的关系和（二）人类对人类的关系两种关系在内，只有其中的第二种关系，才是经济学的研究对象（研究题目）。举例说，人类种谷，运米，煮饭，吃饭等等行为，虽然都是经济行为，但是，因为它们都只是人类对于财货的关系，所以不能够是经济学的研究对象。这种行为的研究，是属于所谓技术学（包含生产技术学，消费技术学，分配技术学及交换技术学而言）的范围，如像农艺学，工艺学等等，就是明例。在另一方面，因为人类是社会的动物，所以他的经济行为，必定不能够自己一个人单独去做，倒必须用分工合作的办法，才能够完全实行起来。因此，一个人类在行上面所述的种谷，运米，煮饭，吃饭种种行为的时候，必定会和别的人类发生关系，举例说，如像种谷的人必定要和有土地的人，有肥料的人，有种子的人，卖锄犁的人，卖牛的人以及其他等等的人发生关系。运米的人非和其他许多人类发生关系不可，更是很明显的。像这样人类和人类在经济生活上所生的关系，才是经济学的研究对象。

此外还有一种说法，说经济学是关于财富的学问，换句话说，是致富的学问。这种说法也是错的。诚然，因为经济学是研究人类和人类在经济生活上的关系的学问的缘故，如果懂得了这种关系之后，也可以利用它去发财致富，但是，决不能够因此就说经济学是致富的学问。为什么呢？因为经济学的主要目的只是说明人类和人类在经济生活上的关系，一旦明白了这种关系之后，也可以拿它做全人类或全国民的利用厚生之具，也可以拿它去决定政治上及社会上的实际斗争的方向，也可以拿去做一个人的发财致富的指针，也可以拿去供那种压迫私人经济发展的社会政策之用，它的用处是很宽的，决不能够限于其中的一种。

6. 经济学的内容

经济学虽是一种研究人类对人类在经济生活上的关系的学问，然而因为人类在经济生活上的主体，照前面所述，可以分为两大种五小类，所以经济学的内容，也可以随着所站的立场的不同分为两大种五小类。如果站在单独经济和综合经济（3 节）的立场上看来，经济学自然可以分为单独经济学和综合经济学两种。前者是从单独经济的观点去观察经济关系的，后者是从综合经济的观点去观察经济关系的。这两种经济学又各可依它的观点的不同，更细分如下图：

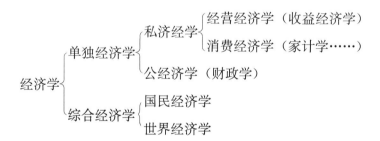

7. 国民经济学的内容

上节所说的各种经济学，在事实上，并没有平等的发达起来，依目前状况说，只有其中的国民经济学最为发达，其次就算公经济学较为发达，其余各部分都还幼稚得很。国民经济学所以特别发达，只因为从四五百年以来，世界上的国民经济非常发达，到了压倒其他一切经济的地位的缘故。国民经济所以能非常发达，又因为国民经济就是所谓资本经济，能够大大的扩张交换的范围（销场），扩大生产的规模，集中资本的势力的缘故。关于这些现象，到了下一章还有详细的说明，这里姑且不说，总而言之，只因为国民经济在事实上已经大大的发展起来，占了上风，所以才会发生出有力的国民经济学出来。

国民经济学的内容如下图：

国民经济学
1. 原　理
2. 现状学（包含文字记录和统计）
3. 经济史
4. 经济地理
5. 经济学史
6. 经济政策

国民经济学的原理，是应该站在国民经济的观点上，去（一）认识主要的外部现象的体系（指经济现象的形式，种类，关系及相互作用等等）和（二）实行主要的内部关系的解剖（指商品价值的形成，剩余价值的构成，资本经济的变动方向等等）的。现状学是站在国民经济的立场上，去用文字或数字，记录现代的经济事实的。经济史是记录过去的经济事实的。经济地理是说明国民经济的地理关系的。经济学史是研究关于国民经济的过去学说的。经济政策是站在国民经济的立场上，去研究应该施行的种种奖励或防止政策，如像所谓产业政策，关税政策等等东西的。

8. 资本主义经济学和社会主义经济学

在国民经济学的范围中，可以分为两大派别：一是讴歌和赞成国民经济所具有的资本经济性质的，一是痛恨和反对国民经济所具有的资本经济性质的。前者即是所谓资本主义经济学，后者即是所谓社会主义经济学。这两种经济学的差别，在国民经济学的原理上，表现得最明显。资本主义经济学大抵都只求认识外部现象的体系，不肯行内部关联的解剖，有时纵然行解剖，也不肯彻底做去。社会主义经济学却不然，大抵都是主张把两方面都顾到的。所以，简单的说，资本主义经济学往往只说到经济关系的静的方面，社会主义经济学却大抵都兼说到经济关系的静的方面和动的方面。

资本主义经济学当中，照发达的历史顺序说来，可以分为重农学派，英国正统学派，德国历史学派，奥国心理学派等等。

社会主义经济学，也可以按照它对于资本主义的态度是感情上的憎恶和反对，或是理智上的推论和排斥，按照它的态度如何，分为空想的社会主义经济学和科学的社会主义经济学。

9. 经济学的用途

经济学对于人类的用处是很广大的。简单说来，可以说是至少有两大用途：第一，它可以当作经济生活的指南针。前面（1 节）已经说过，经济生活是人类各种生活当中的最重要的生活（要知道从根本说来，生活两个字原是指物质生活说的），所以一个人要想他的经济生活上没有顶大的错误，他就该知道经济学，至少应该知道国民经济学原理，即是说，应该知道主要的外部现象的体系和主要的内部关联的解剖。一个人若不知道若干生理学的原理（这种原理多半是从家庭教育上学来的），他就难免因暴饮暴食，胡乱做种种身体运动的缘故而生大病。一个人若不知道若干物理学上的原理，他就难免要东碰西跌，弄得流血丧身。经济学原理对于人类的关系，恰恰和生理学和物理学对于人类的关系一样，所以经济学原理应该是人类当中谁也不能片刻忽视的。

第二，经济学可以当作一切社会科学的基础。这个道理，详细说来，话是很长的，我在这里，姑且不说它。我只说出，社会科学是关于人类社会生活关系的科学，而人类社会生活关系当中最重要的却是经济学上所研究的经济生活上的关系，这一层，也就可以证明经济学是政治学，法律学，历史学，社会学等等东西的基础了。

第二章　资本经济的来历和意义

一、　资本经济以前的经济形态

10. 现今的资本经济是经了许多变迁而来的结果

前面（7节）已经说过，现今的经济是所谓资本经济，国民经济上所研究的也就是这个资本经济。不过，这个资本经济不是凭空发生出来的，倒是经了无数年代的无数的变迁，才变成目前这种情况的，所以，要想认识这个资本经济的真相，就得在相当的程度内知道它的过去的历史。把它过去的历史和现今的状况综合起来，才能够得着资本经济的现象的真正体系。

11. 经济形态的各时代的区分

到今日的资本经济时代为止，到底经过了若干种经济形态？这个问题是很复杂的，简直可以说是一个在普通经济学上还未决定的问题。拿从来最通行的说法说来，可以有两种区分法：第一是李斯特的说法，把经济形态的时代分为五期。他这区分是拿人类的食物的主要出处为标准的。第一时代叫做渔猎时代，在这时代里面，人类的食物全靠采取天然物，如像鸟，兽，鱼，介，草，果等等东西，所以这时代又叫做占有天然物时代。第二时代是牧畜时代，这时人类知道饲养动物，使它们成为家畜，以谋动物性食物的增加了。第三时代是农业时代，这时人类知道用人工种植种种植物，如像谷，瓜，蔬，果等等东西，去谋植物性食物的丰收了。这第二第三时代的特色，都在用人力去培养天然的动植物，所以合起来又叫做培养天然物时代。第四时代是农工业时代，这时人类除了种植之外，还知道把天然的物品改变形状加工制造起来，即是说还有工业。第五时代是农工商业时代，这时除开农业和工业，人类还知道用有无相通的办法，把各地方的农业品和工业品，互相交换起来，以谋各种食物的增加。这第四第五时代的特色都在用人力去把本来的天然物或培养得来的天然物，再加以人工，或是变更它们的形状，或是变更它们的所在地点，所以这二时代合起来，又叫做加工变造天然物时代。

第二是毕两黑的说法，他拿生产物的交换情形做标准，把有史以来的经济态分为三期：第一期是孤立家族经济时代，这时人类聚族而居，除开特别的事例之外，都是自己消费着自己家族所生产的财货，不与其他的经济团体相通，所以又叫自给经济时代或无交换时代。第二期是都市（或城市）经济时代，这时因为农工业分离的结果，工业促成了都市的成立和发达，所以工农品和农产品两种东西，便以特定的都市为中心，互相交换起来，不过，这时的交换大半还是直接交换（看 4 节），所以又叫做直接交换经济时代。第三期是国民经济时代，这时割据在各都市上的封建的势力，已随工商业的势力的扩大被中央的权力统一起来，固此生产品的交换范围，便由一特定都市和它附近四乡之间，扩张到各都市相互之间，后来竟至于扩张到全国之中，所以叫做国民经济时代。同时交换的方法也大抵由直接交换变为间接交换即卖买。交换范围既宽，方法又很便利，所以人类大半都弃了自己消费自己所生产的财货的方法，而采用一种拿自己的生产品卖出去，调换自己消费的财货进来的新方法。因此，所谓商品流通经济（或商品经济）也就成立了。

以上两种说法，虽是从来盛行的最有名的说法，但是，从真正的科学眼光看来，却只是些偏于一方面的说法，不能笼照经济形态的发展的全体。从严密的科学眼光看来，只有拿人类在各时代的生产总关系为标准去行区分，才能够分出一个明确适当的时代区划出来。为什么呢？因为人类从有人类以来，就只有在社会的关系——即人类和人类协力合作的关系——以内，才能够继续生产，继续消费，而所谓生产总关系又恰恰是指人类和人类在生产上面的种种关系说的，所以，如果拿出生产总关系为标准去行区划，一定是可以得着各时代的生产的特别样式，认识各时代的经济的特别形态的。

拿生产总关系为标准去行观察，可得着（1）原始共产制度下的（太古的）生产样式，（2）奴隶制度下的（古代的）生产样式，（3）封建制度下的（中世的）生产样式，（4）资本制度下的（近世的）生产样式四种。根据这四种生产样式，就可以把人类过去的经济形态的时代，分为原始共产经济时代，奴隶经济时代，封建经济时代及资本经济时代四时代。现在且从（1）生产手段（即工具，原料之类）及生产结果的归属，（2）生产劳动的形式，（3）生产的目的，（4）生产组织的形式，（5）生产所特别注重的方面五个观点，把上述四时代的内容简单的说一说。

12. 原始共产经济时代

这个时代详细说来，虽然还可以更分为蒙昧时期和野蛮时期两期，现在因为叙述的目的只在说出大略，所以不必分开说。这时，人类的社会（即人类协力合作的范围）只限于一个氏族或一个小部落。在这个小社会内生活着的人类的生产手段和生产结果都是属于氏族或部落全体的。因此，他们的生产劳动也是大家自由协同的去做的。他们只有男女间的分业。他们的生产的目的全在供他们自己的消费，所以他们的生产分量也只是以他们的消费的程度为限，有一定的节制的。他们的生产的主要方面是渔猎和畜牧。他们在这时代的后期虽然有了农业，但是还很初步。

13. 奴隶经济时代

这时人类的社会范围，已经扩大为大部落和古代的奴隶国家了。就是说，社会上已经显然分出治者阶级和被治阶级两种阶级了：被治者是奴隶，治者是奴隶的主人。奴隶的数目有时多过主人的数目几十倍。奴隶的发生，伴随私有财产的普及。私有财产制度发生的原因，虽有生产力（即人类把财货生产出来的能力）的发展，分业（农业，牧畜业，手工业等的分离）的发生，农业的世袭性等等，但是，最主要的，还是生产力的发展。因为生产力发展起来，一个人的劳动的结果，可以养活一个人（自然还共同的养活氏族中的老弱）而有剩余，所以在一方面发生了氏族间的交换——即是说，全氏族剩余下来的东西的交换——和每个人的分配的增加，同时，在另一方面，又发生了新的劳动力的获得的希望。这样一来，才会把战争所得的俘虏不像从前那样随便杀掉，倒留下他的性命，叫他供给劳动力。奴隶就这样出现了。这种奴隶的劳动力所带着的私有性，便和前面所说的农业的世袭性连合起来，凑成功了私有财产制度。这就是说，生产手段和生产结果的私有在这时代已经成为主要的特色了。这时代的生产劳动形式变成了以强制的劳动为主，即是说以奴隶的劳动为主。不过，奴隶的生产的目的，虽在供别人的消费——就是说，供他们的主人的消费——却还没有为主人以外的世人生产，所以这时的交换虽比上一时代进步，却还是一种以剩余为主的交换。这时职业的分业，如像专门做农业或专门干手工业一类的事已经发生了。他们生产的目的，既然大半还是为供自己的消费，所以他们的生产分量是有计划有节制的。这时的生产的主要方面变成农业了。

14. 封建经济时代

这时的国家，已由奴隶的主人和奴隶本身对峙的国家，变为农奴，贱奴（这两种东西都是所谓半奴隶，就是说，农奴虽然要替本地方的大小封建诸侯和武士种田，贱农虽然也是替他们做种田以外的劳动，但是，无论农奴或贱奴，都已经变成一个人——从前的奴隶，只算得是一个物件，因为他们全身都属于主人，自己也不能够有私产——可以自己享有财产了），自由农民，自由商人，自由手工人等等阶级和国王，大小诸侯，武士等等东西相对峙的国家了。这时的生产工具和生产结果，虽然仍是维持着私有的特色，它的私有的状况却和前一时代及后一时代（即资本经济时代）都不相同。在前一时代里面，政治上的被统治者绝对不能够享私有财产权，到这时代，被治者也可以享受私有财产权。不过，这种被治者的主要部分——农奴和贱奴——即得白白的在一年之中替本地方的大小诸侯武士，尽若干日的劳动义务，并且不能够自由离开本地方，跑到别处去。这种把政治权力直接利用在私有权上去的情形，自然是资本经济时代所无的。这时占着主要的劳动地位的人就是这种半奴隶，所以这时代的生产劳动的形式可以说是半自由半强制的。这时，不但所谓地方的分业即乡下人务农，城市人做工商业的情形已经非常明显，并且原先的手工业之中更加分成更详细的区分（如像木匠，铁匠，泥水匠之类）。分业程度既然加高，所以交换的必要也就大大增加，交换的范围也以城市（都市）为中心，渐渐扩张起来了。交换既然这样盛行，所以商人的势力也就大增。同时，生产的组织也就渐渐由"为自己消费而行的生产"变为"为别人的消费而行的生产"了，换句话说，就是渐渐由自给经济走到商品经济了。不过，因为第一，生产的规模还不很大，交换的范围也还不很宽，第二，大小封建诸侯武士的政治的权力对于经济，还发挥着很大的作用，并且又很零碎的分散在各地方上，所以生产程度是很容易受政治上的节制的。所以这时虽然渐渐行着商品经济，却还不是完全自由的商品经济，所谓手工业的帮行规则，农业上的禁令，商业帮行规则及商业上的禁令种种东西，都是异常严重的。封建经济下面的生产方向，虽然仍是注重农业，不过因为交换范围扩张了的缘故，商业却渐渐有一天一天的越发注重的趋势了。

二、资本经济的特色

15. 资本的意义和种类

封建经济崩坏了之后，接着发生出来的，就是资本经济时代。

要想懂得资本经济的特色，先要知道资本这东西在经济学上是什么。

关于资本的意义，世上常常行着两种不正确的解释：第一，常常有人把资本认为金钱或本钱，如像平常人说"我想办实业，可惜没有资本"，或"将本求利"的时候，所指的资本，就是用在这个意义上的。这种说法，从经营经济学（看6节）的观点看来本是不错的，因为一个人想经营"生产经济"，自然非有特定的基础即所谓生产手段不可。这不但在资本经济时代是这样，就是在奴隶经济时代和封建经济时代也还是同样的。但是，从国民经济学的观点看来，所谓资本，如像说"资本经济时代"，或"资本家"，或"资本主义"的时候，所指的资本决不是这种"本钱"的意思，因为如果是这个意思，那末，所谓"资本经济时代"，"资本家"，"资本主义"等等东西，就应该是自有人类以来就有的，不必等到十五世纪以后了。第二种解释比第一种解释更不正确。它说：一切过去的中间生产物——不直接供消费之用的生产物——可以当作生产手段用的东西，都是资本；简单说，就是等于说：一切生产手段都是资本。如果认这种解释是对的，那就简直可以废去资本两个字，单用"生产手段"得了。国民经济学上说什么资本，不是多余的事吗？这个第二种解释，显然含着三个大错：第一，如果一切手段都是资本，那末，不但从有人类以来就有资本，就有资本家，就有资本主义，并且连猴子和蜜蜂也都是资本家，也都行着资本主义了。为什么呢？因为它们也有简单的生产手段啊！第二，如果可以当生产手段用的都是资本，那末，恐怕世界最贫穷的人也都会变成资本家了。为什么呢？因为，无论怎样贫穷的人，总应该会有最低限的生活资料，而一切生活资料，又都是可以移作生产手段的（这就是说，把生活资料所含的交换价值移作生产手段之用）。第三，如果说，只有生产手段的本身（如像工具，机器，原料等等东西）才是资本，一切其他东西，如像消费资料，货币等等东西，都不算得是资本，那末，事实又恰恰和解释相冲突。为什么呢？因为在事实上，现今的大资本家的资本的形态，明明是时时刻刻变动着：有时变成货币，有时变成生产手段，有时变成劳动者的生活资料，有时变成可供消费之用的生产物。

国民经济学上所谓资本的真正意义是这样：一切由过去的生产得来的价值（自然是指交换价值，在国民经济学上，凡是单说"价值"的时候，都指交换价值。认真说，价值和交换价值也有区别，这里且不说它。看1节），但凡被拿去专靠它取得别人造出的剩余价值的时候，就变成了资本。换句话说，资本就是一种专靠它去取得别人的剩余价值的东西。在这里，应该特别注意的有两点：第一，资本只是过去的生产物的价值，并不是生产物本身，所以，资本的形态才会随时变成货币，生产手段，消费资料等等东西。第二，只有被拿去专靠它取得别人造出的剩余价值的时候，才成为资本。要明白这一层，先要知道剩余价值的意义。一切价值都是由劳动产生出来的（这种理论，应该属于"经济现象的内部关联的解剖"的，所以在这里不能详说，请看河上肇博士的《经济学大纲》），如像棉花经了劳动，变成棉布之后，哪怕分量相同，棉布的价值却比原先的棉花大些，又，同一分量的面粉的价值，也比没有磨成面粉以前的麦子大些，就是极明显的例。但是，因为劳动是要靠劳动者去做的，而劳动者又是要每天从身体外吸收生活资料才能够生存的，所以，从劳动者使用生活资料，发生了劳动力，用劳动力去劳动，又产出了生产物（生活资料及生产手段）这一种循环关系看来，可以说是劳动者始终是在一面消费着，一面再生产（把所消费的东西，从新生产出来的意思）着的当中。这种再生产的结果，所得的价值，到了生产方法稍稍发达，劳动的生产力较为进步的时候，从普通一般说来，便可以超过原先劳动者所消费了的生活资料的价值，打比方说，劳动者可以在消费了十个单位的价值之后，产生出十六个单位的价值，如像吃了一斗米之后，产出了一斗六升米之类。在这时，那种超过部分的结果，照上例说，那六个单位的价值，就叫做剩余价值。如果劳动者是吃自己的生活资料，用自己的劳动去生产自己的生产物，那末，所发生的剩余价值当然应该归他自己所有，所以在这时并没有资本（国民经济学上的）。如果劳动者不是独立的人格者（就是说，不算得一个人），如像是一个奴隶，或不是一个完全的人格者，如像是一个农奴（看 13 节，14 节），那末，所得的剩余价值就会被别人（奴隶主人及大小诸侯武士）完全拿了去，或拿了一部分去。但是这时仍然没有资本的存在。为什么？因为这种剩余价值虽被别人拿了去，然而被拿去的原因却在主和奴，或主和属等等社会的政治的强制势力的关系上面，并不是专在那些当生产这种剩余价值时所用的过去的价值上面。如果劳动者是一个独立的人格者，自己甘心愿意的，把他所有的劳动力卖给别人，归别人使用，自己却从别人取得特定的工资，那末，照卖买和所有权的通例，所得的剩余价值，就应该归买劳动力的人即雇主所有；这时，从雇主方面说来，他就专靠过去的价值（即是说，他用来购买劳动力，原料，机器等等东西的那些价值），取得了别人（即被雇的劳动者）造出的剩余价值，并不需要别的关于人格上的不平等的强制权力。所以，在这时，他所利用的原有的价值，就变成了资本，他自己也变成了资本家。行着这种经济制度的经济，也就成了资本经济。

像上述的意义的资本，更可以用种种标准，细分为许多种类。从它的形态上说，可以分为货币资本（即在货币形态下的资本），生产资本（即在生产手段的形态下的资本，如像原料，机器，工资等等东西）及商品资本（即在可以从新拿去贩卖的货物的形态下的资本）。从它运用的观点上看来，可以分为固定资本和流动资本。前者是固定在一处，不容易周转的资本，如像在机器或建筑物的形态下的资本。后者是容易流动周转的资本，如像在工资，原料等等形态下面的资本。从资本被使用的方面看来，可以分为商业资本（即用在商业上的资本），产业资本或工业资本（即用在工，农，矿等等生产事业上的资本），银行资本或生利资本（即用在存款放款上面的资本），金融资本（即用在商业，产业，银行业三方面，并同时可以操纵这三方面的资本）。以外还有一些分类，现在且略去不说。

16. 资本经济的内容

资本经济的主要特色，虽然可以用上述意义的"资本"两个字说明出来，它的内容却很复杂。现在若照以前各种经济的例，分开来说，就可以指出（一）生产手段的独占，（二）雇用劳动，（三）商品生产，（四）自由竞争，（五）资本集中五点。

生产手段的私有，并不单是资本经济的特色，因为在封建经济时代生产手段也是归私有的。资本经济下面的生产手段，不单是归私有，并且还只归一部分人私有，这就是说，生产手段被一部分人独占了去。这一部分独占着生产手段的人们，要想单靠他们自己的劳动去行生产，自然会感觉力量的不足，所以他们不得不雇用别人去替他们劳动，因此就发生了雇用劳动。

雇用劳动就是平等的人格者间有了劳动力的卖买时所行的劳动（看 15 节），它是一种甘心情愿的劳动，在形式上一点也没有带着强制的性质。购买劳动力的人，就是上面说的那种独占着生产手段的人们，出卖劳动力的，当然也就是那部分没有生产手段，无法为自己实行生产的人们。但是，这一部分没有生产手段的人们，既然是生物，当然就不能不需要生活资料，所以，他们的出卖气力也可以说是他们被逼得不能不这样的。在事实上，他们不出卖气力，就无从获得生活资料，所以在出卖气力的时候，哪怕是一些不平等的强迫条件，他们也往往不能不忍受下去。因此，不但他们的工资往往减到最低限，他们的工作时间往往加到最高限，并且他们对于生产的方向，生产的分量，生产的管理，生产结果的处分，都完全失掉了发言权。所以他们虽然实行生产，却不能过问生产，在另一方面，那些雇用他们的人，虽然不自己实行参加生产，却可以主持生产的进行。

这些主持生产的进行的人，并不单是因为自己需用某种财货，才叫他们所雇的劳动者去实行生产。举例说，雇一两个农业劳动者耕田，固然大抵都在生产自己所需的谷米菜蔬，雇几千几百的工场劳动者去纺纱织布，却决不是因为自己想拿所织的布做衣服穿。他们所以雇用许多劳动者，从根本上说，只为要取得劳动者造出的剩余价值，从表面上说，就是只为要造出特种财货，拿去当作商品（即被卖买的财货），卖给别人，好赚取利润（即所赚得的利益）到手。以这样的利润为目的生产，就叫做商品生产。到了商品生产的时候，分业当然越发详细了。

在盛行着商品生产的时候，交换也自然已经变得自由了，因为如果交换不自由，出卖商品的人，就不容易把商品卖出去，把利益收进来。但是，交换的自由这件事在反面，当然含着有"自由竞争"的意思，就是说，一面是自由出卖自己的生产品，一面就是自由和别人的生产品竞争销路。在这种自由竞争里面，自然只是各人各管自己的利益，去决定生产的分量和卖品的价格。在他们相互之间，并没有什么有计划的组织。所以，自由竞争越完全，资本经济下面的生产的无政府状态也愈厉害，所以赚得利润的人固然也不少，而一些想赚得利润，倒反为竞争失败的缘故，连本钱都蚀了的人们却更要多些。从大体说来，资本比较大的人和善于竞争的人，往往可以打倒资本较小的人和不善观风色的人。在这种胜败当中，资本的大小尤为最后的决胜原因。所以，从大体说，独占着生产手段的人们可以取得劳动者造出的剩余价值，而在独占着生产手段的人们当中，拥有大资本的人却又可以吞并小资本家的资本（从结果上说）。

所以，到了资本经济的时代，从前所谓财富的储蓄就变成了资本的集中。这就是说，从前那些只当作可供人类享用的财货储蓄着的东西，现在大部分都变成专靠它去取得别人造出的剩余价值的东西即资本了。资本集中有两种意义：第一是指每一个资本家，手里所取得的剩余价值的总额的增加，即资本的增大，普通又叫做资本的聚积。第二是指各个资本家手里的资本更集中到一处，成为一个集合势力时的集中（如像托拉斯）说的，普通只把这种集中叫做资本的集中。其实这两种资本的集合，都是资本集中，不过一个是剥削的集中，一个是吞并的集中罢了。

17. 资本经济的内容的变动

经济原是时时变动，时时进展着的东西，所以，资本经济这东西，也和奴隶经济变为封建经济，封建经济更变为资本经济一样，随着时间的进行，把它的内容渐渐改变了。从前被人讴歌的，现在变成被唾骂了。利弊往往倒置了。生产手段的被私人独占，渐渐变为被国家公有了，如像铁路矿山的公有。私人自由雇用劳动，渐渐变成集合雇用劳动了，如像工人联合团体和资本家团体协定雇用公约。商品生产渐渐有自给生产的倾向了，如像生产组合（生产公社）运动。自由竞争渐渐变成市场独占了，如像所谓种种联合企业（见第五章），把生产分量，销场，价格等等东西，都协定起来之类。所谓资本集中的趋势，也渐渐变得一天一天厉害，像美国那样，几乎由一两个资本集团，抓住了全国的资本。资本的用途所注重的方面，更变得特别的不同：最初注重商业方面，其次产业方面，其次金融方面。因此，资本经济时代又可以拿资本用途的注重方面为标准，细分为商业资本时代，产业（或工业）资本时代，金融资本时代三时代。

三、 资本经济的发展

18. 商业资本经济时代

前面（14 节）已经说过，在封建经济的末期，因为交换范围扩大的缘故，商人势力已经增大了。商品交换范围的扩张，自然可以促进生产技术的进步（因为有销路），同时因此也就发生一种新的生产组织，即所谓"收货商行"制度。这种制度，特别对于手工业行得厉害。在从前，做手工业的都是用自己的工具和原料，或是等别人的定货才从事工作，或是预先做出极少量的生产物等人来买。到现在，销场虽然扩张，但是一来因为做手工业的人不知道什么样的货可以卖去，二来也因为没有许多余裕去预先制造许多货物等着，所以便发生这种"收买商行"制度，由商行预先给原料与做手工业的，有时甚至于把一切生产手段都给与做手工业的，叫他制造特定货物，制成后，再由商行收买。这样一来，生产品虽然可以增加，然而做手工业的人却变得在事实上受商行的操纵和管辖，其中大部分都逐渐变成无产者，和生产手段的所有权脱离关系，其余的一小部分虽然继续从事工业，然而总得事事受商业家的钳制。因为商业资本站在经济社会上的统治的地位，所以叫做商业资本经济时代。又因为这时代的商业资本的增殖，一方面固然在剥削别人（如像做手工业的人）造出的剩余价值，一方面却又靠着劫掠欺骗的手段（如像在海上行海贼式的掠夺，在非洲美洲，用种种方法劫掠并骗取各地方土民的金银或其他财货），所以又叫做前资本经济时代（以财富的积蓄为主，不以资本的增殖为主的时代）。又，因为这时的资本增殖的方法，除了上述二种方法之外，还专门靠放高利（对君主，对大小地主，对手工业家）的办法，所以又叫做高利资本主义时代。

在这个时代的下面，因为在一方面有了所谓商业革命——即因为发见了美洲大陆的缘故，世界的商业中心地，由地中海及北海东海，移到了大西洋那件事，一方面又盛行着重商主义或重金银主义——即是说，那种因为交换范围扩大，商业勃兴，金银的用途加大起来的缘故，特别注重金银或注重可以获得金银的商业的主义，所以做商业的人的势力，远在其他各业之上。所谓生产手段，特别是那种可以代表一切的生产手段的金银货币，渐渐变得被商业家独占了去。无产阶级即没有一点生产手段的人，渐渐形成了。所谓商品生产经济，也越发发达起来了。生产界的无组织和资本集中的趋势，当然也跟着越发变得明显。

商业的势力，一方面用收货商行的办法，侵入工业界和农业界，一方面又利用大放高利的关系侵进了金融（即金融，金钱①融合流通的意思）界，因此，在商业资本经济时代的末期，便发生纯粹的工业资本家及纯粹的银行家。前者就是那些比收货商行更进一步的工场手工业家（这就是说，那些自己出资去购买原料，工具，工场等等东西，雇用一些劳动者，叫他们聚在工场里面实行劳动的人们），后者就是离开了普通商品，只做货币的卖买的商人。

商业家这时在政治上的力量也很强大，在事实上已经可以左右政治。不过，在形式上到底没有握着政治的权力，所以他们还会时时受封建制度传下来的专制君主的掣肘和压迫。

19. 产业资本经济时代

产业两个字是指各种直接从事于生产的事业说的，内中可以包含工业，矿业，农业，交通业等等东西。所谓"产业革命"，就是用在这个意思上面的话。有人又把产业革命叫做实业革命。那当然是错的，因为"实业"两个字包含着有商业和金融业在内，大抵和普通说的"事业"的意思相同；产业革命原是和上述的商业革命

---

① 原文如此，疑为"金融，即金钱……"。——编者

（18节）相对待的话，自然包不了商业在内。有人又把产业革命叫做工业革命，当然也是错的。不过，若把产业资本经济时代叫做工业资本经济时代，那倒可以，因为在这时代，虽然一般产业都被注重，但其中尤被注重的，还是工业。此外，还有人把产业资本经济时代叫做资本经济确立（或成熟）时代的，这也不错，因为到了这时代，所谓资本经济的特色确已完全实现，它已经把封建经济的遗物的大部分都扫荡了。

前面（18节）已经说过，在商业资本时代末期，已经发生了纯粹的工业资本家。到了本时代，工业资本家不消说会一天一天的增加，并且其他的产业资本家（如交通业，矿业）也发生了。交换范围的扩张，促进了生产方法和生产组织的改良进步；货币资本的集中及生产技术的发明，又使这些改良进步加快了步调。特别是各种发明对于产业更发生了莫大的影响，成了所谓"产业革命"（这话是指那些随着机器的发明而生的种种社会制度的变革说的）的骨干。世界各国的产业革命，以英国为最早，从18世纪60代起就发生了。自哈格黎物斯（Hargreaves）在1764年，阿克莱特（Arkwright）在1768年，克龙卜顿在1779年，加特莱特（Cartwright）在1785年，发明各种种纺纱和织布的机器（详见河上肇博士的《经济学大纲》）以来，别方面的机器也随着陆续发明出来：罗巴客（Roebuck）在1760年发明了扇风炉，科特（Cort）在1783年发明了炼铁机器，在1790年，瓦特所发明的蒸汽机关也输入制铁界了（1784年已用在纺织界）。1828年以后，更陆续有铁工业上的发明。到了1855年柏色麦（Bessemer）发明简易制钢法，铁工业上的技术算到了绝顶。1825年，斯特芬孙（Stephenson）发明了火车，

1807 年美国的傅尔腾（Fulton）发明了火船。种种工业上和交通上的发明，自然大大的增加了生产和交换的速度，较容易的传播了销路的消息，所以，在这时候，只愁的是不能更增加生产，不愁生产了之后没有销路。商业资本家的地位，比不上产业资本家了。因此，大部分资本都被用在产业方面去，一切剩余价值也就同时被收到产业资本家的手里。

在这时期，因为大部分资本当作生产手段用在产业方面，所以资本集中趋势，越发进行得猛烈，因此，无产阶级的人数也就越发加多了。商品生产经济也告完成了。同时，无政府的状态和自由竞争的情形也就达到了极端程度。资本经济的各种特色都完全实现了。

随着工业资本的进展，商业，交通业，农业，金融业种种部门，都带上了资本经济的色彩。封建经济的遗物更加减少了。

各种产业部门的企业形态也渐渐变动（看第五章），所谓股份公司的组织，渐渐成为一般的形态。经营的规模也越变越大了。

在这时，资本的势力经济上既已完全确立，所以当然会向政治方面发泄出去。把封建制度传下来的专制政治，在实际上（有时并在形式上）完全推翻了去，建设了所谓有资者民主政治。政治史上所谓民主革命运动，便是产业资本经济时代的特有的表现。有产者在经济上所要求的是自由竞争的交换，所以他们在政治上的革命运动的主要口号，也在各种自由权的实现和保障。

20. 金融资本经济时代

在完全的自由竞争下面，资本集中的趋势会越进越快。资本越聚集在一处，经营的规模也会越发庞大。在这时，不但创办新的经营，须得有莫大的资本，就是维持原有的事业，也得有巨大的资金才能周转。在这种时候，能够供给巨大资金的，只有随着资本经济的前进而发达了的银行，因为银行在这时候，是一个除了做买卖货币之外，还替无数的大小资产家存款的地方。银行对于别种事业的势力，渐渐由借款关系变为监视账目关系，更由监视账目关系变为指挥命令关系，最后就会达到银行自己直接经营关系。银行业渐渐的变成经济界的中心势力，可以统治别的事业了；银行的资本也不单是拿去买卖货币和存款放款，倒兼着直接拿去经营别的种种事业了。这种除了银行业之外，又供商业之用，又供工业之用的资本，就是所谓金融资本。这种金融资本在经济界占势力的时代，就叫做金融资本经济时代。有人把这时代叫做财政资本时代，那是错的，那是因为误解了外国字的缘故。又有人叫做银行资本时代，但是，只要细看上面的说明，就可以知道这也不妥。此外，还有人把它叫做资本经济崩坏时代或资本经济最后时代；这倒可以通用，因为，在事实上，资本经济进行到这个时代的时候，已经渐渐失去了它的特色，甚至于变成了它的特色的反对物（如像各人自由竞争变成一公司独占）。

在这时代，生产手段越发变得复杂（如像大机器），巨大（如像铁路，轮船），所以越发只有少数私人能够占有，有时甚至完全不准私人占有，如像铁路国有，矿产国有之类，即是明例。同时无产阶级当然越发随着扩大了。不过，因为他们扩大了范围的缘故，渐渐唤起了他们的自觉，晓得联合起来，和有产者相抗，协定劳动力的价格，有时竟能推倒有产者，实现他们的一切生产手段都归国有的理想，如像俄国就是明例。金融资本时代的生产的目的，虽然仍是商品生产，但是，所谓组合生产（即协作社生产）运动也很盛行，特别是在农村地方，颇有逐渐扩张之势。所以农村的工业化，也就随着这种行动发现出来。金融资本经济时代的自由竞争，在国内因为大部分资本都流入少数金融资本家手里去了，他们不愿竞争，倒愿相互妥协的缘故，也变得不激烈了，有时关于少数特别产业如像运输，矿山，盐，糖，油，酒，香烟，电气之类，往往完全没有竞争，只有分区独占。不过，在国际上，自由竞争不但仍然免不了，并且还要比从前加甚，所谓帝国主义的争斗也就随着发生了（看第九章）。

在金融资本经济时代，因为股份公司股票及其他债票等等有价证券非常发达的缘故，竟发生一种不积极从事于无论什么样的经济活动，只坐着吃利息的人（即所谓金利寄生虫）。

金融资本家既然在经济上造成了独占的势力，当然就会变成在事实上（有时甚至于兼在形式上）独揽政权。这时，所谓民治自由的口号，当然也没有必要了。从新起来代替这种旧口号的理论，就是所谓一党独裁或一阶级独裁，或一个人独裁的主义及所谓合理化主义［这个合理化主义可以分为经济的及政治的两种。经济的合理化主义主张：要依照经济生活的准则（看 2 节），获得一切的劳动的最大的结果，免除一切最小的无益的劳费。政治的合理化主义主张：要获得政治上的一切协力的最大效果，免除政治上的一切冲突的最小牺牲］。

21. 经济形态的变动的性质

各国的经济形态，本是随着土地和历史的差异而有不同的，所以它的发达状况和变动方式也应该是各不相同的。详细说：第一，各国经济形态的发达时期是各不相同的。这是明白的事实，不待说明。第二，各国经济形态变动的速度是不相同的，如像英德的资本经济的发达须经两三百年，才由商业资本经济变为金融资本经济，而美国却只在不上百年之间，就由商业资本经济达到了最高度的金融资本经济，就是明证。第三，各国经济形态变动的分量是不一致的，如像日本，虽然达到了金融资本经济时代，而旧有的封建经济及商业资本经济的遗物却还存留得很多，决不能和英国德国的金融资本经济相比并，就是证明。

但是，各国固然各有它的经济形态的变动的特性，同时却也有各国共通的通性。如像无论哪一国，从一般说来，不管时代的长短，都是经过经济发达的各个阶段，不能飞跳一件事，就可以为这种通性的存在的证明。不过，时代越近现代，各国的经济形态变动的速度和期间也变得越快越短，这件事，却也是一个通性。这自然是因为世界经济交通日益密切，无论何国都不能闭关自守。所以各国的经济界情状，就不得不像同一河里的水一样，有渐渐流到同一水平去的倾向。

从这种特性和通性的观点，来观察中国现今的经济形态，当然就可以知道，正在商业资本阶级上的中国，一面不能不有中国特有的发展的方式，一面又不能不向产业资本经济的路上走了。

从全世界看来，在大体上，可以说，商业资本经济时代是从 15 世纪末起的。产业资本经济时代是从 18 世纪中叶起的。金融资本时代是从 1860－1870 年之间起的。

第三章　资本经济现象的基础

一、　天然

22. 天然的意义

一切经济现象，都是人类对于天然物之间所发生出来的现象，所以，无论什么种类的经济现象的基础，都离不开纯粹的天然物，人类本身，人类用过劳动得来的物件三种东西。不过，同是这三种东西，人类对于它们的态度，却会随着经济形态的变迁而有不同。因此，在研究国民经济现象即资本经济现象的时候，还得特别把它们提出来讨论一番。这三种东西，在国民经济学上，叫做天然，人口，财富。

普通所谓天然，包含着有两种东西：第一，是土地。关于土地这东西，从国民经济的眼光看来，应该特别注意的，就是它的宽隘，肥瘠；它的形状是高山，是高原，是平原，是洼地；它所包含的河流湖水的多寡；它被围绕着的东西是陆，是海；它的海岸线的长短；它的经纬度的位置，即说是，它的气侯是温，是寒，是热，是干，是湿以及其他的关系。第二，是天然的富源（或资源）。这是就土地内所包含的天然矿物；土地上所生长的天然植物（如像森林）；土地上面所出产的天然动物（如像鱼类，狐，貂，鹿之类）；等等东西。

23. 资本经济上关于天然的政策

土地这东西，不但是可以包含着或生长着许多天然的富源，并且也是一切动植物的培养机关和栖息地点，是经济的原料场和销场，所以，从资本经济——以取得剩余价值为主要目的的资本经济——看来，土地是越多越好的。资本经济的扩张领土政策的根据，便在这里。这是和封建时代为君主或诸侯的个人野心而行的领土争夺大不相同的。

至于天然的资源，当然比单纯的土地更为重要。为什么呢？因为富源甚好的小面积的土地，比富源不多的大面积的土地，从经济上看来，还要格外贵重些。英国资本经济所以发达特别早，第一是因为它海岸线长，便于贸易交通；第二却在它三岛上面富于产业资本经济上所必要的煤铁。法德两国在近代的不和，不单是因为它们有历史上的传统的世仇，并且还因为要争产业资本经济上所必需的煤铁——在阿尔萨司，罗兰的铁和莱茵河沿岸的煤。至于煤油出产地利权的争夺，胶皮树出产地利权的争夺，矿山权的争夺等等东西，更是资本经济确定时代以后的普通经济政策，差不多是无论哪一国都不曾放弃过。这些事例，都足以证明富源和资本经济现象关系的重要。此外如像水利政策，森林保护政策等等，也是资本经济上常有的政策。

二、人口

24. 人口在经济上的意义

一国人口的多寡，不消说，是和一国的经济的盛衰大有关系的。第一，一切财货的生产都是靠人类的劳动造出来的，所以人口的众多就等于劳动力的强大，这从以剥削别人造出的剩余价值为目的的资本经济上看来，自然是一个非常重要的问题。第二，因为凡是人类都得消费物品，所以人口的众多，一方面等于销场的宽大，一方面又等于消耗的增加和剩余的减少，因此，从消费的观点看来又是一个可以有利可以有害的问题。人口寡少的时候的问题，当然也是相同的。

25. 关于人口的政策

因为人口问题是一个复杂的，不易解决的问题，所以资本经济上对于人口的政策，也依各时代和地方的不同，发生种种区别。

关于人口的增殖，有主张取奖励增加的政策的，如像从前的德国，今日的法国和日本，就是明例。也有主张在精不在多的政策，设法抑止人口的过度增殖的，如像瑞典，丹麦，瑞士等国的人口政策就是明例。（看 51 节）

关于过多的人口，有采取向外国殖民的政策的（如像意大利，爱尔兰），有采取国内移民的政策的，有采取向本国的殖民地移民的。此外也有采用一种禁止外国移民入国的政策的。

26. 人口的本质问题

从资本经济的生产的观点看来，不单是希望人口的数能充足够用，并且还希望人口的资质良好合用。因为，从资本经济的经验上说，资质良好的劳动者一个人所做的工的结果，可以抵得几个资质不好的劳动者，所以，资本家一方面为要增加能率（能率即劳动的结果的多寡的比率），一方面为要减少费用（指工资），特特不惜劳费去施行劳动者的教育。资本经济时代的义务教育制度的根本理由之一，就在这里（另一个理由是要养成绝对服从纪律，能够充当战斗员的兵士）。

三、财富

27. 财富的意义

财富就是一切有价值的财货的全体的名称。有时又叫做"富"。财富里面包含两大种类的财货。第一是生产手段，即拿来供生产之用的财货。生产手段更包含着（一）劳动对象，（二）劳动手段两种东西。劳动对象就是人类对着它施行劳动的时候的对象，其中也有完全是天然物的，如像水里的鱼类，地里的矿产，森林里的树木等等东西就是例子，被耕种被使用的土地当然也应该被包含在内；也有是曾经用过劳力得来的东西的，如像纺纱时的棉花，打铁时的铁块就是例子，这种东西又叫做原料。劳动手段是人类造出来的工具，专门用来放在人类自己和劳动对象之间，以传达他的劳动于对象上的，如像棒子，刀子，锤子，织机，汽罐等等东西，都是劳动手段。

第二是消费资料，即一切拿来供人类消费之用的财货。（看 4 节）消费资料又叫做生活资料。人类日常享受的东西，尽是消费资料。

不过，消费资料和生产手段，在许多地方，都没有根本上的差别，要看它的实际用途如何，才能决定；用在享乐的消费的时候，就是消费资料，用在生产的消费的时候，却会变成了生产手段（看 4 节）。如像麦子，平常人拿来煮饭吃的时候，是消费资料，磨房拿来磨麦粉的时候，却变成生产手段了。

28. 财富和资本增殖的关系

资本原是在过去时代生产出来的价值（看 15 节），而财富却是一切现存的有价值物的总称，所以资本应该是被包含在财富的范围以内的东西。同时，财富的积蓄也就等于资本的积蓄，因为如果利用所积蓄的财富去取得别人造出来的剩余价值，那个财富即刻就会变成资本。并且，照前面所述（第 17 节），资本经济的发展也是靠着财货的聚积在商人手里（所谓原始的蓄积）那件事才能够促进的。所以，从资本经济的观点看来，就不能不奖励节俭和蓄财。许多资本主义经济学家都认定节俭是经济生活上第一的义务，也就为的是这种缘故。在那些人当中，甚至于有主张，资本家所得的利益等于强制劳动者节俭储蓄（因为这种利益若不归资本家，必定会被个个劳动者随便花去，现在归了资本家积少成多，资本家要花费也花费不了，所以就被储蓄起来，变成资本了），政府所抽的租税也等于强迫纳税人储蓄（因为租税到了政府手里，会拿去经营商港，河流，道路种种公用的东西，长久存在那里）的。这种主张自然是不对的：它太过于醉心资本经济，而忘记资本经济的反面有多数妻号子啼，肚饿身冷的人了。挖肉补创，算得是真理吗？节俭是应该的。为节俭而赞成人和人相吃，就未免过分了。

第四章　资本经济下的经营

一、　经营形式的发展

29. 经营和营业并企业两种东西的差异

在目前的经济状况下，关于经营，营业，企业三种东西的解释，还不能够有一致的见解。就普通用着的意义说，大概可以用下述的

经营＞营业＞企业

的式子，把三种东西的关系表示出来（就是说经营的内容比营业宽，营业的内容又比企业宽）。要明白这个关系，应该从经济生活说起。

人类的经济生活的基本行为，是生产行为和消费行为。（看 4 节）这两种行为的集合的全体，当然可以形成生产经济和消费经济（或简单的叫做生产和消费）。所谓消费经济，是指实行消灭有价值的财货的种种行为时的进程说的，不在目前的讨论范围之内。所谓生产经济，是指实行一切直接间接和有价值的财货的制造有关的行为时的进程说的。一个人要想行经济生活，从普通一般的例说来，无论如何都不得不行生产经济，因为如果不行生产经济，他就会找不着充分的财货去供他的消费；因为人类的经济生活原是时时刻刻都在消费和再生产之间周转着的。这种时时刻刻都得实行着的生产经济，若从经济主体的主观看，就是他的经营。在没有实行交换经

济以前，即是说，在自给经济时代，各人的经营都只是以获得直接可供自己消费的财货为目的。到后来，有了交换经济的时候（看4，16，18各节）人类的经营，除了获得直接可供自己消费的财货的目的之外，还有一种获得可供别人消费的财货的目的。换句话说，就是还有一种获得可以拿去和自己所需要的消费财货相交换的，更用别的话说，就是还有一种获得货币价值的目的。这种目的又叫做营利的目的。因此，经营之中就分成两种：一是营利的经营，一是非营利的经营。营利的经营，又叫做营业。一个营业，如果在相当的长久期间继续被一个经济主体经营下去，这个营业就变成那个经济主体的职业。所以，从一般说来，在资本经济下面，无论什么人（无能力的老弱妇女，当然是例外），都有一定的营业或职业。无论什么人，决没有长久不营业或无职业而可以继续生活的道理。

耕种是营业，纺织是营业，教书是营业，做报是营业，做卖买，开工场，办实业等等经营更是营业。不过，详细看来，在营业或职业当中，又可以分为两种：一是利用自己的或别人的资本，靠自己的劳力，自己负担着责任去经营的。一是利用自己的或别人的资本，雇用别人的劳动力，自己负担责任（就是说无论赚钱蚀本都归自己）去经营的。前者是单纯的营业，后者就是所谓企业。所以，从这个观点说，真正的企业只是在资本经济时代才有的。那些利用奴隶或农奴的劳动力去赚钱的营业，算不得是真正的企业。

30. 经营形式的发展略图

经营的形式，从经济史上看来，是经过许多变迁的。它的大要可以用下图表示出来：

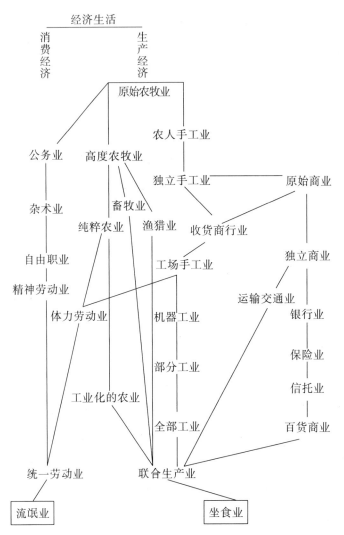

上图的说明：（一）生产经济的最初的经营是统一的，只有一种原始农牧业。（二）从原始农牧业最初分出来的，是农人手工业，这是一种虽然兼营着农业，却已经以替别人做工具为主的营业。农人手工业更进一步，就变成独立手工业，完全和农业脱离关系。在独立手工业和工场手工场之间，发生一种半商半工的收货商行业。

（看 18 节）独立手工业还是在各人家里做工，工场手工业的工作场，却由分散的家庭移到集中的工场里去了。理由自然是在增加工作的能率和节省用费。工场手工业经过了产业革命，由使用工具的工业变为使用机器的工业。（关于工具和机器的详细的说明，请看河上肇博士的《经济学大纲》。如用最简单的话说，机器就是复杂的工具）部分工业是只制造某种物品的一个极小部分的工业，如像只制造钟表的齿轮，或指针，或发条，或螺旋钉等等一小部分的工场，就是例子。这种工业发生的理由，自然在获得标准生产（同一标准的东西的生产）和大量生产上的利益。到了销路十分扩大的时候，又发生一种全部工业，如像福尔德汽车工业，就是把所有一切构成汽车的各部分的东西，从胶皮的制造，胶皮树的种植，铁工业，铁矿煤矿工业，铁路工业，火船运输业，发动机工业种种重要部分起，到玻璃工业，木材工业，油漆工业，颜料工业等等东西止，都一齐办起来，就是一个明显的例子。这种工业发生的理由，就是所谓经济的合理化主义（看 20 节）。到了最近，更发了一种联合生产的营业。这是想把所有一切可能的营业，如像工业，交通业，商业，农业，渔业，牧畜业，矿业，银行业，保险业，信托业等等东西，都一手包办起来的营业。它的理由，不消说，是在经济的合理化主义。（三）原始商业是在独立手工业发生的时代发生出来的。最初还是又是商业又是工业又是运输业的性质，后来才变成独立商业。到了资本经济开始的时候，专门做货币的卖买和保管的银行业才开始成立。保险业也慢慢发现了。这自然是利用商品生产时代的人心对于自己的活动力和自己的财产的不安，才发生出来的。经济关系发达到非常复杂的时候，不但一般人没有能力办理一切和自己有关的经济事件的知识，并且，纵然有知识，也决不会有充分的时间去办，也决不肯拨充分的时间去办（因为不合算）。因此，便发生所谓信托业，专门受别人的委托，用自己的名义去处分和管理别人的财产。百货商店也是根据经济的合理化主义而来的新式商业；它用大资本去包办各种的商业，在大都市上，完全把普通中小商业压倒了。（四）原始农牧业变为高度的农牧业之后，农业生产渐渐进步，结局就和畜牧业及渔猎业完全分离，变为纯粹的农业（自然，纯粹农业仍然不妨有别的副业）。到了资本经济非常发展的时代，随着生产协作社运动的勃兴（看 20 节），农业渐渐有工业化的倾向，渐渐自己去行日常用品的制造，自己努力去谋农村的电化了。（五）在原始农牧业分化的时候，人类社会里面，就发生一种专门替大家任公共职务的人，如像祭司，战争指挥者一类的人。后来随着农业牧畜业及手工业等等的分化，所谓医，卜，星，象等等靠一种策术为业的人也渐渐多了。到了资本经济的时代，更发生一些独立的自由职业，如像教员，文学家，美术家，律师等等以知识为他们生活资料的来源，去行独立生活的人们的职业，就是明白的例子。同时，因为资本经济一天一天的进行，把从来一些干公务业，杂术业，自由职业等等职业的人们的地位，越发弄得低落，把他们所有的一点生产手段，完全弄丧失了的缘故，又发生了一种精神劳动者。这就是说，发生了一种专替别人做精神的劳动，以一个平等的资格，拿年俸，月薪，每天津贴等等东西去过生活的人。行着这种精神劳动业的人们的地位，和行着肉体（或叫做筋肉）劳动业的人们的地位，完全是相同的，所以，从经济学上看来，在公司，商店，官署等处拿薪水过活的人们，和在工场，农场，街上等处拿工资过活的人，在客观的事实上完全是属于同一种类的。随着教育的普及和机器工业的发展，这两者渐渐有合一起来，变为统一劳动业的趋势。（六）除了上述的真正营业之外，还有两种表面上仿佛也是营业，实则算不得营业的东西。第一是流氓，第二是坐着吃利息的人们（看 20 节）。（七）林业和矿业应该看成工业内的部分，所以没有列入图内。

31. 资本经济下的各种经营形式

以上所说的各种经营形式，虽然是历史上所有的形式，其中的一部分，在资本经济下面已经不能存在，但是，照前面所述（看 21 节）特定地方的经济形态的变动的分量原是不一致的，所以，随着各国资本经济的发展程度如何，这些经营形式也是存废不一的。不过，从大体说来，在一般资本经济的初期，经营的形式虽是带有越分越细的倾向，然而一到金融资本经济时代，这种经营形式分化的倾向，倒变成经营形式统一的倾向了。如像全部工业，联合生产业，百货商业，工业化的农业，统一劳动业等等现象的发生，都是可以证明这种倾向的存在的。

二、 经营部门 （产业部门） 和经营规模

32. 经营部门的意义

经营部门这句话，是指属于同一种类的各种经营形式的部类说的。举例说，独立手工业和机器工业，在经营形式上虽然不是同一的东西，但是从经营部门说却属于同一的部门。经营部门这几个字，有时又被人叫做生产部门，或产业部门，或事业部门，字面虽

然不同，意义都是一样的。

从 30 节的图形看来，既然经营的形式有士（知识业），农，工，商，劳动，畜牧，渔猎几个种类，似乎觉得经营部门也应该分为这几个种类一样。但是，在事实上，经济学上所谓经营部门并不是照这几个种类区分的。特别是对于士业和劳动业，从没有人认为是一种经营部门或产业部门的，有一些人甚至于把商业部门也不放在经营部门或产业部门之内。

33. 经营部门的普通分类

从普通一般说来，所谓经营部门，大抵都分为矿业部门，农业部门，林业部门，渔业部门，畜牧业部门，工业部门，运输业部门，商业部门，金融业部门等等。在工业部门当中，往往列分为重工业部门（即钢铁业，机器业部门）和轻工业部门（即纺织业，化学工业等等部门），有时又拿工业制品的完成程度，分为原料工业部门，半制品工业部门，完成品工业部门等等。

34. 经营规模的大小

经营规模的大小，大抵可以表示所用资本的大小，同时也就可以表示某种经营的资本集中的程度。所以，经营规模如何，也是在观察某种经营的时候应该注意的事。照一般情形看来，无论在哪种经营部门里面，它的规模都有随着资本主义的进展日益扩大的趋势。不过，随着经营部门的性质的差异，这种扩大的趋势的快慢是各不相同的。如像林业部门，就是根本上只适于大规模的经营的部门。农业的性质却恰恰相反，在根本上就是不适于大规模经营的部门；除非将来在农业技术上有特别的发明，或是像在美国一样特别处于地旷，土肥，人稀，金多的地位，农业部门才有大大的扩张规模的希望。在各种经营部门当中，规模可以小可以大的自然是工业，所以，在现今，工业的规模最大，扩大的速度也最快。金融业部门虽然比工业部门更大，但是，要知道，它是依靠工业的规模的扩大才能够那样的（看20节）。

第五章　资本经济下的企业

一、　企业的形态

35. 单一企业的形态

前面已经说过（29节），利用自己的或别人的资本，雇用别人的劳动力，由自己负担着责任去实行着的经营就是企业。企业的主要形态，可以分为单一企业和联合企业两大种类。

单一企业是指一个单一的企业主体，用唯一的营业计算单位，实行单独的经营着的企业说的。单一企业的主体，也可以是一个自然的人类，也可以是许多自然人合作的团体。因此，单一企业当中，又可以分为个人企业和团体企业。

个人企业固然有办事统一，指挥灵敏的好处，然而到底个人资力有限，不能做大规模的经营，所以在资本经济的竞争上比较是不利的。所以，随着资本经济的进行，所谓团体企业便发生出来了。

团体企业，从目前的情形看来，可以分为六种：

（一）合名公司　这是由二个以上的自然人，用他们的全部财产合组一个公司，对于公司的债务，共同的负担无限连带责任的企业。这种企业大抵都是由家族的关系而来的，如像父亲死了，几个儿子分家之后，仍然用全财产合组公司，继续父亲的企业的时候，就发生合名公司。这种公司原本类似个人企业，所以它的利弊也和个人企业相近。

（二）合资公司　这是由两个以上的两种自然人合组而成的企业。这两种自然人当中，一种是无限责任的股东，他不单是拿他全财产担任股本，并且还要自己亲自去担任公司的经营之责（但有时也可以或不担任股本，或不亲自经营）。另外一种是有限责任的股东，只出特定数目的资本，并且对于公司的债务，只负他所担任的资本额范围以内的责任。这种公司是由中世纪的意大利的海上贸易发生出来的；它的组织完全，仿照那时意大利海上船舶商人，一方面用自己的全财产全性命去经营商船和运输，一方面又邀别人以有限的责任担任特定数目的股份那种组织。合资公司比起合名公司自然容易多集资本，能够使有手腕的人利用他人的资本发挥才干，所以在资本经济时代的初期是很盛行的。

（三）匿名公司　又叫做匿名组合。这是合资公司的一种变相组织。它也是由两种自然人组织成的。一种是负无限连带责任的股东，和合资公司相同。另外一种是所谓"匿名股东"，这就是说，在事实上虽然担任特定的股份，但是在表面上，这种股份却只当作公司借入的款项，所以，这种匿名股东，在公司万一破产的时候，还可以当作债权人去享受清算的利益。不过，这种匿名股东又和普通的放款人不同，因为：第一，他们只分公司赚得的红利，并无一定的利息；第二，他们所放的债即所担任的股款，是无期限的，不像一般放债都有期限一样。这种公司原是为要想使有限责任股东安心入股，好多多招徕股本的缘故才发生出来的，所以在招股上面，自然会比合资公司还有利些。但是，同时，在对外关系上，因为匿名股东不是公然出名的，所以这种公司的对外信用要差一点。

（四）股份公司　这是一种把公司的全资本分为若干很小的股份，由多数股东各各分担特定的股份，只在所担任的股份范围以内，负损益之责的组织。股份公司的股份大抵都是不记名而只记数的，可以当作有价证券（有价票据），任意卖买。所以，股份公司和前面所说的各种公司的性质完全不同：它不是一种人的结合，倒是一种物的结合（资本的结合）。从这一层说来，仿佛这种公司的信用要比上述各种公司差一点似的。但是在实际上，因为一则股份公司须受国家的严重监视保护，二则股份是顶小的，责任有限，纵然失败，损失也不见得怎样巨大，三则股份公司的股票随时可以卖出去，不比别的公司的股本那样难于挪动，四则股份公司的分红大抵是比一般放债的利息要高一点，因为这种种的缘故，所以股份公司倒反容易被世人信用。所以，自从十六七世纪的荷兰和英国开始实行这种组织以来，股份公司随着资本经济的发展，越行越开，到现在，竟成了一个压倒一切的最占势力的形态。不过，股份公司虽有博得社会信用，吸收一切小小资本成为巨股的好处，然而也只是企业关系上的好处，如果像有一种人所说一样，超出了这种观点，竟说股份公司的组织，是实现民主精神，均一贫富的东西，那又错了。因为在事实上，纵然小民也可以买得股票，但是公司的实权还是被少数大股东握着，小民不过拿他的汗血替别人捧场，稍微赚得一点余沥罢了。这种余沥，拿去和他们在大规模的独占事业的独占价格（这就是说，某种事业，如像糖业，被某一公司独占了之后所定下高价格）下面所受的痛苦，比较起来，算得什么？他们还不是等于间接打击自己？

（五）合资股份公司　这是合资公司和股份公司两种东西折衷而成的组织。在这种公司里面，有两种股东：一种是有限责任的股东，一切都和股份公司的股东相同；一种是无限责任的股东，负着连带无限的责任，完全和合资公司的无限责任股东相同。这种组织本是在股份公司还没有十分盛行的时候所用的一种招致资本的便法，所以到了股份公司得着一般信用，成为主要的团体企业的形式之后，便消沉了。但是，在欧洲大战后，各国经过种种金融恐慌（纸币充斥货币跌价，股票变为废物等等），渐渐又有利用这种组织去维持信用的趋势。这趋势在德国特别显著。

（六）营利的协作社（产业组合）　协作社组织原是一种想借此减轻资本经济的压力的组织（看 20 节），它的目的本在自救，不在营利，但是，在事实上，从表面上看来，它大抵还是和别的团体企业一样，干着营利的事业，不过所不同的，就是它会把赚得的利润给回社员罢了。协作社运动是从 1844 年 12 月在英国的罗齐戴尔地方开始的，后来传播到各国去，发生了种种不同的组织。在目前，这种协作社组织当中具有很大规模，发生很大的作用的，要数：（一）所谓相互保险公司（即经营保险业的协作社），（二）用协作社组织的交易所。

36. 联合企业的形态

联合企业是指两个以上的企业主体，用原有的各个营业计算单位共同经营，或虽设了一个新设的营业计算单位，却仍系持着原有的单位实行共同经营着的企业说的。自然，这里所说的营业计算单位是指经济上的意义说的。如果从法律上说，当然不见得会和经济上的单位完全一致，也许有表面上完全保持旧来的面目，而事实上已经成为新的企业的（如像下面说的"买股托拉斯"），也许有在表面上成为新的企业，而事实上还存留着旧有的企业主体的（如像信托托拉斯）。这种联合企业，又常常被人称为企业结合，企业联合，企业合同等等。

联合企业的发生理由，大致总不外于（一）为免除营业竞争上的损失，（二）为增加生产技术上的便利（如像规模越大费用越省，及铁工业兼办煤业就可以免得受煤业的掣肘之类），（三）为金融上的便利，即是说，行着联合企业的时候，可以把巨大的资本彼此融通，结局就可以比未联合时多得资本的用处。更详细列举出来，联合企业的目的，通常都在（一）把持原料，（二）把持劳动力，就是说联合力量去对付劳动者的团体，（三）把持运输机关，（四）把持销路，（五）压迫购买人，（六）压迫没有加入联合的单一企业，（七）把持信用，（八）施行拒买拒卖的同盟。结局，一句话，联合企业的目的，只在免除内部的竞争，去实行对于外部的独占势力。

联合企业也有仅发生于（一）同种的企业（如像纺织业）之间的，也有发生于（二）有关系的同一经营部门的别种企业之间的（如像机器制造业，炼铁业，矿业之间），也有发生于（三）经营部门完全相异的各种企业之间的（如像银行业，矿业，交通业，铁工业，机器工业等等之间）。在第二种的时候，叫做垂直的联合企业；在第一种的时候，叫做水平的（横的）联合企业；在第三种的时候，叫做金融的联合企业（因为这种联合企业的原因，不在生产的关系上，而在金融的关系上）。

联合企业的形态极其复杂，并且它的名称在各国之间又不统一，所以很难作有条理的叙述。大概最好的办法，是把它分为利益协定和企业合同两大种类。

联合企业当中的利益协定，又可以依照程度的深浅分为四种：（一）利益参加联盟（Beteilingung）。方法是由加入联盟的企业，各派专员到别的联盟内的企业去，参加它的经营，以便彼此关照，以免发生营业上的冲突。（二）利益共同联盟（Interessengemein-schaft）。这不但互通声息，并且约定共同分享利益，共同负担损失，即是说，营业的损益是要彼此合起来平均计算的。（三）企业协定（Kartell，加特尔）。方法是由加入协定的各企业，关于企业的条件（如像运价，赊欠贩卖的期限，减价贩卖方法和程度等等），生产品的贩卖价格，原料品的购买价格，生产额的多寡，机器运动的成数，贩卖的地域，贩卖的机关和方法等等的事，协定一种共同遵守的条件，以免行无意识的竞争，弄得两败俱伤。（四）企业联盟（Syndicat，三地加）。这是比企业协定更进一步的组织，它不单是相约对内不行竞争，并且对外还有一个共同的机关去代表全联盟。

联合企业当中的企业合同，也可以按照合同的范围的广狭分为四种：（一）合并（Fusion）。这是指两个企业或少数企业合并起来，另成一个新组织的时候说的。（二）信托托拉斯（Trust）。这是利用所谓信托业的办法（看30节），把许多股份公司的股票委托另一个公司，叫它代办。这个被信托的公司，虽然对于原有的股东，负着被委托的责任，然而同时却取得了各公司的经营管理的全权，所以，原有的各公司在事实上便合成为一个企业了。（三）买股托拉斯（Trust by Holding Company）。这是专门用收买别的股份公司的约半数的股票的方法，去把持别的公司的经营权的托拉斯。这种托拉斯，明明是想强制别的公司屈服于它，好去达它自己的企业的目的，所以，从结果上说，当然会把那些被买收了股票的公司，变成一个事实上的企业合同。（四）生产联合（Konzern，空策伦）。这也是一个用金融上的势力，把许多公司的经营，弄成事实上的企业合同的东西；它的特色只在它所兼并合同的企业不限于同种企业，也不限于有关系的同一经营部门的别种企业。只要合它的金融资本上的合理化主义的目的，不管是垂直的关系也好，水平的关系也好，它都去一律兼并。

37. 公企业和私企业

企业的形态，按照企业主体的公私，更可以分为公企业，私企业，公私混合企业（如像官民合办企业）三种。从纯理论上说，公企业不但可以不必纯然以多获利润为目的，并且还可以在企业当中，寓着振兴公益，匡救社会弊病之意（如像公营的交通业，邮电业，保险业，林业，盐业等等），所以本该特别值得称赞的。但是，在事实上，公企业的结果往往比私企业还坏，因为：第一，从事公企业的人，往往办事不力，发生冗费，使购买人在价格上吃亏；第二，公企业往往会和一国中的少数据政权的人勾结，弄出假公济私的弊病。

38. 企业形态和经营部门

上面所述的各种企业形态，并不是能够在各种经营部门都一样行着的。如股份公司组织很少用于农业里面，个人企业却又很少见于林业里面，就是明显的例子。不过，从大体说来，企业形态的变迁，是随着生产技术的进步转移的。工业上的生产技术是进步，所以企业形态也最进步，在这里，它已经达到最高的形态，即企业合同的形态了。农业的企业形态还保持着个人企业的特色，自然也是因为农业的生产技术还没有多大的进步的缘故。不过，从大体说，它还是有相当的进步，所以，它的企业形态也渐渐有变动的倾向（如像美国的农业企业公司，各国的农业合作社组织）。所以，企业的形态，渐渐由简单变成复杂，由单一的变成联合的，这个一般道理，就是对于农业也是可以适用的。其他经营部门，更不必说了。

二、 企业的内部组织

39. 企业上的物的要素

企业上的要素，可以分为两种：物的要素和人的要素。物的要素，自然就是资本。没有资本的存在，当然也就不会有企业的存在。不过，要知道，不必一定要自己的资本才可以实行企业。在事实上，许多企业家（即实行企业的人，即所谓企业主体）所用的资本，往往大半都是他们靠着信用，向别人借得的资本。所以企业上的资本，第一就可以分为自己资本和他人资本两种。他人资本又可以分成短期他人资本（即在短期间利用着的他人资本）和长期他人资本两种。前者是靠着普通的信用借款得来的，后者是靠不动产担保信用和公司债票的发行得来的。

40. 企业上的人的要素

人的要素，自然是指人的劳动说的。无论什么种类的企业，都非用人的劳动不可，都非雇用一些人去替企业主体工作不可。如果不用别人的劳动，只靠自己的劳力，那就只是营业，不是企业了。企业上所用的劳动，大致可以分为指导的劳动和执行的劳动两种。前者就是所谓企业的指挥监督者的劳动，后者就是所谓雇员（精神劳动者）及劳动者（普通都指肉体劳动者）的劳动。这三种人的劳动，从特定的企业说来，本来是具有同一的性质的——都是为企业主体做工，不过，在事实上，所谓指挥监督人往往同时就是企业主体的一部分，纵然不是这个企业的企业主体的一部分，也一定会是别的企业主体的一部分，所以，他的地位平常都是和企业主体相类似的；他常常想监视着雇员及劳动者的劳动，生怕他们偷懒不劳动或不尽力劳动。为达这种监视目的，就发生了所谓企业的劳动组织。

41. 企业的劳动组织

企业的劳动组织，是一个很精微复杂的问题。所谓"科学管理法"（Scientific Management）那种学问，就是专门研究这问题的。关于这种细微的研究在这里且不必说罢。

第六章　资本经济下的市场

一、　市场的基础

42. 市场的意义和发展

资本经济是一种商品生产经济，即是说，是一种以卖买交换为必要条件的经济，所以在资本经济下面，必定有市场的存在。"市场"（Market）两个字，在普通的意义上，都是指一种实行卖买交换的地点，有时，或放宽一点，指一种可以实行卖买交换的区域（如像地方市场，全国市场）说的。在经济学上，所谓市场，还有一种更宽的意义，它不单是指交换的地域，并且还指交换关系（即物品的需要供给的连续关系）的本身。如像说"商品市场的旺盛"或"金融市场的枯窘"的时候，所指的市场，就是用在这种意义上的。

市场这东西，在资本经济以前，交换发生以后就有了的。不过，资本经济以前的市场和资本经济时代的市场的内容却大不相同。其间最重要的差别大致有两点：第一，资本经济以前的市场上所交换的物品，都是一些绝无仅有的东西，如像盐，香料，珠宝之类；到了资本经济时代却不然，所交换的大抵都是一些到处可以生产的物品。第二，资本经济以前的市场上的商品，从一般说，都是分量小而价值大的物品，而资本经济时代的交换品，却大抵是以价廉物美的东西为主。

市场范围的大小，随着资本经济的发展也逐渐扩大了。在资本经济的初期，正行着都市经济（看 11 节），所以那时的市场，是一种地方市场（即以各都市地方为中心的市场）。到了资本经济成熟（或确立）时代，全国自由交换的现象也发生了，所以这时的市场，就形成了所谓国家市场。在国家市场的时代，国家必定会采用重商主义的政策（看 17 节），用一种禁止的关税，一意奖励货物的输出和金银货币的输入。到了金融资本的初期，各先进国（经济发达的国）的工业家势力积得雄厚，可以单靠资本的力量向海外压服后进国（经济落后的国），所以自由的资本竞争才超出了国界（从前国际间的竞争是带着政治性的，并不是纯粹的经济上的自由竞争），而造成世界市场的第一期，即是说，由先进国输出工业品到后进国，更由后进国输入原料品到先进国去的时期。在这时期中，先进国的工业家一定主张自由贸易政策，好便于他们的商品和原料的自由输出和输入。但是，这样一来，先进国的农业家，必定会因外国原料的输入大受打击，所以必定会起来主张保护贸易政策，想拒绝外国原料的输入。因此，在这时期的政治上，往往会发生农业党（即代表农业利益的政党）和工业党（即代表工业利益的政党）的对峙。最后，到了金融资本经济成熟的时候，在一方面，世界上主要的各国的资本经济，都已发达到势均力敌的地位，已难继续海外的自由竞争，在另一方面，因为先进国内的机器生产非常发达的缘故，资本家的利润渐渐比较减少（关于这种道理，都是应该在"经济现象的内部关联的解剖"上说明的，所以这里只得从略。请看河上肇博士的《经济学大纲》），所以他们只好利用他们在国内的独占地位（经济上及政治上的），走进世界市场的第二期，即是说，他们拿政治的势力做经济发展的后盾，把资本和机器输出到特定势力范围（殖民地及半殖民地）的后进国，直接去取得后进国人民的剩余价值，不必更注重普通商品输出的时期。在这时期中，他们所主张的贸易政策，恰恰和世界市场的第一期相反：他们又会主张极端的保护政策了。

43. 商业的组织

商业是一种以物品的卖买为目的的营业，当然应该是市场组织的第一基础。如果没有商业，市场上的交换关系当然就会无从成立的。所以，要想明白资本经济下的市场现象，第一就应该知道商业组织的大要。资本经济下的商业组织是非常繁复的，不但种类甚多，而且层次不少。无论举一件什么东西说，要想数出它从各种原料时代起，到供我们使用时止，所经过的商人的数目，都是平常人做不到的事。所以详细说明商业的组织，这件事，实在是不容易的。我现在且引用祖尔(Suhr)所设的一个例图，以便说明。

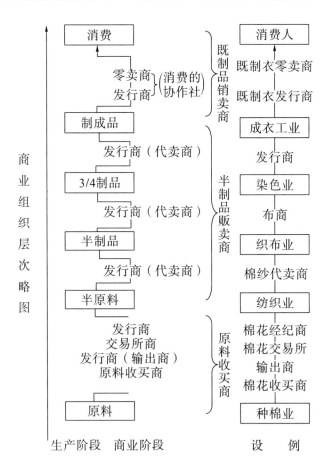

现在且把这个略图简单的说明如下：（一）这个图是德国人举的关于德国的例，所以上面有消费协作社，成衣工业（因为德国人的上下衬衣，都是买现成的穿）。不过，要知道，这种情形在一般文明国都是一样的。（二）要明白商业的组织层次，当然先应该知道工业的层次，所以他把先工业阶段先举在左边，最左的那根箭表示先后的顺序。他把生产分为五段，最终才到消费。在这五段的中间，都要经过商人的手，所以他把商业阶段配在右边，用一根曲折的箭表示工业阶段和商业阶段的关系和方向。（三）商业阶段一共细分九段，从大体上说，又可以综合起来，成为原料收买商人，半制品贩卖商，既制品销卖商三大段。（四）最右边那根箭上所举的，是关于现成衣服的商业组织的例。关于其他商品，可以照此类推。（五）图上所举的阶段，只是一个最简单的例示，在实际上当然还要比这个更复杂些。因为：第一，每一个阶段上的商人，还可以在同业之中转无数次的手；第二，一件既成衣服，除了布之外，还有纽扣，颜料，缝衣机等等东西，也须经过无数商人的手。所以，从全体说来，一件衣服到消费人的手里以前，不知经过若干商人的手。商业组织的复杂程度，可以由此推想而知了。

44．交通的组织

除了商业的组织之外，对于市场发生密切的基础关系的，还有两种组织：（一）一般交通的组织，（二）金融机关的组织（即货币交通的组织）。

一般交通的组织，更可以分为两种：第一是消息交通（或信息交通）的机关，第二是运输交通的机关。消息交通机关是邮政和电报（包含海陆有线电和无线电）。运输交通机关是道路（包含国道，省道，县道，私道等等，这当中自然包含着道路上必有的桥梁），铁路，水路（包含天然的河流，湖，沿海等等），航空路等等。有人只把行于这些道路，铁路，水路，航空路上面的车辆船舶，飞行机艇等等东西叫做交通机关的。那自然也是交通机关的一部，不过并不是主要的部分。

无论是消息交通机关或是运输交通机关，在它的组织上，都有一个理想的共同准则：交通机关必定要具有（一）迅速，（二）时间正确，（三）安全，（四）廉价，（五）普遍五个特色，才能够达它设立的目的，供交换市场的使用。因为交通机关有这种共同的准则的缘故，所以在资本经济下的各国，除了利用天然的海岸线及河流之外，都设有国道网，运河网，铁路网，航空路线，邮政网，有线电报网，无线电台网等等东西。

45. 金融机关的组织

这是指一切和货币交通有关系的组织说的。其中最重要的自然是银行。从普通一般说来，所谓银行，虽是指卖买货币，存款放款的营业说的，但是，在经济学上看来，银行当中，却可以有四种区别：第一是中央银行，它的主要业务是发行兑换券（一切文明先进国都有中央银行，中国经济却还没有发达到这个程度。自然，这里所谓中央银行是从银行的性质上说的，不是指银行的固有名称），存放大宗款项，调剂全国的金融和物价。第二是商业银行，这是专门以短期少额的存款放款，期票的贴现，有价票据（有价证券）的卖买，汇兑等等为业务的。第三是投资银行，这是专以别的企业上的投资为目的的银行，它的业务，多半是一面做长期储蓄存款，一面做长期的用不动产或公司借票，公债票等等东西担保的放款。第四是协作社银行，这大抵是以自救为目的，专门对于社员行短期小额存款借款的银行。

银行的种类虽然在理论上可以分为上述四种，然而，在实际上，各个银行往往是各有特质的：也有兼着商业银行和投资银行的性质的，也有只做单一的业务的（如像只做长期抵押借款的银行，专做储蓄存款的银行等等）。所以，要明白银行这种机关的作用，最好是把一般银行所有的主要营业项目罗列出来。银行的主要营业项目，大抵可以分为下列十项：（一）发行兑换券（钞票），（二）兑换货币，（三）一般存款，（四）一般放款，（五）汇兑，（六）贴现（对于期票和汇票），（七）一般有价证券的卖买，（八）储蓄存款，（九）长期抵押放款，（十）信托营业。

除了银行之外，还有证券交易所，银行票据交换所，钱庄，当铺，保险业，信托业等等，也都是带有货币交通机关的性质的。

二、 市场的构成

46. 需要供给关系和价格

市场就是交换关系，就是物品的需要（或需求）供给关系的连续（看 42 节），所以，在市场的构成上面，从人的方面说，必须有买者和卖者（即需求人和供给人），从物的方面说，必须有需要和供给的存在。所谓需要，在经济学的意义上，是指在特定时间和地域上一般人想用特定价钱去买的某种财货的数量说的。所谓供给，意义恰恰和需要相反，是指在特定时间和地域上一般人想用特定的价钱出卖的某种财货的数量说的。

　　一面有需要，一面有供给，如果两者经过交通机关一旦接触，自然就会发交易，换句话说，就成立了卖买交换。交易的成立，是靠特定的需要和特定的供给的适合一致（合意）才能出现的。这种适合一致表现出来，就是某种特定财货的价格。价格这句话，在经济学上是指被交换的物件的交换价值在货币形态下的表现说的。换句话说，价格就是用货币表现出来的价值。处在目前的货币交换经济时代，一切财货的交换，都不得不拿货币为媒介，所以这里所说的需要和供给当然也不得不用货币额表现出来，构成了特定财货的价格。价格这东西，照纯理说来，本是应该是和一个财货里面所含的交换价值相等的。（关于这种道理，请看河上肇博士的《经济学大纲》）如果它真能照应有的交换价值用货币表现出来，那时，就成立了所谓"正常价格"或"标准价格"。但是，在事实上，这种标准价格是常常不能够实现的。为什么呢？因为在市场关系上，常常有需要方面和供给方面的竞争，即许多买者和许多卖者各自之间的竞争；在需要较多或供给较少的时候，因为争着买的缘故，特定财货的价格必定会高过正常价格，反过来说，在需要较少或供给较多的时候，因为争着卖的缘故，特定财货的价格必定会低过正常价格。换句话说，就是因为受了需要供给的法则（这又叫做供求法则）的影响的缘故，市场上的财货不能常常用正常的价格发现出来（有时虽然会偶尔碰着正常价格，但是从一般说，却是不能常常有的），倒反用"竞争价格"发现出来。在没有竞争，只有独占的时候（如像各国的盐，烟，酒专卖的时候），供给的主体（即卖者）可以任意把价格弄高弄低（在事实上当然只有弄高的），所以，竞争价格就会变成了"独占价格"，仍然不能和正常价格适合。

市场上的多数重要财货的平均价格，叫做物价。物价的高低比率，叫做物价指数。

47. 交易方法并地点

交易（卖买）实行的方法，可以从两种不同的观点分为数种。第一，从财货方面看来，可以分为：（一）现货交易，即立刻当面看货交货的交易。（二）货样交易，即只看货样不看实物的交易。所谓目录交易（即只看财物目录的说明而成交的交易），也应该被包在货样交易之内。（三）定期交易，即目前也不交货，也不看货样，倒只在理想上决定一种标准，约定在特定期间以后交货交款的交易。这种交易往往会流为买空卖空，只图用投机的办法（就是说预料将来某种财货的价格的涨落去买进卖出）去赚取价格变动的差额。

第二，从货币方面看来，可以分为（一）现钱交易，即即刻交钱的交易，（二）信用交易，即赊欠交易，（三）分期付款交易三种。

交易的地点大致有两种：第一是自由交易地点，这是不限定什么地方，可以任随卖者和买者任意自由择定的交易地点。第二是法定交易地点，这是为免除弊病起见，特别用法律指定的交易地点，如像交易所就是专为定期交易而设的地点。

三、 市场的种类

48. 物品市场和金融市场

市场大体可以分为物品市场，金融市场，劳力市场三种。物品市场更可以随着物品的种类，分为无数的小区别，如像米谷市场，煤炭市场，砂糖市场等等。金融市场是指货币（硬币和纸币），货币原料的金银块，有价证券（股票，债票，汇票，期票等等）信用种种东西的卖买和移转说的。

物品市场和金融市场的关系是很密切的：后者随着资本经济的发展，渐渐有压倒前者，指挥一切市场的倾向。这种情形从经济学上说原是必然的结果，因为：第一，物价这东西原是靠货币表示出来，随着流通货币的数量多寡而有涨落的东西；第二，货币原是代表"现实的购买力"（即一种在可以拿去购买物品和劳动力的状态下面的力量）的一切财产，若不化为货币，便不能发挥它的购买力，所以做货币交易的人的地位，要比做物品交易的人的地位强硬些。

49. 劳力市场

劳动力这种商品，具有两种比货币还更不同的特质：第一，因为它是附在人类的身体上的东西，人类非继续使用生活资料，就不能够把劳动力产生出来，并且在资本经济下面，凡是出卖劳动力的人，又都是除了卖气力换得生活资料，就无别的合法的生存方法的人，所以，劳动力的供给人，处在一种照通常秩序说，无论如何不能不把他的唯一的商品贩卖出去的状况下面；换句话说，他的地位对于买进劳力的人（雇主）的地位的关系，比起做商品交易的人对于做货币交易的人的关系还要软弱些。所以出卖劳力的人，在事实上，总是站在雇主的下风。第二，因为劳动力这种东西和别的商品不同，在买进来之后，可以替雇主产生新的剩余价值，增加总价值的分量（看 15 节，详细的说明，请看河上肇博士的《经济学大纲》），所以劳动力的需要人（雇主），在资本经济制度下面，又非靠着劳动力不可；所以，从眼前一时的紧急状况说来，劳动者固然不能不站在雇主的下风，然而从资本的长久的再生产的增殖扩大说来，雇主又不能不需要出卖劳动力的人的存在。因为有这两种特质，所以劳动力的卖买问题，才会变成一个劳资两方的死活问题，同时劳动力的卖买价格（即工资），才会成为一个经济学上的困难问题。

劳动力是附在人类的身体上的，所以它的单位只好用劳动的时间，如像几天，几个钟头的方法实行计算。所以，所谓工资就是在特定的时间内的劳动力的价格。普通都是论天数计算。

从雇主方面说来，他自然是愿意：（一）每天的工资越少越好，因为他所付的工资越少，他所获的剩余价值就越多。（二）每天当中做工的时间越长越好，因为做工时间越长，所生产的剩余价值就会越多。（三）在特定的时间当中，劳动者越拼命努力工作越好，因为劳动者越努力工作，所产生的剩余价值就会越多。（四）在万一被逼得不能不增加工资的时候，最好是只增加名目工资（即用货币表现着的工资数目），不增加实质工资（即那种货币形态下的工资所能购买的生活资料的实际的内容），因为纵然加了名目工资，然而因为在资本经济下面一般物价渐渐涨高的缘故，实质工资倒反会变成减少。（五）万一不能不增加实质工资，也最好只是增加绝对工资（这就是说，从工资本身的大小看的时候的工资。举例说，如像在原先一块钱一天的工资，加到一天一块二角的时候，如果这一块二角在全生产物的总价值之中，只和原先领一块钱工资时一样，仍是十分之二，或比十分之二更少，那末，这种工资的增加，就是绝对工资的增加），不增加相对工资（即在全生产物的价值当中的比例的增加。如像在上面那个例子里面，如果这一块二角钱是全价值的十分之三，而不是十分之二，那末，就发生了相对工资的增加），因为绝对工资的增加，是于雇主无损的，有时还是有益的（因为在这时候，他仍然可以照旧增殖资本，并且工资的相当的增加，还可以增进工作的能率。雇主有时自己提议增加工资，也就是出于这种理由）。（六）失业的劳动者（即所谓产业预备军）越多越好，因为在这样的时候，雇主才可以利用劳动力的供给方面的竞争，去减轻他自己在卖买条件上的负担。

不消说，从出卖劳动力的人方面说来，他的希望，完全是和雇主的希望相反的。他希望：（一）工资越多越好。（二）每天做工的时间越短越好。（三）只用普通的努力程度做工。（四）增加实质工资。（五）增加相对工资。（六）失业的劳动者越少越好。

雇主和劳动者在劳动力的卖买上面的希望条件既然相反，所以所谓工资支付制度也就弄得复杂，如像（一）时间制，（二）天数制，（三）工作结果件数制，（四）时间为主，工件为辅制，（五）生产物卖价标准制，（六）额外赏与制，（七）分红制，（八）物价标准制，（九）家族标准制，其他等等的制度，都是按照上面所说的雇主和劳动者两方面的卖买条件的希望的差异而发生出来的东西。

劳动力的卖买，也有由劳动者个人自由和雇主直接行着交易的，也有经过劳动力经纪人（如像包工的工头，雇工绍介所，职业绍介店之类）之手的，也有由劳动者的集团（工人协会）集合的向雇主或雇主集团去卖买的契约的。第三种办法，是资本经济成熟时代以后的办法。

第七章　生产和消费的关系

一、 生产和消费的适合（均衡）

50. 社会的再生产和经济生活

经济生活原是人类的生产行为和消费行为的继续的进程（看 4 节），只要人类存活一天，他的生产和消费就得继续进行一天。他有了消费，才能有气力去行生产，同时，也只在有了生产的时候，才能够得着被消费的东西，所以，如果从全进程看起来，经济就是生产和消费的不断的循环。换句话来，经济就是不断的再生产（因为从生产方面看来，消费结局还是为着生产）。从一个人看来是这样，从社会全体看来也还是这样，所以全社会的经济就是全社会的不断的再生产。（这里所谓社会是指经济上协力合作的范围内的团体说的）一个社会不能一刻停止再生产，恰恰和一个人不能片刻停止再生产一样；一个人停止了再生产，就会死灭，一个社会停止了再生产，就会瓦解。

51. 生产的不足，生产的有余①，生产和消费的相抵

一个社会内全体的再生产，可以分为三种形态：生产不足的形态，生产有余的形态，生产和消费相抵的形态。（一）全社会的生产如果比全社会所必需的消费还少，那个社会就算行着一种缩小的

---

① 原文为"生产的有剩"，据目录和正文改。——编者

再生产，它的营养必定渐渐变坏，人口必定渐渐衰弱退化，结果，不被别的健全的社会所吞噬，必渐渐自己消灭。在古来的历史上，由这种原因灭亡的民族不在少数，最著名的例子就是古代希腊民族和古代罗马民族。关于这种生产不足的原因，有许多不同的学说，其中最有力的说法是奢侈说和必然说。主张奢侈说的人，以为生产的不足的主要原因是社会上一般人的奢侈和懒惰，所以弄得入不敷出，不但吃用了生产的利息，并且连生产的本钱，都慢慢侵蚀了去，这就是说，弄得再生产的结果一天一天的减少下去。主张必然说的人，以为生产的不足是社会上必不可免的事，因为从经济学上看来，食物生产方面，受着所谓"收益递减法则"（这就是说人类对于同一土地上面，如果增加劳费去耕种，所得的收成虽然在绝对数上可以添加，但是，所添加的比例数却会慢慢的减下去，如像增加十个单位的劳费的时候，虽然可得两石的加收，但是如再增加十个单位的劳费，就只能得半石的加收之类）的作用，只能有算术级数（即1，2，3，4，5，6……）的增加，而人口的增加率却是按着几何级数（即1，2，4，8，16，32……之类）的，所以在特定年限之后，食物和人口的数目，一定会相差很远，像下例一样［这是马尔萨斯（Malthus）的学说，他认定人口在二十五年间可以加倍］：

年数	25	25	25	25	25	25	25	25
人口	1	2	4	8	16	32	64	128	256
食物	1	2	3	4	5	6	7	8	9

所以，在两百年之后，人口由1加到256倍，而食物却只能由1加到9倍。所以，生产的不足是一种必然的结果。在事实上人口

所以不显得照上面的比例增加，只不过因为有杀人，堕胎，战争，饥馑，瘟疫，贫穷，痼疾，移民等等的原因，把人口的增加率抑制着罢了。

以上两种说法，都不全然中肯：奢侈说太把人类的力量看大了，太乐观了，人类只能够在特定的天然界的范围之内，才能够实行生产，决不是可以行无限的生产的；必然说又太悲观了，它忘记了人类的生殖速度是可以由人力节制着的。

（二）全社会的生产，如果比全社会的消费还多，那末，剩下来的部分一定会积存起来，添到生产手段里面，使后来越发行一种扩张的再生产。行着这种再生产的社会，从全体说，一定会繁荣起来，把生活内容弄得格外加丰，文化程度弄得格外加高。一般兴盛的民族都有这种情形。

（三）如果全社会的生产额，恰恰和全社会的消费额相当，也没有不足，也没有剩余，那末，那个社会的再生产就只是行一种所谓单纯的再生产，同时它的生活内容和文化程度必定会沉滞着不能进步，结局，如果在那时遇着强有力的外敌或较高度的文化，也就会渐归于消灭的。

52. 经济形态和生产与消费的适合方法

上述的生产不足，生产的有余，生产和消费的相抵三种情形，无论在何种经济形态下面，都一样可以发生的。不过，无论哪一种经济形态的社会，从它的目的上说，当然是不愿意发生生产的不足的；它所希望的，自然，最好是生产的有余，至少也得是生产和消费的相抵。因此，无论哪一种经济形态的社会，在它的机构上，都按照它的经济情形，有它的特殊的，关于生产消费的适合方法（或均衡方法）。如像在封建经济时代，具有种种关于生产和消费的禁令（看14节），就是一个例子。

二、 资本经济下的生产和消费的适合方法

53. 自由竞争和自动的生产消费适合方法

资本经济是商品生产经济，具有自由竞争和无政府式生产的特性（看16节），所以，从根本上说，在资本经济下面，就不应该发生什么根本的有意识的方法，去谋生产和消费的适合。在事实上，我们也可以看得见，在资本经济下面，主要的生产消费适合方法，只是一种靠着自由竞争而行的，自动的方法。其他各种有意识的生产消费适合方法，只是在资本经济的末期才发生出来的，并且还是站在补助的地位的方法。

资本经济下的生产消费适合方法，全在三种竞争方法上面：（一）消费竞争，（二）生产竞争，（三）物价竞争。这三种竞争，都是根据价格法则（看46节）而来的，所以，总起来说，也可以说价格的竞争使资本经济下的生产消费勉强发生了一种悲惨的适合状况。

消费竞争是指消费人方面的竞争说的。在资本经济下面，一切消费人，无论是谁，都知道争着先买他所必需的物品，并且还争着买价廉物美的物品，所以，从全体看来，一切被一般人需要物品和价廉物美的物品，必定被特别销得快，销得多，所以，结局必定会使生产人专向这些物品方面去行生产，所以凡是一切生产出来的商品，必定是消费人所需要的商品。

生产竞争是指生产人方面的竞争说的。在资本经济下面，一切生产人，无论是谁，也都知道争着去生产那最被需要，最易卖脱，当然也就是最易赚钱的商品，所以，从全体上看来，一切生产人所不愿生产的商品，也必定是一般消费人所不愿购买的商品。万一偶然生产着这种商品，他也一定会因为销售不出去的缘故，不久就停止了去。

前面（46节）已经说过，价格本是需要供给的关系的表现，需要多或供给少的时候，可以使价格涨起来，需要少或供给多的时候，也可以使价格跌下去，所以，价格的涨落，当然就可以测知消费和生产间的关系。因此，一个物品的价格若涨起来，就会驱使一般生产人争着去添加生产，拒绝一般消费人去添加消费，结果会把那个价格跌下去；反过来说，一个物品的价格若跌下去，就会驱使一般消费人争着去添加消费，拒绝一般生产人去添加生产，结果也会把那价格弄涨起来。这种围着物价的涨落而行的竞争，可以叫做物价竞争，也是一种在默默之中，使生产人知道应该不应该生产某种物品的一个力量。

资本经济下的生产和消费的关系全靠这三种竞争自动的，勉勉强强的适合着。

54. 循环的恐慌和永久的失业

为什么在上节末尾说勉强适合着呢？因为那种适合是一种悲惨的适合，是相伴着一些大大的牺牲的适合，是必然的携带着循环的恐慌和永久的失业的适合。

恐慌这句话有两种意义：第一是一种单纯的灾荒的意思，如像在资本经济以前或资本经济时代常常看见的那些因饥馑，战争，地震，瘟疫，荒年，海啸，蝗灾等等的原因而来的灾荒，也误被人叫做恐慌就是例子。第二是国民经济学上所谓恐慌（Crisis），这是资本经济下面特有的现象，是带有循环性，常常依照

好市况→恐慌→坏市况→好市况→恐慌→坏市况……

或

繁荣期→恐慌→沉滞期→繁荣期→恐慌→沉滞期……

的顺序，循环不断的划着周期发生出来的。

为什么会发生这种循环的恐慌？关于这个问题，在经济学者之间异说很多，其中最盛行的有力的学说是这样，恐慌的发生是从两方面的原因来的：（一）生产过剩，（二）资本固定。

前面已经屡次说过，资本经济的生产原是无政府式的生产，全靠所谓价格竞争去间接探知消费的种类，分量，变动等等。这种间接摸索带有投机的性质，自然难免时时发生错误，并且资本经济生产竞争上的胜利全靠利用新改良的生产方法，而这种新生产方法的使用往往是不可预测的，所以在社会全体关系上的生产超过消费的分量，剩着许多生产品无法销售（自然是说不蚀本的销售，如果蚀本卖，当然销得去啊），因此，就发生所谓"生产过剩"的现象。（要注意，这种生产过剩并不是真正的从全社会看起来的生产上有余，它只不过是从生产人看起来的无销路罢了。在事实上，资本经济下面，是常常有一部分人吃不饱的，特别是在"生产过剩"的时候，受苦的人更多）

在资本经济下面，技术的发明进步是一种必然的现象，因为当生产人行着竞争之际，除开资本的大小和管理的巧拙之外，就靠发明生产工具和机器，用较少的劳力产出较大的结果，换句话说，靠

着利用劳动的生产力的发展去直接减少生产费用，间接打倒竞争的对手。但是，要知道，机器是固定的，是属于所谓固定资本（看15节）内的，所以，生产人越利用机器，他的资本就会越变成固定的性质，同时他就会越失掉了生产的伸缩的自由，就在消费不畅的时候，也不能十分缩小生产规模（因为老把机器放着不运转，他更会白白的使资本闲着）。不但不缩小规模，并且还会扩张生产规模（如像加夜工），好利用薄利多卖的道理去打倒竞争者。所以，资本的固定也会直接的促成生产过剩，间接的招致恐慌。

有了生产过剩的时候，因为货不销行的缘故，金融就停滞了，结局，牵一发动全身，工场闭门了，商店倒闭了，农业品也无销场了，劳动者也到处失业了。总而言之，繁荣的梦一变而为恐慌，弄得到处都是倾家破产，失业流离的现象了。

有了恐慌之后，生产人大家不敢放胆去竞争生产，金融界也不敢轻易放资出去，所以全社会上便发生一种沉滞现象即坏市况现象。但是，在这种沉滞期间，疮痛渐平，购买力渐渐恢复转来，原先剩下的商品也逐渐销了出去。所以依着需要供给的法则的关系，物价也渐渐涨起来。生产人看见有利可图，又开始去行种种竞争了，商业又盛了，劳动者的工资也因为雇主争雇的关系渐渐加多了。所谓繁荣期即好市况期又到了。当然跟着这种繁荣期而来的又是上述的恐慌。恐慌之后又到沉滞期，沉滞期之后又是繁荣期，像这样一直循环下去。

恐慌是循环的，所以跟着恐慌而来的劳动者的失业和资本家的破产当然也是循环的。不过，要知道，劳动者的失业在资本经济下面，原本是常常增加着的，因为：一则随着机器的发明改良的结果，一面减少劳动的需要，一面打开妇人小孩进工场和成年男子竞争工作的路途，弄得许多工人都被挤得失业；二则资本集中，大资本毫不客气的打倒并吞并了一切中小资本，所以农村和城市的中小资产家一天一天的破产倾家，流入无产者劳动者的队伍里去。因为这两种关系，原来已经常常有不少的失业者，更加上由恐慌而来的循环的失业，所以失业便变成永久的了。

以上所说的循环的恐慌和永久的失业，都是有凭有据根据统计而来的事实，谁也不能否认的。关于这些统计另有专门学问去研究，这里且不说它。

55. 补助的生产消费适合方法

因为有上面说的那种可怕的恐慌和悲惨的失业，所以到了资本经济的末期，就于自动的生产消费适合方法之外，更采用一些人为的补助的适合方法。补助的出产消费适合方法，依照性质上看来，可以分为（一）企业组织上的方法，（二）金融上的方法，（三）对外贸易上的方法，（四）政府管理的方法四种。

（一）企业组织上的方法，就是利用种种联合企业的形态（看36节）去独占生产，把持原料，垄断销场，总而言之，去免除内部的竞争，扩张对于外部的独占势力，以阻止恐慌的发生（因为恐慌的主要原因在各不相谋的混乱竞争）。

（二）金融上的方法，更可以分为三种：（甲）金利政策，由中央银行（看45节）在放款的时候，斟酌物价的情形，提高或减低利息：在物价高的时候，提高利息，免得生产人看见物价涨高，有利可图，就去扩张生产；在物价低落的时候，减低利息，好让生产人在比较有利的状态下面去继续生产，以免恐慌的实现。（乙）货币伸缩政策，由中央银行或是限制担保放款的种类，去抑制或奖励生产（从大体说，以公债票，公司债票，股票等等东西为担保品的放款，都是生产投资放款，以期票，汇票，短期国库券等等东西为担保品的放款，都是商业放款），或是在非常紧急的时候，以特别低利不论担保品的种类和有无，放出大宗款项，以抑止恐慌的实现。（丙）银行统制政策，由中央银行监督其他一切银行的营业，以便充分的调查整理，并节制全国金融的情状（这种监督，和在资本经济初期由财政部派到各银行去的监理官的任务是不同的。监理官的目的只在保护存款人的利益，中央银行派遣的监督的目的，却在金融的调剂）。

（三）对外贸易上的方法，也可以细分为三种：（甲）操纵对外汇兑的行市。从大体说来，国际货币虽然都有特定的平价（即一国货币和另一国货币在当做货币材料——金子或银子——看的时候的价值的比率），然而在实际上，国际的汇兑总会沿着这个平价时上时下的。理由是这样：论道理两国之间的输出入价额数目如果相差，就得输送现金，举例说，如果甲国对乙国的输出，比起由乙国来的输入少了十万磅（在实际上，两国间的经济来往关系，并不限于贸易上的输出入，此外如游历费，侨民获得的利益等等东西，也应该含在里面。这里只不过特把输出入贸易当做例子说罢了），那末，在甲国没有别的方法（如像运送乙国所需要的物品，或是当作负债）的时候，就只有输送现金到乙国去的一个方法。但是，现金的输送是需要很大的费用的事，而输出输入的数目，照平常说，又并没有一个统筹机关去管理，只靠着两国间的汇票的多寡间接表示着，即是说，从甲国汇于乙国的款，比从乙国汇来甲国的款，数目转多的时候，甲国货币的价格就依照需要供给的价格法则涨高起来；在反过来的时候，甲国的货币价格就会跌落下去，所以，在事实上，现金的输送，只有在汇兑行情大不利于甲国，达到了所谓"现金输送点"（即是说，不利的程度大到和现金输送费相当的时候，举例说，如像如果一百元的现金输送费是六角，而甲国货币一百元的汇兑行情，也跌到比平价少六角的时候）的时候，才会实行，并且不能不实行，如不实行就受损失。反过来说，乙国对于甲国的现金的输送也是一样，一到了现金输送点，就会输送现金，决不会忍受痛苦，去担负比现金输送费还贵的汇价。因为这个缘故，所以甲乙两国之间的汇兑行情，总是常常沿着平价时上时下的。这种汇兑行情的涨落，在货物输出入关系上自然会发生影响：甲国货币汇兑价格涨高的时候，在实际上就等于乙国货币价格的下落，所以由乙国输入到甲国的货物，从甲国说就变得比较廉贱，所以输入就会加多，同时从甲国到乙国的货物，从乙国说就变得比较昂贵，所以甲国的输出就会减少。反过来说，在甲国货币汇兑价格低落的时候，结论也就恰恰相反：由甲国到乙国的输出会增加，从乙国来的输入会减少。因为这个缘故，所以可以利用汇兑价格的操纵，去奖励或抑止一国的货物输出输入，换句话说，就是去调剂一国内的生产和消费，以避免恐慌的发生。（乙）国境关税政策。国境关税普通可以分为三大种类：一种是以国库的收入为目的的，叫做财政关税；一种是以国内产业的保护为目的的，叫做保护关税；一种是以调剂国内的物资为目的的，叫做调节关税。和目前所说的生产消费的适合方法有关系的，自然只是第三种。这是欧战以后各国常常利用的手段，如像要想阻止米谷的输出，特特设立米谷输出税，或为着招致米谷的输入，特特临时减轻或撤废米谷输入税之类，就是明例。（丙）禁止进口出口。这是各国在非常的时候常常采用的手段，如像在欧洲大战时，各国都禁止铁的出口和不急用品（如玩具，奢侈品）的入口，就是顶好的例子。

（四）政府管理的方法，也是从欧战起才见诸实行的方法，如像欧战时各国政府所行的食粮管理，煤炭业管理，铁路业管理，造船工业管理等等，就是明显的例子。像这样，把全国的某种产业完全放在政府管理的下面，实行着一种通盘合算的调查，整理和处分，当然就不会发生所谓"生产过剩"的弊病了。

以上四种补助的生产消费适合方法，在事实上的确可以减少恐慌的频繁程度，不过，要知道，同时它们却把资本经济的性质加上很大的变化，如像第一种方法就把竞争变成了独占，第二种方法把金融势力弄成一个压倒一切的专横势力，第三并第四种方法明明把个人资本经济的基础换成了国家资本经济，差不多要走到资本经济的反对物——社会主义经济——上面去了。所以，说它们补救了资本经济的弊病固然可以，同时说它们替资本经济挖了坟墓也未尝不可以。

56. 少数的富裕和多数的贫苦

资本经济在上述的自动的生产消费适合方法并补助的适合方法下面，到底发生了什么样的结果呢？它的结果是扩大的再生产吗？还是行着缩小的或单纯的再生产呢？（看51节）换句话说，资本经济社会是向着兴盛方面走吗？或是向着衰亡方面走呢？关于这一个问题，很难下一个切实的答复。有一些人看见资本经济社会上集中了空前的资本，造成了空前的大规模的生产事业，建设了空前的大工程（如像铁路网，近代大都市等等），所以就绝对的讴歌资本经济，说资本经济下的再生产是一种扩大的再生产。另外一些人，看见资本经济社会下面发生了空前的循环恐慌，空前的倾家破产失业流离，空前的贫苦大众，空前的大战争，空前的大破坏，大杀戮，大悲剧，所以就绝对的痛恨资本经济，说资本经济下的再生产在实际的全体上是一种缩小的再生产（这就是说，从小的观点看来，社会是兴盛了，但是从大的观点看来，社会却向衰亡了方面走着）。

不消说，这两种说法都未免有偏于一方的毛病：前者只看见少数的富裕，后者只看见多数的贫苦。所以，从科学的眼光看来，二者都只说中一半的真理。在资本经济的初期，从行着资本经济的国家说来，资本经济的再生产方法（即依靠自由竞争的再生产方法），的确可以把那些在封建经济下被桎梏了的生产力发挥出来，增加生产的数量；所以，纵然在一方面发生了无数的无产贫人并灭亡了，奴属了许久后进民族，然而在另一方面却集中了并集蓄了空前的财富。所以，在这时代，从各个资本经济社会（即各国）说来，实在不能不说它是行着了扩大的再生产。到了资本经济已经成熟，社会生产力的扩张，已经因为（一）在国内自由竞争的弊病发展到了极端，弄出循环不断的恐慌失业；（二）在国外和平的经济侵略，已经变成武装的经济侵略，往往得不偿失；（三）平时的巨额军备费和战时的死伤损失，达到空前的程度，因为这三种缘故，弄得全社会（指特定的国家内）的消费超过了它的生产，所以，这时代的再生产便是一种缩小的再生产，不过因为常人的眼光容易被表面的繁荣兴盛所蒙蔽，所以不大觉得罢了。到了资本经济的末期，国内恐慌现象虽然因竞争变成了独占的关系，稍稍减退，但是，国际间的竞争倒反格外猛烈，所以一旦国际战争爆发起来，或是一旦国际的恐慌发现起来，它的死伤损失，还是一天比一天大的空前的死伤损失，加以在独占价格（看 46 节）下面，生产人纵然不去改良生产技术，也可以自由抬高价格，获得利益，所以，生产力的发展也就慢慢停滞了。像这样，一方面有了空前的消耗，在另一方面又有生产力发展的停顿，所以缩小的再生产的现象便越显越明白了。所谓少数的富裕和多数的贫苦，到了生死关头也就毫不客气的互相争斗起来，把一个整个的社会分成两半，造成了至今还无法去解决的社会问题。

第八章　分配现象和社会问题

一、　职业和所得

57. 资本经济下的收入，所得及收益

上节所说的那个社会问题，从根本上说来，虽然是一个生产和消费的问题，但是，因为资本经济是一种商品经济的缘故，所以，在表面上它还是当作一种分配现象的问题（看 4 节）发现出来。

在资本经济下面，人类过的生活是一种分业合作的生活：一个人不单是不能把自己所消费的一切东西都生产出来，并且也不能把他自己所生产的某种东西单独的生产出来。他全靠用交换的方法把自己直接或间接的生产出来的东西交换进来，才能够生活。并且在资本经济下面，所谓交换还是一种间接交换，就是说，是以货币为媒介去行交换：靠货币为卖出买进的枢纽。他所得的货币的来源，从表面看来仿佛是靠着交换，其实是靠他的分配行为得来的。分配行为，就是各人因为直接或间接参加了某种财货的生产进程的缘故，在那个财货的交换关系上领受一种报酬时的行为（看 4 节）。他靠着分配行为所领来的报酬，在经济学上叫做所得。"所得"这两个字在日常用语上，常常和"收入"及"利益"相混用，但是从经济学上说来，三者是不同的。三者的范围可以用下面的式子表示出来：

$$收入 > 所得 > 收益$$

这就是说，（一）收入范围大过所得，因为收入是指一个经济主体的所有一切的进项（不管它是经常的，临时的，计划得来的，偶然无意得来的）说的。所得却只是指他从营业关系得来的收入，即职业上的收入（看 29 节）。（二）所得的范围大过收益，因为收益只是指一个企业上收进来的东西说的。一个人可以不做企业而过生活，并且还可以兼做几个企业，所以所得和收益的范围是不相同的。收益又有总收益和纯收益的区别。总收益是全企业上所收进的东西的总数，纯收益是从总收益当中，扣除了生产费（即是说，在那企业上所花去的全体费用）之后所剩的结果。纯收益又叫做利益。

在资本经济下面，一切财货，不管它是有形的是无形的（如像筋力，脑力，声音，动作，电，热等等），都化成商品了。一个人想要维持或充实自己的生活，一方面须得拿钱去买种种财货，一方面就须得有一个职业，因为从一般说来，没有职业就不能获得"所得"，同时也就没有钱去买所需要的财货（不消说，老弱残废及在不负经济责任的制度下的妇女，应该是一个例外）。职业就是所得的源泉，一个人完全失了职业的时候，就会有不能生活的危险。

58. 所得的种类

凡有职业的人都有一种所得，所以，如果以职业为区别的标准去分别所得的种类，就可以分为无数种类。但是，普通经济学上却不以职业为区别的标准，倒只以所得的来源的性质为区别的标准，把所得分为（一）利润，（二）利息，（三）地租，（四）工资四种。

（一）利润是一种靠企业的经营得来的所得。凡是一个企业的主体，不管是用自己的资本，或是用别人的资本，也不管它是经营工业，是经营农业，是经营商业，总而言之，凡是他由企业的经营上面，除本钱以外，赚得来的所得都叫做利润。在这个意义上，仿佛利润和纯收益是同一的东西似的，在实际上也有许多人把利润叫做利益，实则利润和利益（纯收益）之间仍有差别，因为普通所谓利益是一个关于企业的结果的名称，是拿来和损失对待的，而经济学上所谓利润，却是一个关于所得的种类的名称，是拿来和利息，地租，工资等等东西对待的。利润也可以依种种标准更加区分，如像分为工业利润，商业利润，农业利润之类。也有人把利润叫做"利得"的，似乎也可以通用。

（二）利息是一种在借款给别人的时候取得的所得。这是普通谁也知道的，不待多说。不过借款的形式本有种种不同，所以利息也可以分为许多种类，如像普通的日利，月利，年利，由股票分得的红利，由公私债票取得的利息等等。

（三）地租是一种靠着土地所有权得来的所得。谁也知道，在私有财产制度下面，一切土地都是有了主的。除开所谓公所，公地，公共道路，公共河流，湖，海之外，要想利用尺寸的土地，都非出代价不可。从另一方面看来，人类的生活又是离不开土地的：

不但在所谓生产方面，土地是一种经济基础（看 23 节），并且就是在消费方面，也是离不开土地的。因为这个缘故，所以那些占着土地所有权的人，便可以靠着把土地租给别人这件事，取得地租这种所得。地租自然也可以依种种标准，分为许多种类，如像耕地地租，宅地地租，工业地租，森林地租之类。

（四）工资是一种靠着出卖劳动力得来的所得，这是在前面（49 节）说过的。

以上四种所得的详细分析和说明，应该是属于"经济现象的内部关系的解剖"方面的事项，这里不赘说了。（请看河上肇博士《经济学大纲》）

59. 各种所得的相互关系

上面说的四种所得，虽各成一种，然而其间的利害关系，却极其密切。利息必须靠着利润，必须由企业家手里分出来，这件事是很明显的。所以，从一般说来，在同一期间当中，同一分量的资本所生的平均利息和利润，互相比较起来，利息的比率总要低些。特别是在金融资本经济时代，这种倾向最为显著。

利息和地租虽不发生直接的关系，但是土地买卖价格，却是要拿地租照特定时候的一般平均利息的比率换算出来，举例说，如像在某块土地的地租是每年三百元的时候，如果那时的平均利率是年利五分，即百分之五，那末，那块土地的价格就是六千元之类。利润和地租的关系却非常密切。第一，因为各种企业都得以土地为基础（当然在农业企业里面，这种情形最为显著），第二，因为土地数量有限，所以随着经济的发展，人口的增加，工业规模的扩大等等情形的前进，土地越发变为奇货可居，所以地租这东西，就自自然然的随着需要供给的原理增加起来，使企业家的生产费加重。因为这个缘故，所以到了资本经济成熟的时候，地主和企业家，特别是和工业企业家的利害，就会冲突起来：工业家为要得着廉价的原料的缘故，常常主张自由贸易政策；地主为防卫农产品的跌价起见，常常主张保护贸易政策（看42节）。不过，到了最近时代，因为一面有金融资本的统治，一面发生了联合生产业的缘故，地租和利润的冲突渐渐变缓和了。

工资和以外三种所得的关系更密切了：一则一切剩余价值都是由劳动者造出来的，如果没有劳动者，就同时会没有利润，利息，地租等等东西的发生（关于这种理论，请看河上肇博士的《经济学大纲》），二则工资的增加就是等于利润等等东西的减少。所以工资和其余三种所得的关系又是相成的，又是相反的。它们相反的主要原因，很明显的，是从它们的根源的不同而来的：工资的根源在劳动，其他三种所得的根源在资产。[有人主张利润来源也在经营的劳力上面，那自然是错误的，因为世上决没有一个和劳动者一样毫无资本，只靠经营和劳力去当企业家的人；并且，就退一步说，企业家的经营上的劳心打算，也算是一种劳力，他那劳力的报酬（即利润）比起一般的工资，也未免多得不成话了！]

60. 资本经济下的阶级

工资和其他三种所得的根源上的区别，也就是所谓"阶级"的区别。阶级这个东西，在资本经济以前虽然也是有过的，但是，那些时代的阶级的意义里面，含着有一种政治上的身分差别的意义在内，如像奴隶和主人，农奴和封建诸侯等等阶级，就是除了经济上的不平等关系之外，还含着一种公认的政治身分（又叫做社会等级上的位分）的不平等。资本经济下的"阶级"的意义却不然，它只有经济上的差别：经济上的被别人剥削着的人的地位和剥削着别人造出的剩余价值的地位两种东西，就是阶级的区别的基础。

　　在资本经济下面，一切社会的人类，都可分到两个大的阶级里面去：有产阶级和无产阶级。不消说，在这两大阶级当中，还可以依种种标准更加区别，如下面的式子一样：

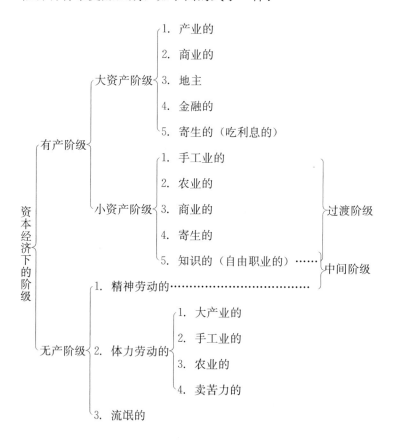

这个式子是很明显的，用不着许多说明，所以只简单说明如下：（一）关于精神劳动的无产阶级的说明，已详于 30 节。（二）卖苦力的无产阶级是指家庭的使用人，街上的苦力，其他等等不须特殊手艺只卖气力的人们。（三）流氓的无产阶级是指流氓，痞子，盗贼，娼妓及其他等等说的。（四）过渡阶级的意思有二种：第一是由封建经济过渡到资本经济的意思，第二是或升上大资产阶级去，或落下无产阶级去，常常动摇不定，只在过渡状态的下面的意思。（五）中间阶级是介乎有产阶级和无产阶级之间，从客观的经济上看，多半是无产阶级，从主观的性格上看，却多半和有产阶级的性格一样的阶级。

二、 分配的不平均和社会问题

61. 贫劳阶级和富逸阶级

既然有产阶级的所得的根源在资产，无产阶级的所得的根源在劳动，两个阶级的各人的所得的大小和难易，从理论上说，当然是不待多说的。就从资本经济下面的一般事实看来，也明明显着，无产阶级是贫而劳的阶级，有产阶级是富而逸的阶级。这种苦劳和富逸的对峙，是从哪里发生的呢？为资产阶级辩护的人说：这是因为（一）能力的大小，（二）努力不努力，（三）节俭不节俭三种关系而来的结果。能力大，挣钱挣得多的，肯拼命努力工作的，肯节食节用的人，才能够变成富而逸的人，才能够使自己和自己的子孙享富而逸的生活。那些能力又小，又不肯努力，又不肯节俭的人，自然在自由竞争场里会打败仗，会变成贫而劳的人。一些为无产阶级张目的人却说：贫劳阶级和富逸阶级的对峙，只是由于生产手段的独占（看 16 节），并不是因为能力的大小，努力不努力，节俭不节俭。从能力一层说，如果把资产阶级的资产除去，叫他和一般无产阶级同样靠能力去行生产的竞争，即刻就可以发见他的能力的薄弱的。试看，一些偶然因恐慌或灾害失了资产的人，毫无生活能力，立刻堕入流氓阶级去，就是一个明白的证据。努力是什么？不是劳动吗？世人谁还比终日劳动，一天不劳动就得饿肚皮的无产阶级还更劳动，还更努力的呢？节俭一层，更不成问题，无产阶级刚刚过着吊命糊口的生活，还算不节俭吗？资产阶级的节俭又在哪里呢？所有的奢侈淫逸，不是资产阶级的专有物吗？在这里，是不是可以说：现在的资产阶级纵然没有能力，也不努力，也不节俭，至少他的祖先总是有能力的，肯努力的，肯节俭的人，所以现在的资产阶级应该是富而逸的呢？当然不能够这样说。因为一则事实并不是那样，最初的所谓原始资本的聚积，实在是靠着剥削，劫掠，吞并等等原因而成的（看 18 节），二则纵然有少数的资产阶级的祖先，果然是有能力的，肯努力，肯节俭的，然而有什么理由可以叫他的后人享受富逸生活，更有什么理由能够因此剥夺了无产阶级同样享受富逸生活的权利，叫他永远贫劳呢？

这种争论，是从资本经济刚要成熟的时候起，就始终争论着，至今还未了结的。结局，争论只管争论，事实还是事实：贫劳和富逸的对峙，随着资本经济的进行，只是一天一天的加紧，并没有丝毫放松。

62. 分配的不均和阶级斗争

如果离开根本原因的研究，只从经济的事实上观察，当然可以即刻发见，上面说贫劳和富逸的对峙，是由于所得上的分配的不均。前面曾经说过，分配行为是在交换关系上被决定着的（看 4节），但是，因为资本经济下的交换是以自由竞争为基础的，并且，无产阶级在这个竞争里面，名为是行自由竞争，实则又为了靠卖气力糊口的缘故，并没有站在真正的平等的竞争关系上面，倒只常常站在有产阶级的下风（看 49 节），所以他的所得的分配，在被生产的财货的总价值上所占的比例，不单是一个很少的部分，一个只足以维持最低的生活的部分，把所有的剩余价值都归给有产阶级，并且，纵然有时稍有增加，然而从增加的比率上和实质上说来（从相对工资和实质工资的观点说来），实在等于没有增加。在无产阶级不知道这个分配不平均的道理的时候，他虽可以含糊忍受，但是，到了经济学的进步知识普及到无产阶级的时候，他自然会团结起来，用经济斗争和政治斗争的方法，去争分配上的平均。到这时，所谓"近代的阶级斗争"就发生了。

63. 社会问题和社会主义运动并社会政策

资本经济社会上有了近代的阶级斗争之后，全社会便依照上述的（60 节）阶级的大分类，行一个明显的阶级分化和理想分化：一方面是有产阶级，固守着资产经济主义的理想，去维持资本经济下面原有的一切的经济权利，政治制度，社会风习等等东西，一方面是无产阶级，抱着一个社会主义的理想，行着社会运动，去谋推翻原有的一切的经济权利，政治制度，社会风习等等东西。既然在社会全体有了理想上和行动上的两种分化对抗，旧来所有敷衍门面的东西，自然会慢慢全部被揭穿了去，变成毫无顾忌，毫不放松的压迫，剥削，反抗，冲突，残杀。所以，原先在资本经济下发生了的种种社会问题，不但没有解决的希望，并且越发扩大起来了。在这时候，资本经济已经走到金融资本的独占时代，所谓金融资本家，在国内方面握着了经济上和政治上的全权，可以为所欲为，不必一定要使用玩旧了的把戏才能得着利润，同时，在对外方面又有举全国的经济政治的力量，去行帝国主义的战争（看下一章）的必要，所以，所谓社会政策，便在举国一致，防御外敌，劳资协调，共图发展的口号之下出现于世了。所谓劳动保护法，工场法，劳动保险法以及其他种种一面表示调协劳资，一面去达国家财政的目的的法制，就是明显的例子。到了这时候，纯然的资本主义和社会主义之间的经济学说论争，也就变为社会改良主义和社会主义之间的论争。

第九章　国际经济与帝国主义

一、　国际经济的发展

64. 由商品输出竞争到资本输出竞争

国民经济这东西，从它的主体说，本是指一个国家里面的个人经济和团体经济及公团体经济等等东西合起来对付国外时的经济（看 3 节），并且，从交换的范围说，一到国民经济刚要成熟的时候，便形成了国家市场，发生了重商主义的政策，在国内行自由的交换，在国际行保护干涉，纵然到了世界市场的初期，先进国会暂时主张自由贸易政策，然而到了世界市场的第二期，却又会回到极端保护政策上面去（42 节）。所以国民经济这东西，根本上就是一种不能够脱离国际方面的关系的东西，所以，在研究国民经济现象的时候，也当然不能不考察它的国际情形的变迁。

在金融资本经济成立以前，国际的经济竞争，从大体说来，都是商品输出的竞争。详细说，就是由先进国输出完成的工业品到后进国去，由后进国输进金银或原料回先进国来；这时先进国看后进国只看成一种商品的销场和原料的产地，所以他们对后进国的最大要求，就是要后进国开放门户，结约通商；只要达到了通商的目的，他们关于后进国政治上的统治及其他种种问题，照例是不大过问的。英法等在非洲和亚洲的殖民地上，常常叫本地人维持原有的政治组织（印度内部至今还有大小两百多个王国，安南国王还在每三年开科取状元一次！），保存旧有的社会习惯，就是因为这个缘故（看 42 节）。

到了金融资本开始成立的时代，情形却渐渐不同了。在这时，因为机器发达，劳动的生产力大增，劳资的对抗斗争越发利害的缘故，他们在国内的利润渐渐比较减少起来，所以他们不得不想别的办法：他们发见着，把原料输入本国，由本国的较昂贵的劳动把原料变成制成品，再输出到后进国去那件事的不合算了；他们想出直接把资本（即货币资本并生产工具如机器之类）输出到后进国去的办法了。他们用这种办法，在生产上可以得三层利益：第一，可以减少生产费里面的运送费；第二，可以直接剥削后进国的廉价的劳动力；第三，可以免得受劳资争斗上的无益的损失。这三种利益，都是国内生产时得不着的利益，所以，如果得着这三种利益，他们的利润率，自然是要大大增加的了。他们唯一忧虑的，就是资本放在国外的不安全，因为万一有国际战争发生，就难免碰着全部丧失的危险。所以在这时，先进国对于后进国的办法，又更进了一步：他们努力在后进国新设政治的和经济的势力范围了。

65．由国民经济到世界经济

到了商品输出为从，资本输出为主的时代，先进国本国内已形成了金融资本的独占经济，所谓竞争价格，在主要产业上，已变成了独占价格，所以他们用不着国内竞争了（看20节）。先进国的主要的经济舞台，完全由一国变到全世界了。所谓世界市场已经完全确立，所谓世界经济也把基础打稳固了：所谓世界的分业，如像米国和印度的棉花业，英国的机器业，日本的蚕丝业，德国的化学工业之类，也完全成为事实了。不过，要知道，从经济的市场关系上说，虽然已由国民经济进到世界经济，但是，由经济的性质上说，世界经济并不是一个和国民经济完全相反的东西：它只不过一个以各个国民经济为单位的无政府经济罢了。所以，在世界经济成立了以后，国民经济内部的主要产业的竞争虽然大减，而各个国民经济间的竞争倒变得比从前还加激烈了（看20，26节）。

66．由单独竞争到联合竞争

国际竞争比从前更加激烈，这件事，可以从（一）由单独竞争到联合竞争，（二）由平和竞争到武装竞争两件事看出来。在从前国际间的竞争，都是由各个国民经济单独出马去干。到现在，所谓国际的企业联合，如像1884年由英德比三国的铁轨公司联合成立的国际铁轨企业协定，分割全世界的销场为两个区域的A．E．G．电气机械托拉斯（德国的）和G．E．C．电气机械托拉斯（美国的）等等东西，都跳上舞台了。这种联合竞争的发生原因，一方面固然在他们受了国内的联合企业的暗示，一方面自然也在竞争，大过于激烈，太过于规模宏大，发生了联合利害略同的竞争者去共同奋斗的必要。

67. 由和平竞争到武装竞争

从资本经济的初期起，虽然也不免有在竞争场里武装相见的事，但是，从一般说，那种武装竞争太抵是先进国对后进国的争斗，力量本来悬殊，所以战争的规模也不很大，如像中英鸦片战争，中法战争，中日战争之类就是明例。到了世界经济时代，在竞争场里的角逐者，都是在经济上势均力敌的先进国，所以，要想获得胜利，就不能不利用政治的力量——武力——作后盾。因此，在一方面，各先进国都拼命扩张海陆的军备，一方面还恐怕独力难支，又暗暗的联结了一些攻守同盟的团体，如像欧战前的德，奥，意三国同盟和英，法，俄三国协商就是明显的例子。这样一来，全世界就变成一个武装和平的世界了。

二、 世界经济与帝国主义

68. 金融资本主义在国际上变为帝国主义

在一国内的金融资本主义经济，像这样跑到国际上来行联合的并武装的竞争的时候，从竞争的规模的庞大说，从所关系的利益的巨大说，他们所干的都是空前的事，所以他们不能不尽他们全力，利用政治上和经济上的独占势力，把全国民都驱到对外武装竞争的状态下面去。在这里，所谓帝国主义的时代就完全成立了：金融资本的经济势力和国家的武装的政治势力结合起来，凑成了一个不讲信义只图实益，不讲人道只认武力，不讲法律只重强权的东西——帝国主义了。在这个帝国主义下面，不消说，主要的被牺牲的人，就是后进国的民族——殖民地和半殖民地的民族。同时，先进国里面的被压迫的民众，也在经济负担上，身体精力上，政治权利上受了不少的损失。

69. 帝国主义的战争和世界的恐慌

帝国主义已经形成了之后，帝国主义的战争，在理论上是万不可免的。为什么呢？因为在帝国主义的武装和平下面，一切生产力量都用在徒归消耗的军备上面，一国的社会的再生产已经变成缩小的再生产，弄得入不敷出，所以，从帝国主义本身看来，只有一条出路可走：使用武力去重分殖民地，把弱小民族的膏血，填帝国主义的自己的漏空。所以，在这时候，他们就使用最原始最野蛮的办法，拿武力为解决问题的工具，希望从新朋分战败国的殖民地。这不但理论上是这样，并且 1914—1918 年间的世界大战的发生和经过，已经在事实上给了证明。

前面已经说过，帝国主义的军备本是空前的大军备，并且还是几国联合作战，所以，帝国主义的战争，自然也就是空前的大战争。不但在交战国里面，死伤了几千万的最强壮的男子，白白消耗了几百年间蓄积下来的数万万亿的财富，并且，因为在世界经济下面，全世界经济关系非常密切的缘故，一切中立的国家也都受了影响，所以一到战争终结的时候，不管它是战败国（如像德国），是战胜国（如像法国），是战胜而在经济上吃亏的国（如像英国），是战胜而在经济上赚钱的国（如像美国和日本），都发生了恐慌——一种空前的恐慌——各处的恐慌合起来，就成了一个世界的恐慌。

在这个世界的大恐慌里面，发生了的倾家破产，失业流离等等损失，据说还要比战争期间的全损失高过几倍。

70. 社会问题和社会主义运动的国际化

这个世界的大恐慌既然是一个空前的恐慌，所以由这恐慌发生出来的社会问题，也就成了一个空前的社会问题：不单是在程度上是一个极深刻的社会问题，并且在范围上也是一个极宽泛的世界的社会问题。因此，那种常常随着社会问题而来的社会运动，也就变成了一个空前的，国际化了的社会运动（看 63 节）。自从俄罗斯行了社会革命，各国的社会运动便和风起潮涌一般勃发起来，变成了一个至今还无根本解决方法的运动。殖民地和半殖民地国家自由独立运动，也接着发生了。在这时所谓社会改良派和社会主义之间的论争，又变为社会主义的右派和左派之间的论争，在实际运动上，也分为第二国际的运动和第三国际的运动了。

经济学原理十讲（上册）

第一讲　经济学的意义

一、经济学的对象

1. 什么是经济学

这个问题，到今日为止，虽然经过了许许多多的学者加以解释，但是，从大体看来，还是没有一个被一切经济学者共同承认的答复。这也不足怪，因为：一则在主观上，照后面本讲第四段所述，从来的经济学都带有阶级的性质，所以很难破除阶级的偏见，对于经济学下一个正确的定义；二则在客观上，经济学里面所包含的东西实在非常繁复，往往可以使人在经济学的对象，它的目的，它的观点等等方面，发生迷乱错误的判断，所以很不易产生一个正确的定义。

经济学的定义，这件事，虽然是一件极困难的事，同时却又是一切研究经济学的人从第一步起就不能不加以充分的思索的事：如果不先知道经济学的意义的全体概略，那末，他纵然极力钻研经济学上的部分的问题，他所得的也只是断片的知识，同时也就未必能够懂得各部分问题和全部问题之间的有机的关系，结果，当然也一定会不能得到经济学的正当的用途（参见本讲第五段）。因此，所以我们在这本讲义的第一讲，就得把这个困难的问题，详尽的研究研究。

在一般科学上，但凡对于某一门科学要下一个定义时，通例都得从那门科学的对象，目的，观点三方面加以观察，才能够得出一个确切的定义。如果是缺了三方面的一个方面的观察，结果就难免发生不明了的弊病。举例说，如像我们在说明人类生理学的定义时，必须：（一）从对象方面说，它是以人类身体为对象（对象就是被研究的材料）的学问；（二）从目的方面说，它是以发见人类身体的构成法则为目的学问；（三）从观点方面说，它是用个别观察的观点去行观察的学问。从三方面去说明，才算得周到。第一方面的必要，是不待言的；如果我们忘记第二方面，我们就不能获得生理学和病理学或心理学的区别；如果忘记了第三方面，我们就难免把普通生理学和生理进化史（一个用历史的观点去研究生理的学问）或生理统计（一个用大量观察法或统计的观点去研究生理的学问）混在一起。这个道理对于一切科学的定义，都可以适用，所以我们目前在说明经济学的定义的时候，也得适用它，从经济学的对象，经济学的目的，经济学上的观点三个方面，顺次说下去。

2. 经济学不是关于财富的学问

从对象方面说来，从来关于经济学，行着许多的谬误学说，其中最主要的谬说，有两种：

第一种谬说，说经济是关于财富的学问。这种说法，虽是古典派经济学者的一般的主张，但从纯正科学的立场看来，却不能不算是错误的学说。要明白这个学说的错误，先要决定什么是财富。

人类生在世上，要想保持自己的肉体，继续自己的生命，就得始终遵行着体内的新陈代谢：从外部吸收营养成分，向体外排泄无用成分。人类在这种新陈代谢的活动进程上所吸收的东西，叫做物质。这些物质也有是现成的天然成品的，如像空气日光之类，也有是一种靠人工弄出来，须用劳费（劳务和费用）才可以得到手的东西的，如像普通食物衣服之类。第一种东西叫做无价值的物质，第二种东西叫做有价值的物质。（自然，这里所谓有价值无价值，并不是说有用处无用处。因为，很明显的，空气和日光虽属于第一种的无价值的物质，但对于人类生活，却是极有用处的）第一种物质在经济学上叫做自由财货，第二种有价值的物质，在经济学上，叫做经济财货，普通简称为财货。财货的种类虽然千差万别，极其繁复，然而，如果用科学的方法，把它分类起来，却可以分为两大种类：（一）生产手段，即一种拿来供生产（生产的意义详见下节）之用的财货，其中更包含劳动对象和劳动手段两个小分类（请参看拙著《经济现象的体系》27 节）；（二）消费资料，即一切拿来供人类消费之用的财货。"财富"两个字就是包含着生产手段和消费资料两大种类的一切有价值的经济财货的总名称。有时又可以简称为"富"。

我们知道了"财富"二字的意义之后，当然立刻可以知道那种主张"经济学是关于财富的学问"的说法的不对了。财富既然是一种要靠人工弄出来的物质，所以关于财富就应该可以分发生三种学问：第一，关于财富的本身的物质的物理的性质的学问（物理学）；第二，关于财富的被人所加的制造，变形，移动，使用，消灭等等的学问（技术学）；第三，关于财富在人类和人类之间所形成的种种关系——如果财富不是一个单独的人类所造成，而是存于许多人类之间的东西——的学问。但是，在事实上，不但所谓经济学决没有把这三种关于财富的学问都包含在内，并且，明明还有物理学并种种技术都各研究着关于财富的学问的一种，所以，"经济学是关于财富的学问"那种主张的错误，是很明显的。

3. 经济学不是关于经济的学问

第二种谬说，说经济学是关于经济的学问。

什么叫做经济呢？经济就是人类关于经济财货，即是说，关于有价值的物质的种种活动的进程，换句话说，就是关于有价值的财货的生活。这种关于财货的生活叫做经济生活，经济就是经济生活的缩短语。人类关于经济财货的活动或行为，从大体说来，可以分为四种：（一）生产的活动或生产行为。这是人类在造成财货时的活动或行为，如像挖矿那样的，发见价值财货的行为，或耕种那样的，培养有价值财货的行为，或织布那样的，改变有价值财货的形态的行为，或运货那样的，挪动有价值财货的位置的行为等等的行为，都是直接生产行为；此外，如像教书立说，医病跑腿等等间接和有价值财货的制造产出有关的行为，通例也算做生产行为。（二）消费的活动或行为。这是恰恰和生产的活动相对照的东西。即是说，它是关于有价值财货的消灭的活动或行为，如像烧炭或吃饭时那样的，立刻的消灭行为，或住房屋用家具时那样的，慢慢的消灭行为，或穿衣时那样的，不快不慢的消灭行为，都是消费的活动或行为。总之，不管它是生产的消费行为（即在消费了一种有价值的财货之后，可以获得一种新的有价值财货，如像消费了棉花，得到了棉布的时候的消费行为），或是享乐的消费行为（即消费了有价值财货之后，得不到什么新的有价值财货，只得着一种享受，如像吃了饭，得着一饱的时候的消费行为），都应该包含在内。（三）交换的活动和行为（流通的活动或行为）。这是人类在交换各人所生产的财货时的活动或行为，即是说，各人把他生产的东西，拿去和他所需要的种种可以供消费的财货即别人所生产的种种财货，相交换时的行为。这种行为自然只是在交换经济社会里面才发生的，在没有实行交换经济以前，即是说，在自给经济社会里面，在原则上都是各人消费着他自己所生产的各种财货（不消说，在实际的生产上，人类始终是用协力的方法去生产的，这里说的自己生产，并没有单独生产的意思），所以那时不会有交换行为。交换行为随着交换经济的发生，一天一天繁复起来，到了商品经济（看第二讲）的时候，差不多变得占了人类活动的大部分。从通常的情形说来，人类所生产的财货只是一种或几种，而所消费的财货却多至数十种，数百种，都是靠交换行为或卖买行为（用货币换其他物件叫做买，用其他物件换货币叫做卖）得来的。（四）分配的活动或行为。这是交换经济社会里面，各人对于他所生产的财货，靠着交换的办法，分得特定部分的结果时所行的活动或行为，换句话说，就是因为直接或间接参加了某种财货的生产进程的缘故，在那个财货的交换关系上领受一种报酬时的活动或行为。举例说，如像在布匹的生产里面，如果参加了生产进程的有织工，农人，资本家，商人，地主，工场职员等等，那末，织工的工资，农人的棉花价钱，资本家或商人卖布时的利润，地主的地租，工场职员的薪水等等东西的领受行为，就是分配行为。用最简单的话说，所谓分配行为，在商品经济社会里面，就是收入行为，因为商品经济下面的各人的收入，通常就是各人所得的分配。以上生产的活动，消费的活动，交换的活动，分配的活动或生产行为，消费行为，交换行为，分配行为四种东西，构成了人类关于经济财货的活动或行为的全体进程，构成了人类的经济生活，更简单说，就是构成了经济。（参看《经济现象的体系》1—4 节）

现在我们看一看，经济学是不是关于这种经济的学问。如果经济学是以经济为对象的学问，那末，在纯正的理论上，它就该：（一）研究人类对于他在经济生活上所用的财货的关系（技术学），如像怎样生产财货，怎样消费财货，怎样交换财货，怎样分配财货之类；（二）研究人类和人类关于经济生活的关系，换句话说，就是研究人类和人类间在实行经济生活的时候所发生的生产关系，消费关系，交换关系，分配关系等等社会关系（社会科学）。但是，从事实上看来，不但经济学决不能够包含技术学，并且，种种技术学，如像农艺学，工艺学等等，明明都是一种关于经济的科学，所以，经济不能够是关于经济的学问，这件事，是很明显的。

4．经济学是一种研究人类和人类在经济生活上的关系的学问

人类和人类在经济生活中的关系，本来不外乎生产关系，消费关系，交换关系，分配关系四种，而且，这四种关系，结局也只不过一种生产关系的继续——有了商品生产，才发生复杂的交换关系和分配关系，同时，交换关系和分配关系又直接的决定着消费关系，所以，可以说，生产关系又间接的决定着消费关系——所以，我们又可以说，经济学就是一种研究人类和人类之间的生产诸关系的学问。在我们已经明白了上面两种主张的谬误之后，目前这种主

张的正当合理，是不待多言的。为什么呢？因为，一则只有这种主张才能不侵犯别种关于经济的科学如像物理学和技术学等等的范围，二则也只有这种主张才能表示经济的社会科学的性质（人类和人类间的关系的学问的性质）。

还有一层要注意：经济学的对象虽是人类和人类在经济生活中的关系，但是，在目前的社会交换事实上，这种关系却往往要靠物件才表示得出来，举例说，如像生产关系要靠商品和资本表示出来，交换关系要靠货币表示出来，分配关系要靠利润，地租，工资，利息等等东西表示出来等等，就是显著的例子。因为这个缘故，所以，在实际上，经济学上的研究对象，除了那种人类和人类在经济生活中的直接的关系之外，还有种种可以间接的表示那种关系的东西，如像商品，资本，货币，利润，地租，工资，利息等等东西。

5. 经济学的对象上的限制

上节所述的经济学的对象，本是一点也不错的，不过，那种说法只是最广义的经济学的对象，是普通所不采用的。普通所谓广义的经济学的对象，还要在上述的对象上，加两个限制：

第一，时间上的限制。人类和人类在经济生活上的关系，从人类的历史看来，经过了好几个形态的变化：最初人类只行着自给式的共产经济，其次才变为以自给为主的奴隶经济，再次才变为半自给半交换式的封建经济，最后才变成了今日的商品经济或资本经济或国民经济（关于这种形态的变迁，详见第二讲）。在自给经济里面，不消说，人类和人类在经济生活上的关系是很简单的，用不着特别去研究，就是在封建经济下面，也因为一切经济的活动都受着政治上的有意识的严格限制的缘故，人类和人类之间的经济，并不十分复杂幽渺，所以，也没有特别去加研究的必要。只有在商品经济或资本经济下面，因为行着无政府式的生产和自由竞争（详见第二讲）的缘故，才会使人类于复复纷淆，幽渺纤微的经济关系之中，感觉经验的研究的必要，所以在事实上，不但经济学只有在资本经济已经发达的时候，才能成立，并且，到今日为止，所谓经济学也大抵都只以商品经济社会即资本经济社会里面的人类和人类的经济生活关系为对象。

第二，立场上的限制。要明白这个限制，先要明白主体的意义。人类的经济生活，固然不是单独一个人可以进行，而必定是要协力合作的用社会的方法去进行的，但是，却也决不能就因此否认人类在实行经济的活动的时候各人所具有的各自的统一意志——各人类拿去施行打算，比较，选择，活动等等行为的意志。大家知道，在事实上，哪怕人类或人类的结合未必一定获得他的意志上所倾向的东西，人类或人类的结合（团体）在行经济活动的时候，总是要根据所谓经济生活上的准则，即最小的劳费的准则（想以最小的劳费，获得最大的效果或享受的准则）并欲望平等的准则（无论什么人，都会在满足了一种欲望之后，另求满足别种欲望，顺次无限的推下去的准则），去行种种利害损益的打算和缓急轻重的比较，选择之后，再去实行活动的。（注意！这种说法和下面第三段所说的社会的观点并客观的观点，并不相冲突，因为那里所说的是经济现象的解剖问题，这里说的却只是经济现象的叙述问题）这种实行打算，比较，选择，活动等等行为的主体，叫做经济主体。经济主体，也可以是一个自然人，也可以是许多自然人合成的团体。在普通经济学上，这种主体常常被分为自然人的个人，自然人所合成的私团体（如像公司，协会），公共团体（有强制权力的团体），对外的全国民的团体，想像上的全人类的团体五种主体。随着这五种主体的区别，更可以把主体不同的经济分为个人经济，私团体经济，公团体经济（如国家经济），国民经济，世界经济五种。每一种经济都是由它的主体随着上述的两个经济生活的准则，各自实行他的打算，比较，选择和活动的，所以，各经济主体的利害关系，在他们的主观上完全是不能一致的，所以，因此他们对于客观的经济现象的立场，也是各不相同的。举例说，从个人经济的立场看来，自然愿意极端的减少租税的负担，然而从国家经济的立场看来，租税的收入却是不可随便减少数额，缩小范围的。又如，从理想的世界经济的立场看来，最好是叫世界上各国各依地形，土宜，天产等等东西的不同，实行分工合作式的国际分业；然而，从各个国民经济的立场看来，他们始终想维持他们的经济的独立，并始终想使别的国民经济受自己的支配。

各经济主体对于客观的经济现象的立场既然相异，所以他们对于经济学的立场，也就会各不相同，随着他们这种对经济学的立场的差异，通常可以把经济学分为四种，即（一）私经济学（这是从个人经济并私团体经济的立场看的经济学，其中更可分为经营经济或收益经济学并消费经济学或家计学），（二）公经济学（财政学），（三）国民经济学，（四）世界经济学等等。从目前的状况看来，最发达的经济学，只是国民经济学。国民经济学又叫做政治经济学或社会经济学，名称只管很多，它的立场都是一样的：都是一种从国民经济的主体的立场来看的经济学。为什么国民经济学特别发达呢？因为所谓国民经济，表面上虽然仿佛是全体国民对外时的经济，而在事实上却是全国民当中的握政权的资产阶级的经济，换句话说，就是资本家经济或资本经济，并且这种资本经济在近五百年来，压倒了奴隶经济，封建经济等等东西，有了大大的发展，所以须得有一种经济学去说明它去讴歌他或是去攻击它（从无产者的地位说）。因为这个缘故，所以普通所谓经济学，都是以这种国民经济或政治经济学为限的。这就是立场上的限制。

总起来说，普通所谓广义的经济的对象，就是从国民经济的立场看来的，在资本经济时代的人类和人类间的经济生活的关系。

二、 经济学的目的

6. 经济学的目的不在探求永久的法则，也不在记述一时的事实和制度

在上节所述的对象的范围之内，经济学更可以随着它的目的之不同而发生种种错误的说法。在这些错误学说当中，最显著的有两个：

第一个错误的学说主张，经济学的目的在于探求人类经济生活间的永久的法则；如像价值的法则，恐慌的法则，资本集中的法则等等法则，就是经济学的目的。这种说法，乍看起来，仿佛是很对的，从经济的历史看来，的确在经济现象里面，存有种种法则，如像恐慌的法则，价格的法则等等东西，仿佛都带有永久的性质，在无论什么时候，无论什么地方，都可以适用似的；所以，如果能够把这些法则找出来，使人类关于经济现象获得一种可以永久适用的

准则，那自然是极其正确合理的事。但是，如果放大眼光，把人类的经济史的全部看一看，我们就可发见这种说法的错误，为什么呢？因为，从人类全史看来，资本经济之前，还有共产经济，奴隶经济，封建经济等等东西的存在，而上述的法则如像恐慌的法则等等，又只是在资本经济时代才能够发见的东西。单止这一层，已经可以证明经济学上的永久法则的存在说的错误，并且，在事实上，照上节所述，所谓广义的经济学又并未以资本经济以外的经济生活为研究对象，如果，一面把研究的对象限于资本经济，一面却又把研究的目的放在一切形态的人类经济上面，那自然是自相矛盾冲突的，所以，经济学的目的在于探求经济生活上的永久的法则，那种话，完全是不对的。

第二种错误学说主张，经济学的目的在记述一时一地的经济事实和制度。他们以为，不但在经济生活上没有什么带有永久性的，可以适用于无论什么时候和无论什么地方的法则，并且，也没有什么可以适用于同一形态下的经济生活的法则。他们以为各时各地，各有不同经济情形，那些经济情形当中各自存着特有的道理，所以，经济学的目的，只在记述这些特别的经济事实和制度，去探求其中藏着的特有的道理。简单说，他们主张，经济学的目的只在记述关于经济的现在事实和历史。这种说法的偏颇不当，是很明显的，如果经济生活上完全没有什么科学的法则，为什么在资本经济下面的无论什么地方，都会发生有秩序的循环的恐慌，资本的日益集中，无产者人数的日益增加等等现象呢？如果硬说各地方的这些现象都是偶然相合的，那就未免过于自欺了。并且，主张这种说法的人，结局等于否认经济学的存在。为什么呢？因为，如果认定各时各地的经济生活各有它的特别情形和特别专有的适用道理，那末，事情应该是很简单的，只消临时观察叙述一番就够了，还用得着一个特别的科学？所以，这种主张和上面那种主张，同是偏于一边的错误学说。

7．经济学的真正的目的

经济学的真正的目的是什么呢？在明白了上述两种错误的学说之后，这个问题是比较容易答复的：只消在它们的错误当中找出路就行了。经济的真正目的只在：（一）记述资本经济形态下的各种经济现象，（二）发见资本经济内部所存的种种法则。换句话说，经济学是以（一）资本经济现象的外部的体系的认识和（二）资本经济现象的内部的关联的解剖（如像价值，价格，利润，工资等等东西的相互关系）两种东西为目的的。不过，还要注意，这个目的的说明，虽然分成两段，目的本身却是一个整个的东西："外部体系的认识"就是"内部关系的解剖"的前提，"内部法则的阐明"就是"外部的体系的记述"的必然的结果，两者是互相倚辅的，并不是各自独立的。所以，只认定资本经济的内部关系的解剖和法则的发见为经济学的目的，固然是不对的，那种只认定经济现象的体系的记述为目的意见，也同样是错误的：经济学的真正目的是综合二者而成的。

经济学的目的虽在阐明资本经济社会的一般的内部法则，但是，决不因此就否认资本经济下的一时代一地方的特殊的法则。为什么呢？因为，在实际上，一则种种一般法则往往为具体的诸事实所掩蔽（如像价值虽应该和价格一致，然而因为供求关系，独占，非资本主义的买卖等等的缘故，常常不能一致，详见第六讲），弄得不能全部显现。二则因为资本经济当中常常杂有一部分非资本经济（指资本经济以前的封建经济及资本经济以后的社会经济等等）的要素，绝对不会有纯粹的资本经济的存在，哪怕是今日被人称为资本经济的代表国的英国，也还存有许多非资本经济的要素。三则所谓商业资本经济的本身，也经过了许多变迁，形成了所谓商业资本经济，产业资本经济，金融资本经济（请看第二讲）等等的时代，并不是一个固定的，一毫不变的东西。所以，在资本经济下面，虽然有一种可以适用于各时代各地方的一般的内部法则，同时却又不能不承认在大同之中，复有一种小异，在一般的法则之中，复有一种只适用于某一时代某一地方的特殊的法则。如像同是循着资本经济发展的大原则进行，而英国资本经济的发展，多半靠经济的力量，德国资本经济的发展，多半靠政治的力量，美国资本经济的飞跃全靠世界大战的特殊机会，之类，就是明例。

从另一方面说，经济学的目的虽在记述资本经济的现象体系（事实和制度），然而决不因此就绝对的不研究资本经济以前的事实和制度。为什么呢？因为，资本经济下的种种事实和制度不单是在资本经济形态下面构成着一个整个的体系，必定要从它们和这整个体系的关系去加研究，才能明白它们的真相，并且，因为它们在事实上还是资本经济以前慢慢转变而来的，所以要想彻底的理解它们，又必须从时间方面研究它们的现在和它们的过去的纵的关联。如像关于商品交换现象的研究，固然应该在资本经济下的交换和资本经济下的生产，分配，消费等等东西的关联上，去行研究，同时也应该把商品交换的前身即物物交换（直接交换），金属以外的货币交换，金属货币交换，信用交换等等历史的经过加以研究，才能彻底了解商品交换的真相，就是一例。

8. 经济学的目的和经济学的分科

从上节看来，可以知道，普通广义经济学的目的，就在从横的和纵的方面（地方和历史方面），记述资本经济的外部现象的体系，去探求资本经济下的一般的并特殊的内部法则或关联了。不过因为无论什么科学，都可以有两种研究方法：一般的研究和特殊的研究，前者的目的在综论一个科学的全体，后者的目的在详究那一个科学的一部，所以，广义经济学也逃不出这个公例，可以依照它的研究的目的的广狭，分为下面几个科目：

一般的研究就是普通所谓经济学原理或理论经济学，又称为狭义的经济学。经济学原理的目的，自然是和上述的广义的经济学的目的，完全是一样的，不过它们的目的的范围的广狭稍有不同。广义经济学包含着一般的并特殊的研究，而狭义经济学只包含一般的研究罢了。经济现状学是用文字或记述现在的经济事实的。经济地理是说明经济和地理的现在的关系的。经济史是研究资本经济并资本经济以前的各种经济事实并制度的。经济学说史的意义，自明。经济政策，是站在某一种立场（这里说的是资本经济即国民经济，所以就是站在资本经济或国民经济的立场）上，去研究应该施行的种种奖励或防止政策，如像所谓产业政策，关税政策等等东西的。

关于经济政策在广义经济学上的地位，经济学界的意见，从来即甚纷歧，至今也还不一致：有主张经济政策不能成广义经济学内的一个分科的，有主张经济政策应该成为广义经济学中的主要分科的。公平看来，经济政策纵然不是广义经济中的一个主要的部分，至少也应该是其中的必不可少的部分。理由是这样：社会现象是有历史性的，即是说，是随着人类社会上的种种不同的实践而有历史上的发展变动的（关于社会的意义，详见次段）。但是因为人类的历史，结局从时间上说就是人类的实践活动的无限展开，从空间上说，就是人类对于物质上所行的建设和破坏的交错的无限进展，所以历史这东西必然要把过去现在未来三者统而为一的。因此，所以关于社会现象的科学如果不是一种概念的游戏，也必然要含有对于未来的指导性，即是说，必然要含有改变未来，创造未来的性质。一切社会科学的政策性，都是根据这个理由来的。经济学是社会科学之一，所以经济学必然含有政策性，所以经济政策的研究也必然要成为广义经济学中的一个分科。

普通所谓经济学，都是指狭义的经济学原理说的。我们现在也仿照通例，以后凡是说经济学的时候，所指的都是经济学原理。

三、 经济学上的种种观点

9. 经济学的观点的重要

狭义的经济学是以资本经济时代的人类和人类间的，从国民经济的立场看来的经济生活的关系为对象的学问，并且还是以（一）资本经济的外部现象的体系的记述和（二）资本经济现象的内部法则的阐明或内部关联的解剖为目的的：这是上面两段的说明的结论，现在我们要根据这种结论，更进一步的，从观点方面去研究经济学的意义。我们在第一节已经说过，观点的正确不正确，可以左右一个科学的定义。这种道理，在经济学上，尤其特别显得有力。因为什么？因为一来经济学常常带着阶级的性质（看一节和第四段），常常有一些故意采用某种观念替某种阶级辩护的倾向；二来经济学本身在客观上实在是一种又宽泛又奥妙的社会科学，比较其他各种较简单的社会科学，尤为难于立定正确的观点的缘故。但是，唯其因为经济学具有阶级性和困难性，所以，在我们说明经济学的意义的时候，特别有分析经济学的观点的必要。观点如果不正确，哪怕在研究对象和研究目的两方面认识得很清楚，也不会真正懂得经济学，利用经济学的。并且，不正确的观点还往往会影响到研究对象和目的两方面去，使人在那两方面也发生谬误的结论，所以，经济学的观点的分析，不但从观点的本身说来是很重要的，就是从观点和研究对象并研究目的两种东西的关系上看来，也是很重要的。

10.（a）正确的观点和不正确的观点

狭义的经济学的研究，可以从各种不同的方面，发生许许多多的不同的观点。这些观点中，也有正确的，也有不正确的，头绪纷繁，很易使人迷于判断。现在且把其中的最重要的几个，稍加说明，并且，为求明澈的理解起见，更把各种正确的观念与各种恰恰和它们相对待的不正确的观点，放在一起，以便做一种对照的说明。

（一）社会的观点和个人的观点

前两段所述，经济学本是以人类和人类在经济生活上的关系为对象的学问，所以经济学这种东西，从根本上说来，就带有社会科学性质，而不是一种以各个自然的人类为对象的自然科学，所以，经济学的观点只应该是社会的观点，而不应该是个人类的观点。社会虽然是各个人类所构成的，但是，被构成的社会却并不是各个人类的单纯的总计，倒是一个由各个人类构成的，新的，有机的结合体，是一种和原来的各个人类迥不相同的东西，是一种在各个人类之外，具有特别的，独立的客观性的东西。这自然是应该的：因为构成社会的各个人类的努力和意志，在事实上决不能够共同一致，倒只是互相冲突，互相限制，所以在结果上自然会达到一种新的均衡状态，一种新的，和各个人类的努力和意志的总计不相同的，客观的社会努力和意志，换句话说，就是发生一种独立的社会的存在。社会既然是一种客观的独立的存在，所以带有社会性质的经济学的对象——人类和人类在经济生活上的社会关系——当然也就不能不是带有社会的性质的东西。经济学的对象既然是有社会的性质的东西，当然只有社会的观点才是经济学的正确的观点：研究生物细胞时所用的观点和研究整个自然人的生理的时候所用的观点，自然是不相同的。但是，在事实上，却有一派人专门用个人的观点去研究经济学，如研究价值的起源时，不从社会的平均劳动去研究，而从个个的孤独的人类的劳动去研究，就是一个例子。很明显的，价值原是一种人类和人类之间的社会的现象，断不可以拿各个人类的劳动去说明（关于价值的起源，请看第六讲的说明）。所以这种个人的观点，完全是错误的。

（二）客观的观点和主观的观点或生产的观点和消费的观点

这两种观点的区别，差不多是和上述的社会的观点和个人的观点完全相同的，不过，"社会的"和"个人的"两种东西的区别是从经济主体方面说的，而"客观的"和"主观的"是从研究的基础方面说的，"生产的"和"消费的"是从研究的出发点所居的部分说的，其间稍有不同罢了。客观的观点，要从一种和各个人类的意识和努力完全独立了的，客观的社会的存在，去研究经济学，主观的观点却只从各个人类的心理的评价，去说明经济的本质及经济上的种种重要问题。换句话说，客观的观点是以生产诸关系（前面第4节已经说过，生产关系，消费关系，交换关系，分配关系四种东西，结局不外乎生产关系的继续，所以通常说生产诸关系时，都是它去代表这四种客观的关系的）为研究的基础的，主观的观点却是以各个人类的心理的动机或心理的评价为基础的。如像奥国学派拿心理的分析去解释价值，价格及许多的经济上的重要现象，就是主观的观点的明例。主观的观点的不对是很明显的：离开了各个人类的努力和意志，完全独立着的客观的经济社会现象，当然不能够用那种和这个客观现象并无关联的各个人类的主观，去解剖明白的。要注意：这里所说的，只是经济现象的解剖的基础，并不是说经济上无论哪一部分都绝用不着心理的方法；如果绝对的不用心理的方法，那末，使用价值和交换价值的区别，也可以不存在了，为什么呢？因为所谓使用价值原是所谓主观的价值啊！（关于这一层，请看第六讲）生产的观点就是以生产诸关系为研究的出发点的观点，所以和客观的观点是同意义的；消费的观点是以欲望和需要为出发点的观点，换句话说，就是以个人心理的分析为出发点，拿去解剖经济的本质并各重要现象的观点，所以，它和主观的观点，也是同意义的。因此，生产的观点和消费的观点的正确不正确，在这里是用不着赘说的。

（三）因果论的观点和目的论的观点

这是一个和第二段所述的经济法则有关的问题。在承认经济现象里面有某种法则的存在的时候，当然会发生这些法则的来历的问题。如果主张经济社会里面具有某种的原因，就一定会发生某种结果，换句话说，如果主张有了某种生产关系，就自然会现出某种经济法则，那末，简单说来，行那种主张的人就算是采用了因果论的观点。如果主张经济社会的某种法则的存在是上帝，神圣或其他超乎个人和社会之上的第三者，为达某种目的的缘故，特别施行那种经济法则，换句话说，就是如果主张经济法则不是自然存在那里的，而是为某种主体的特定目的而存在的，那末，那种主张的人，就算得是站在目的论的观点上的人。不消说，目的论的观点也是绝对错误的：目的论的宇宙观和社会观，自科学昌盛以来，在学问上久已没有立脚的余地，所以，目的论的经济观点当然也是没有立脚的余地的。

（四）史的必然论的观点和宿命论的观点

在承认了因果论的观点的时候，还可以发生另一个问题：如果有了某种经济原因就一定自然会出现某种经济法则，换句话说，如果生产诸关系会自然的决定经济上的种种法则，那末，到底那种因果关系是带有断然决然的天然性质，永远不可以用人力去改变的吗，还是一种在相当的程度内可以用人力去推进它，抑制它，变更它的呢？如果采用前一说，那就成为宿命论的观点；如果采用后一说，那就是史的必然论的观点。社会这东西，照前面所述，虽然是一个独立的，客观的存在，但是，这种客观的存在却和一般的天然的存在不同：因为社会的本身是各个人类构成的，并且是必须经过各个人类的努力和意志的相互的冲突及制限而后均衡起来的，所以各个人类的努力和意志的总结果如何，当然对于社会的发展，可以发生种种影响：有时可以顺着其他各种可以使社会向前发展的原因，把社会推向前去，有时又可以挽着这些原因，使社会沉滞不进，有时更可以抗着这些原因，使特定的社会退步。所以，社会虽然是一个客观的存在，却不是一个普通的，天然的客观存在，倒只是一个特别的，历史的客观存在。所以，在社会因果关系上，各个人类的努力和意志的结果——一种经了各个人类相互冲突相互限制面后得着的，有组织的社会意识——也是各种原因当中的一个原因。这是历史的因果关系和天然的因果关系两种东西根本不同之点；由这一点关系，就发生了史的必然论的观点和宿命论的观点的差异。不消说，经济学的宿命论的观点是完全不对的：经济现象既然是一种社会现象，我们当然不能拿天然科学上的因果关系的观点去研究它，解剖它。

（五）认识论的观点和道德论的观点

抱认识论的观点的人，对于经济学的研究，只努力去认识经济现象的体系，探求其中所存的法则，并不用什么道德上的观念，去下判断，说某种经济现象是合乎正义的，或某种经济现象是不合乎正义的。抱着道德论的观点的人们却不然，他们常常喊叫着某种经济现象在道德上的正当不正当。不消说，道德论的观点是不对的：因为一切道德论的前提上都含一个目的论，必定先有一个目的论上的前提，如像神意，天理，自然法则之类，才能够下伦理的判断，但是，照前面所述，目的论的观点完全是错误的，所以道德论的观点也不得不是完全错误的。

（六）动的观点和静的观点，或发展的观点和永久的观点

动的观点或发展的观点，把经济现象看成随时发展变动的东西，把经济法则看成一种只行于资本经济下面的法则，把资本经济看成一种前面接着封建经济，后面接着社会主义经济的东西。静的观点或永久的观点却把经济现象看一成不变的，把经济法则看成一种可以永久适用于一切时代的东西，把资本经济看成一种可以永久维持下去的顶好的东西。静的观点或永久的观点的错误是不用多说的：只看历史上的奴隶经济，封建经济，资本经济等等东西的转变的事实和资本经济本身由商业资本经济起，变而为产业资本经济和金融资本经济，那种情形，就可以明白了。

（七）革命斗争的观点和自然进化的观点

在承认动的观点或发展的观点的时候，还可以发生另一个问题：经济现象的发展变动到底是除开经济本身的自己发展之外还要靠人力，用革命斗争的手段去促进推动的吗，还是完全由经济现象自己，靠着它自己的发展能力，自然的慢慢的行着进化的呢？主张前一个解释的人，就是抱着革命斗争的观点的人，主张后一个解释的人，就是抱着自然进化的观点的人。这两种观点和前面说的史的必然论的观点并宿命论的观点两种东西，有密接的关系，所以这里用不着赘说：简而言之，自然进化的观点，完全是不正确的。

10.（b）观点和经济学的研究方法

经济学的观点问题，从广义说来，可以算得是经济学研究方法

问题的一部分，因为，如据上节所述的各种观点去研究经济学，往往会产生各不相同的研究方法，如像采用个人的观点的人们，必然会同时采用演绎法，采用社会的观点的人们必然会采用归纳法，同样，采用永久的观点的人们必然会同时采用心理的方法，采用发展的观点的人们必然会同时采用历史的方法，之类。不过，普通经济学上所谓研究方法却不是这样广义的方法的全体，倒是指广义的研究方法当中的一部，即指除开观点问题以外的具体的手段。现在我们也按这种普通的意义来批判批判经济学的研究方法问题。

关于普通所谓经济学研究方法的议论，从大体说，可以分为两种主张：一是主张宜用论理学上的演绎法去研究经济学的，一是主张宜用论理学上归纳法去研究经济学的。英国正统派学者为前一主张的代表者，德国历史学派为后一主张的代表者。这两派的主张都是根据他们对于经济学的对象，目的，观点等等的所抱的不同的见解而来的，所以，如果要批判他们的主张，根本上就应该先批评所抱的这些见解，但是，他们这些见解的彻底的批评，却不能行于未习经济学原理之前，倒只能行于习了经济学原理之后，因此，所以我们在这里也无从对于这两种关于研究方法的主张施行彻底的批判。现在只顾到经济原理的任务只在极小的范围内，略加批判罢。

经济学研究方法上的演绎法和归纳法之争，到了十九世纪中叶，靠着所谓新英美学派（见下节）的努力，得到下面这样的折衷的结论：（一）演绎法和归纳法各有特长：前者适于研究纯理的经济问题，如像租税转嫁问题等，后者适用于研究事实的经济问题，如像时间制工资和件数制工资的比较问题等。（二）两法不能完全独立：用前法得来的结论，只有在发见了足资证明的事实时，才能确定；用后法得来的结论，只在发见着那种结论和既得的其他原则相符合时，才有价值。（三）二法在走极端时都有流弊：如极端的用前一法，就会陷于巨大的错误，如像主张自由经济的人们以为各人皆有利己心，所以在任由各人自由竞争的时候，自然会随着需要供给的法则使全社会的生产和消费均衡起来，而忘记了在事实上却反因各人利己心的缘故而发生生产过剩及恐慌等等（看 84 节），就是明例。如极端的用后一法，就会像许多历史派学者一样，只得着一些史料的堆积，而得不着一点概括的，可以致用的原理。（四）总而言之，因为一则历史和事实本是经济学的研究上不可少的基础，二则个别的材料只有在它被看做全体的一部分的时候，才能发见它的固有的价值，所以为事实研究上所必需的归纳法及为假说设定上所必不可少的演绎法，都是经济学上必不可少的方法。

这种关于演绎法和归纳法的优劣的结论，从演绎法和归纳法本身说来，虽然可以说是大致公平，但是，如果把演绎法和归纳法当成经济学研究上的具体方法全部中的一部分看来，上述的结论却只算得是隔靴骚痒，摸不着要点。为什么呢？因为经济学研究上的具体方法当中，除了演绎法和归纳法之外，还有许多其他方法，如抽象法，历史法，比较法，统计法等等。所以，只注重演绎法和归纳法，已经未得其平，并且这种种方法又都是天然科学和社会科学所共有的方法，决不足以称为经济学所特有或特别注重的方法。在经济学研究上的具体方法当中，只有一个方法是社会科学所特有的，当然也是经济学所特有的（因为，照后段所述，经济学原是一切社会科学的基础）：这个方法就是抽象分析法。因此，所以关于抽象分析法的说明，在经济学原理上，应该代替普通所谓演绎法和归纳法的地位。

那末，什么叫做抽象分析法呢？社会科学上的抽象分析法，是和天然科学上的实验法（或实际分析法）相对待的。在天然科学上我们可以用种种人为的手段，把天然存在的状况加以改变，即是说，把天然分析起来，以便观察改变后或分析后的情状，如像我们把水放在特定的条件下面，把它形状改变，或把它分析为轻养①二元素，以便认识水的本质和属性，就是一个例子。像这样的办法，就叫实验。很明显的，实验是限于在我们能够改变天然存在的状况时才有可能的，所以实验这种方法决不能真正的用于社会现象当中：因为一则一切社会现象的原因结果的关系本是极复杂的，根本上就比不得自然现象那样容易处理，二则一切社会现象都是无形的作用或关系，不可以用显微镜或化学的药品去观测试验。对于这些社会现象的复杂性和无形性，只有使用抽象分析法时，才能把握它们的本质和属性。抽象分析法的说明，似乎照下面的层次说明最为简便妥适：

（一）抽象分析法不是普通的抽象法

普通的抽象法又叫做概括法，是一种从异中识同的方法，例如：在人类和其他高等动物所具有复杂的种种特性之中，把一切人类特有的几种特色如像直立着椎脊走路，两手能制造并使用工具，具有复杂的目的意识和高度的感情等等，抽出来，同时，把其他一切和别的高等动物所同具的特色，如像热血，胎生，乳哺，椎脊等等，舍了去，就可以从一切高等动物当中，认出人类这种动物——这就是抽象法的一例。从经济学上看来，正统学派所主张的商品，货币，资本等等概念，都是用这种抽象法得来的。这种抽象法可以

---

① 原文如此，今作"氢氧"。——编者

从异中识同，所以也是一种有用的方法，但是，只因为它只能从异中识同，只因为它把异的成分都舍掉了，所以它只能发见某种事象的属性的外部，而不能尽其全部（如像只能发见人类的人性，而不能发见其兽性之类），换句话说，它只能发见在孤独的状况下的某种事象，而不能发见某种事象和其他事象间的在空间上和时间的关联，因此，当然更说不上发见某种事象的本质了。如果只靠这个方法去研究经济学，那就会在结果上变成一种空漠的概念的游戏，如像下段所述俗流经济学派的经济学理一样。抽象分析法当然不是指这种普通的抽象法说的。

（二）抽象分析法不是普通的分析法

普通的分析法，又叫做分类法。这是由两个段落构成的：第一是分析的段落，第二是综合的段落。在分析的段落上，先把某种事象分解成为那种事象的种种组成要素或因子，如像把生物分解成为动物和植物，把动物更分解成为热血动物和凉血动物等等之类；在综合的段落上，再把已经分析得的结果，列成系统，如像动物学上所谓动物发展系统之类。从经济学上说来，历史学派所主张的经济发展阶段或形式，就是这种分析法的结果，所谓俗流经济学派的经济现象，也是这种分析法的结果。这种分析法，可以从同中识异，可以从空间上发见各种事象间的关联，从时间上发见各种事象的发生和发展径路，所以当然也是一种有用而且必要的方法，但是，如果单靠这种方法，却也不能发见事象的本质。为什么呢？因为在这种方法的分析段落上，只有一种普通的分析，没有使用抽象的手段去行抉择，所以分析得来的结果只是一些表面的，庞杂的，笼统的因素，不能在其中发见那种事象的主因或根本的，具有支配力的，内部的关联，因此也就不能在发见其中那种事象的本质。如果只靠着这种方法去研究经济学，那就会在结果上或仅变成一些过去史实的铺叙，或仅变成现在事实的胪列，结局，就只会认识表面的现象，不会认识内部的关联，如像普通的历史家，经济学上的历史学派及普通的经济统计家等等所得的结果一样，抽象分析法，当然不是指这种普通的分析法说的。

（三）抽象分析法是普通的抽象法和普通的分析法两者结合而成的方法

抽象分析法虽不单是普通抽象法或普通的分析法，但同时却没有排斥普通的抽象法或普通的分析法：这种情形恰恰和普通的分析法在它的实行上并不排斥普通的抽象法一样（如果全然不用抽象法，事物的限说就有不能确定的危险）。抽象分析法只是有机的结合着普通的抽象法和普通的分析法二者而成的方法，因为是一种有机的结合，所以它的分子的好处和坏处，才不会在它本身上依旧发生出来。它虽然也用抽象法，但因为这时的抽象是经过分析的抽象，所以其结果不会变成一种单独的事象或空漠的概念。它虽然也用分析法，但因为这时的分析是一种伴着抽象的分析，所以它不但能发见各事象的在空间上或时间上表面的统系，并且还能够发见各事象间的内部的关联。为什么它能够发见内部的关联呢？因为从一般说来，一切事象的原因本是复杂的，一切事象的原因当中本是有主因和副因，或内因和外因的区别的，所以，如果在分析段落上能够舍去副因或外因，抽出（留住）主因或外因，那末，我们当然就可以在庞杂的，笼统的表面现象之中，找出那个事象的本质。但是，在分析段落上，我们如何会知道某种因子是外因或副因，把它舍去，某种因子是内因子或主因，把它抽出呢？要知道这个，我们当然不能不先有一种关于宇宙事象的存在和发展的一般观点。如果我们采用辩证论的哲学观点，认为一切事象都是不断的进展着的，一切事象的存在，都是主要的矛盾（或对立）的暂时的统一，一切事象的发展都是这些矛盾（或对立）的冲击改组的结果，那末，我们当然就知道主要的矛盾（或对立）就是内因或主因，其余都是外因或副因了。不消说，所谓主因当然不见得就是最后的因子，也许这种主因更是由别的主因和副因构成的，所以我们发见了某种事象的主因之后，还得更进一步去发见主因的主因，照样推下去，直到在分析段落上舍无可舍，分无可分之时为止。像这样，一层一层的把各级的主因认识了之后，再归到综合段落上，把各种主因联贯起来，并加上原来舍去了的各种副因或外因，我们就可以重新组成原来的某种事象的全体真相，就可以同时知道它的表面现象和内部关联了。这就是抽象分析法，就是社会科学研究上必不可少的，和自然科学上的实验相等的，最重要的方法。

以上还是关于抽象分析法的一般的大意的话，如果适用在经济现象的研究上面去，就可以得下面这样的例示：在研究某一个时代某一个地方的资本经济现象时，如果只照表面的现象，加以分析，如像先把那地方的经济成分分为人口，每年的生产额和消费额，输出输入额，商品价格等等，更把各项分为更详细的东西，如像把人口分为都会人口，乡间人口，海洋人口，富的人口，贫的人口，农业人口，工业人口，商业人口等等，那末，我们所用的方法，就是普通的分析法。反过来，如果我们认定那个地方的经济只是世界的一部分，并且还和世界经济的别部分对立着，那末，我们首先就该把其他部分舍了去，只研究这一部分。其次，我们知道这个地方的经济内部原有两个主要的对立的部分：一是对外的经济关系，一是内部的经济关系。但是，因为内部经济是为主的，所以我们可以把对外经济关系舍了去，只研究内部经济。再次，我们知道资本经济是有国家时代的经济，并且知道国家的经济虽常常和个人的经济对立着，但是，到底是个人经济为全体经济的主要部分，所以我们可以把国家经济舍了去。又次，我们知道个人经济又是由其中各对立阶级所构成的，但是，其中最主要的对立却是资本家阶级和无产阶级的对立，所以我们又可以把其余的对立舍了去。更次，我们看见这个对立的主因又是资本（货币及普通商品）和劳动力那种特殊商品的对立，并且资本占在支配的地位，所以我们又可以把劳动力这种商品暂时舍了去，只研究资本，货币及普通商品。最后，我们看见普通商品又是由使用价值和价值（交换价值）的对立构成的，并且知道只有价值才是商品交换的最后的因子，所以我们在经济学的研究上把使用价值舍了去，专研究价值（交换价值）。这个价值就是分析到最后时所得的结果。到这里，所谓分析段落（又叫做下向运动）告完结了，我们应该更进行综合的段落（又叫做上向运动）。

我们在分析段落上已经发见了（1）价值，（2）资本，（3）对立的主要阶级，（4）私人经济全体，（5）当作国民经济主体看的各个国内经济，等等，是这个地方的经济上的主因，并且知道了它们之间的内部关联，所以只要在各主因上面加上原先被舍去的各种副因，使它们依下列顺序：

（1）价值；

（2）资本，商品，货币，雇用劳动，土地所有权等等；

（3）阶级，流通，信用等等；

（4）租税，国债，人口等等；

（5）国际贸易，国际汇兑，移民殖民等等；

（6）世界市场，世界恐慌。

排列起来，我们就能一方面在现象上使它们成为一个有统系的整个体系，他方面又能够自然暴露出各种现象的本质和它们间的内部关联了。

以上就是所谓抽象分析法适用于经济学研究时最好的例子（也有人把上述的关于分析段落上的部分，叫做研究方法，把关于综合段落上的部分，叫做叙述方法的。那自然是错误的解释：分析段落和综合段落原是不可分的，如果单靠分析段落，那还成什么研究，并且叙述方法这种东西，比较是不紧要的东西，也不宜随便加入研究方法之内）。这种抽象分析法，当然是所谓辩证法的一个具体的适用，但，如果说这就是辩证法的全部，那又错了：辩证法不是这样狭隘的东西。

四、经济学的派别

11. 理想上的经济学和事实上的经济学派

现在我们把以上三段里面讨论的结果，总结起来，我们关于经济学的定义，就可以得到这样一个结论：经济学是一种用社会的观点，客观的观点，因果论的观点，史的必然论的观点，认识论的观点，发展的观点，革命斗争的观点，七种观点，以资本经济时代的人类和人类间的，从国民经济的立场看来的经济生活的关系为对象的学问，并且还是以资本经济的外部现象的体系的记述和资本经济现象的内部法则的阐明或内部关联的解剖为目的。这个结论同时也就可以算得是经济学的理想上的定义。为什么说"理想上的"呢？因为在事实上，从来的经济学，差不多全体都被阶级的偏见或其他种种偏见陋识所左右，很难适合上面那个定义的缘故。

因此，所以我们可以说，在目前看来，理想的经济学和事实上的经济学是不能符合的。最近的经济学派的趋势，虽然表示着，它一天一天的向着理想的经济学接近，但是，它几时可以真正走到理想的经济学的地点，却还是一个谁也不敢预测的疑问。我们在这里所以不顾一般的学派的趋势，特特提出理想的经济学的定义来详加说明，固然一部分的理由是在我们对于科学的正确定义的确信，同时也因为这种理想上的经济学的定义，的确对于事实上的各经济学派的区别的说明，是有很大的用处的。有什么大用处呢？因为这种理想上的经济学的定义，可以当作一个基准，被拿去测量事实上的各经济学派的内容。

12. 资本主义经济学

从来的经济学派，从大体看来，可以分为两大类：资本主义经济学及社会主义经济学。前者是讴歌和赞成资本主义制度的，后者是痛恨和反对资本主义制度的，因此，所以二者对于经济学的对象，目的，观点等等东西所抱的主张，都各不相同。

资本主义经济学之中，更可因它们所代表的利益和所抱的主张的部分的不同，分为七派：

（一）重农学派的经济学

这是代表着法国的新兴的农业的资产阶级（地主）的利益，去反对当时正在毁坏期的封建经济的学派。它发生于十八世纪的初叶，最重要的代表者是克湿（Francois Quesnay，1694—1774）。这派最尊重农业的生产和农业的自由放任的制度，所以才被称为重农学派。这派在经济学对象上，没有明白的主张，它在目的上采用永久法则说（看第6节），它在观点上采用了目的论的观点，道德论的观点，生产的观点，静的观点等等观点。

（二）英国正统学派（或古典学派）的经济学

这是一面继承着英国重商主义的经济学——一种代表十六七世纪的前期商业资产阶级的利益的，由封建经济过渡到资本经济去的时候的经济学——的遗绪，一面代表着英国新兴的商业并产业资产阶级，去和封建经济制度，作彻底的斗争的学派，对内主张自由竞争，对外主张自由贸易。这派的发生比重农学派稍后一点，也是在十八世纪中叶，它的著名的代表者是亚当·斯密斯（Adam Smith，1723—1790），李嘉朵（Ricardo，1772—1823）两人。这派关于经济学的对象，主张财富说，关于目的，主张永久法则说；在观点上，主张个人的观点，主观的观点，目的论的观点，道德论的观点，动的观点，革命的观点等等。

（三）俗流经济学派的经济学

这是在资本经济已经成熟，资产阶级和无产阶级的对抗已经非常明显的时候，代表着成功的资产阶级的利益，替他们作个个的，零碎的辩护，只因敷衍表面，解释个个的现象，不肯做深远研究的学派。这派的人甚多，如英国的 Senior（1790—1864），Fawcett（1882—1884），法国的 Say（1767—1832），德国的 Rau（1792—1870）等等，都现于十九世纪中叶。这派在经济学对象上的主张，大抵和正统派相同，所不同的只是他们不主张探求法则和他们所采的观点：他们彻底的采用了目的论的观点和永远的静止的观点。

（四）德国历史学派的经济学

这是代表着新兴的德国产业资本的利益，一面在对外方面主张保护贸易和成熟了的英国资本经济相抗，一面又在对内方面主张劳资调和，想借此压服并欺骗德国本国内的无产阶级，以便对内对外保持他们的利益的学派。这派出现于十九世纪中叶，它的著名的代表者是List（1769－1846），Roscher（1817－1894），Knies（1821－1898）等人，此外较后一点的 Schmoller（1838－1917），Wagner（1835－1919），Bücher（1847－）等等，格外多带一点伦理的社会政策的色彩，所以为区别起见，又叫做新历史学派。这派在对象上主张经济说（看3节），在目的上主张事实并制度的记述说，在观点上主张个人的观点，道德论的观点，发展的观点，自动进化的观点等等。

（五）奥国心理学派的经济学

这是代表着金融资本时代的坐吃利息的人们的心理，努力替这些人们去辩护他们的享乐的生活的学派。这派产生于十九世纪后半，最著名的代表者是门格尔（Karl Menger，1840－1921），贲巴卫（Böhm－Bawerk，1851－1914），戈森（Gossen，1810－1858）等人。这派在对象上主张经济说，在目的上主张永久法则说，在观点上主张个人的观点，主观的观点，目的论的观点，永远的观点，自动进化的观点等等。专门注重数学的数理学派，也属于这一派。

（六）新英美学派

这是代表英国和美国的特别是美国的进取的，战斗的帝国主义者的利益，去替金融资本家，托拉斯包办人企业联合的组织人等等作辩护的学派（新是对于旧正统学派而言的）。这派发生于二十世纪，它的著名的代表者是美国的克拉克（J. B. Clark，1847－），英国的马霞尔（Marshall，1842－1624）。这派的主张，从大体说来，是历史学派和心理学派两个派别的主张的折衷：他们的特色在一面采用个人主义的观点，一面带着社会的统制的色彩；他们不单是认定资本经济是一种会永远存在的东西，并且还以为资本经济可以更近一步，行更大的发展。法国的季德（Gide，1847－）也可以附于这派。

（七）不提价值论的学派的经济学

这是代表欧战后的，渐渐没落的资产阶级的逃避并苟安心理，特特避开价值论的研究，以图混过目前的不安，而免受资本经济的没落法则的威吓的学派。这派是最近才盛行的，它的著名的代表者是瑞典的嘉塞尔（Gassel，1866－），英国的开恩司（Keynes，1883－），杜格拉斯（Douglas）。这派在资本主义经济学上的地位，很和上述的俗流经济学学派相似：他们放弃了深奥的经济根本法则的研究，只去从事于经济现象，特别是欧战后的国际经济的敷衍说明。

13.（a）社会主义经济学

社会主义的经济学当中，大致可以分为三派：

（一）空想派的经济学

这是在十九世纪上半，为反抗当时已经长成了的资本经济，代表着当时的被压迫的无产者的心理的学派。这派的著名的代表者，在英国有 Thompson（1783－1833），Gray（1799－1850），在法国有 Babeuf（1764－1796），圣西蒙（St-Simont，1760－1825），普鲁东（Prondhon，1809－1865）等人。这派的代表者大半都兼是社会运动家和政论家，所以他们关于经济学说，并没有整个的有统系的主张，不过，从大体说来，他们都采用普通道德论的观点和目的论的观点；他们的社会主义经济的理想，不是科学的，只是空想的。这是这派的共通特色，因此，所以他们才被称为空想派。

（二）科学派的经济学

这是代表着十九世纪中叶已经长大成人的，新兴的无产阶级的利益，努力去和资本经济斗争的学派。这派的著名的代表者是马克思（Marx，1818－1883）。他在经济学的对象上主张资本经济生产关系说，即人类和人类在资本经济上的关系说；在目的上主张资本经济体系的记述和资本经济的法则的探求；在观点上主张社会的观点，客观的观点，因果论的观点，史的必然论的观点，认识论的观点，发展的观点，革命斗争的观点等等。

（三）反帝国主义派经济学

这派是代表那种在二十世纪的金融资本统治下并帝国主义支配下的无产阶级及落后民族的利益，向帝国主义努力斗争的学派，换句话说，就是一个和上述的资本主义经济学当中的新英美学派并下述的中间派恰相对抗的学派。这自然是最近的学派，著名的代表者是卢森堡（Luxemburg，1871－1919），列宁（Lenin，1870－1924），布哈林（Bucharin，1888－）等人。这派除了关于帝国主义的展开和崩坏的理论之外，关于其他对象，目的，观点等等东西，完全和上述的科学派的经济学相同。所以，也可以说，这一派经济学就是帝国主义时代的科学派经济学，就是在一种为当时的科学派经济学者所未能详类的金融资本的下面，产生出来的经济学。

13.（b）中间派经济学及过渡期的经济学

除了上述资本主义经济学和社会主义经济学之外，还有所谓中间派经济学在，目前的经济学界也占有特定的势力。照通例说来，所谓中庸派或中间派，在左右两方的势力相持不决的期间，往往可以占相当的势力，这自然是因为稳健的学说常常可以投多数普通人的嗜好，而真理这种东西，从普通人说来，往往超越常人的理解，不容易得着同感的缘故。经济学上所谓的中间学派，在事实上在各国大学内及著作界占有不小的势力，所以在研究现存的经济学派上也不能因为他们的理论的不彻底而一概加以抹杀。不过，中间派之中，也有许多的差异，有的较近于资本主义经济学，有的较近于社会主义经济学，也有在开始虽近于社会主义经济学而后来变成较近于资本主义经济学的，也有在开始较近于资本主义经济学而后来却变得较近于社会主义经济学的。所以，在我们叙述中间派的时候，只好依照他们最后的态度，按照经济上资本主义经济学渐变为社会主义经济的顺序，从上至下，排列如下：

（1）德国的 Oppenheimer（1864—）。他著的 "System der Soziologie"（1922—1926）当中的经济学部分和其中的政治学的部分同样具有许多中间派的，被多数人欢迎的见解。

（2）英国的 Hobson。他著的 "Evolution of Modern Capitalism"（1894—1927），也是一本半资本主义半社会主义的书，并且还是一本很被人爱读的书。

（3）德国的 Sombart。他的 "Sozialismus und Soziale Bewergung im 19. Jahrhundert" 及 "Der Moderne Kapitalismus" 并 "Hoch Kapitalismus" 都是资本主义经济学及社会主义经济学上都认为有力的文献的书。

（4）德国的 Bernstein。这人曾经是所谓修正派社会主义的首领，所以他是一个中间派学者一件事是不待多言的。

（5）德国的 Hilferding。他的著作"Das Finanz Kapital"虽然至今还是被科学的社会主义者认为不朽的文献的书，但是，他在欧战后所发表的种种经济论文，却带有非常浓厚的资本主义的性质，因此他现在也被多数认为中间派了。

（6）德国的 Kautsky（1854－）。这人在欧战以前本是一个和 Bernstein 的修正主义斗争最力的人，所以在那时被人称为恩格斯的继承者，即社会主义经济学的正统的继承者，但是，在欧战以后，他的著作渐渐和 Hilferding 等合流，所以现今也被一般人认为是中间派经济学者当中的一人。

除开中间派经济学之外，在苏俄还有所谓的过渡期的经济学，专门研究由资本主义过渡到社会主义去的种种过渡的经济现象。这种过渡的经济现象（如像苏联现存的经济现象）既非纯粹的资本主义性的经济现象，又非纯粹的社会主义性的经济现象，而是一种一方面带着资本主义经济性，一方面带着社会主义经济性的现象，所以研究这种现象的经济学，因为对象不同之故，当然不能属于资本主义经济学，社会主义经济学并中间派的经济学三者当中的一派，只能构成一种过渡期的经济学。

五、 中国与经济学

14. 经济学和人生

经济学的用途在什么地方呢？从普通一般人的见解看来，有许许多多的人，都以为经济学的用途在发财致富。不错，因为经济学是研究人类和人类的经济生活上的关系的，并且还是以记述经济现象的外部体系和解剖经济现象的内部关联，或探求内部法则两件事为目的的，所以懂得了经济学之后，也可以利用经济学的知识去发财致富。但是，经济学的用途，却不单止于此：一个人如果有了经济学的知识，利用这些知识去发财致富，固然是可能的，同时，或是拿它去做全人类或全国民的利用厚生之具，或是拿它去决定政治上及社会上的实际斗争的方针，或是拿它去做日常生活上的指针，或是拿它去做社会科学的研究上的基础，也都是可能的。

最后的两种用途，尤其重要。为什么呢？第一，经济生活是人类一日也不能停止的，人类在经济关系中过日子，犹如人类在物理的环境当中存身，或在人体生理的法则下面活命一样，如果我们承认物理的知识的缺乏可以令人东碰西跌，流血丧身，生理学知识的缺乏也可以令人暴饮暴食，发生病痛，那末，我们也就不能不承认，经济学的知识的缺乏，可以令人在日常生活当中特别上不经济的当了。第二，社会本是一种为维持并发展各个人类的经济生活的缘故，自自然然的由各个人类相互关系相互连结而构成的东西，而经济学却又是一种研究这种经济生活上的相互关系，并且要去行这种关系的外部记述和这种关系的内部解剖的学问，所以，如果经济是社会的构成的基础，那末，经济学的知识也就应该是一切社会科学的基础了。因为谁也知道，凡人都不应该在日常生活上常常上当，凡人都应该具有相当的社会科学的知识，以为社会生活上的指针，所以从这两层说来，经济学的用途，尤其特别重要。

15．（a）经济学和现代的中国人

现代的中国人对于经济学的关系，从一般说来，自然是应该和其他一般国民一样：上节所述的各种用途，当然对于现代中国人也是可以适用的。不过，如果从现代中国人所处的特别地位看来，现代中国人对于经济学的知识的需要，以及经济学对于现代中国人的主要的用途，却还有一些特别的地方。

第一，中国的现代社会是一种极其复杂的社会，是一种正由封建经济过渡到资本经济的社会，并且还有一跃由封建经济跳到国家资本经济的趋势。中国社会必然的会由半封建半资本经济的形态，变为资本经济占着主要势力的形态，这是按诸各国公例，稽诸中国近数十年来的历史，毫无可疑的，但是，中国将来到底会变成一个普通的，以私人资本为主的资本经济社会吗，还是会变成一个以国家资本为主的资本经济社会？这却是在目前谁也不敢预断的事。为什么呢？因为现今的中国，一面处在帝国主义的铁蹄之下，受着它们的重重束缚和压迫，很难用普通的方法去发展资本经济，一面又因为近几年间的革命运动，已经唤起多数非资产阶级的民众的自觉，很难和它们先进各国当年的非资产阶级的民众一样，忍辛受苦，去替资产阶级造成大量的剩余价值，以备资本的积蓄和集中之用。因为有这两种特殊情形的缘故，所以也许将来的中国竟由半封建半资本经济一跃而到国家资本经济，即变相的社会主义经济都未可知。因此，所以现代中国人对于经济学的需要，应该是特别不同的：他一方面固然需要资本主义经济学当中的正统学派的经济知识，以便和封建经济的势力斗争，一方面又需要社会主义经济学当中的科学派并反帝国主义派的经济知识，以便和帝国主义即金融资本经济奋斗。所以，现代的中国人应该同时学习资本主义经济学和社会主义经济学，那些跟着外国的脚跟，专学资本主义经济学的人们，固然错误，另外一些专把社会主义经济学奉为神明的人们，也未免忘记自己所站的实际的地步了。

第二，因为现代中国人所处的地位特别不同的缘故，所以经济学这东西的前途，从现代中国人的客观的状况看来，应该特别须注重前节说的"拿它去决定政治上及社会上的实际斗争的方针"一层。这是很明显的：处在被外国帝国主义和国内封建势力双重压迫之下的现代中国人，无论他是属于资产阶级也好，或是属于无产阶级也好，总之，他生活上的第一要事，就应该是政治上和社会上的实际斗争的胜利，在这种胜利没有得着以前，什么发财致富，利用厚生，什么生活上的经济，社会科学的知识，种种东西，彻底的说来，并从一般的立场说来，差不多一切都应该是自欺欺人的废话。因此，所以我们可以说，经济学对于现代中国人的用途，应该是特别不同的。

15.（b）中国的经济学

经济学对于中国人的用途，虽然特别不同，但是中国的经济学，到今日为止，却还幼稚得很，不足以副中国的实际的需要。我记得六年前，奥国维也纳大学的一个教授，曾经依我一个朋友的绍介，特寄信并打电报，要我写一篇关于"中国的经济学现状"的文章，并且约定可以支付百分之三十的版税，我当时踌躇了好几个星期，最后还是打电报谢绝了他，后来那本书《现今各国的经济学界》出版时，竟因此缺少了关于中国的部分！这件事，至今我还引为遗憾。但是，这有什么办法呢？中国的经济学，本无什么可以向世界经济学界报告的成绩，怎么能够凭空捏造呢？现在且述一述中国的经济学界罢。

在现代以前的中国，虽然也有经济思想，但是，大抵都是断片的思想，决不足称为中国的经济学说，如孔子所谓"生财有大道：为之者疾，用之者舒，则财恒足矣"，管子的货殖政策，墨子的节俭原理等等，就都是尚未构成体系的东西，在形式上不能称为经济学说，并且在实质上又还是关于封建经济的思想，更和今日中国所需的经济学，没有什么直接的关系。

在近二三十年之间，因为社会的需要的缘故，在国内并国外研究经济学的人，虽然渐渐加多，但是，从实际说，在今日仍然尚未脱离初步翻译时代，连日本的经济学界还赶不上，更不用着说欧美的经济学界了。不过，在目前，独立的完成的经济专门家虽然还没有存在，但是经济思想的主要潮流，却可以从新闻杂志上看出来，大约可分为四：

（1）重农学派的经济思想。这大抵是由法国回来的留学生所主唱的，附和者当中还有许多旧学甚深的人们：前者是被重农学派的思想麻醉了的，后者是中了"务农为本"之毒的，所以他们都一致的主张"以农立国"。

（2）新英美学派的经济思想。这大抵是由美国回来的学生们所主唱的。他们震于美国近年资本经济的发展，以为资本经济是永远繁荣的最好的经济形态，所以无条件的希望把美国的经济形态搬回中国来，以为中国也可以成为一个帝国主义的国家。

（3）空想派社会主义的经济思想。这是那些主张农业社会主义和主张村治运动的人们的思想。这些人们的思想，在能够把中国的固有的社会情形和欧洲的进步思想即社会主义的思想联结起来一层上面，虽然有一种很可佩服的特色，但是，可惜这种思想违背了经济进化的大势，并且堕入空想，没有什么令他们的理想实现的具体的方法。

（4）科学派社会主义的经济思想。这种思想，从希望研究的人数说，也许在全国青年中占着最大多数，但是，因为科学派的经济的文献太少，并且太深奥，加以不易得适当的导师，所以关于这一派的经济思想的研究，在实际上还未脱启蒙时代。

第二讲　资本经济的意义

六、　资本的意义

16. 经营经济学上的资本和国民经济学上的资本

照第一讲所说，经济学本是以资本经济为对象的，所以我们在第二讲里面，必须先说明资本经济的意义。但是，要明白资本经济的意义，又必须（一）先说明资本的意义，（二）先明白资本经济的来历。现在先说资本的意义罢。

我们在前一讲里面已经说过，同一经济生活可以从种种立场，成为种种不同的经济学（如像国民经济学和经营经济学之类）的对象，所以同一的经济现象也可以依照各人的观察上的立场的差异，对于各人发生种种不同的意义。举例说，如银行，从经营经济学上看来，虽然是一种寻常的私人营利的组织，但是，如果从国民经济学的立场看来，却不能不算是一种重要的，调节金融和信用的，公益的组织，这就是明白的例子。现在我们说着的资本这种东西，也和这个例子相同，可以从经营经济学和国民经济学两种不同的立场，发生两种不同的意义。

从经营经济学的立场看来，所谓资本是指经济主体在实行经营（经营的意义详见第三讲，这里只把这两字当成生产经济的实行看，就行了）的时候所用为经济的基本的东西说的，换句话说，就是指所谓"本钱"或"本"说的，如像平常人说"我想办实业，可惜没有本钱"，或"将本求利"的时候，所谓"本钱"或"本"，都是指这种资本说的。在这时候，我们依照习惯，常常把"可惜没有本钱"改为"可惜没有资本"，把"将本求利"改为"拿资本求利息"。

从国民经济学的立场看来，所谓资本是指一种被经济主体在营利（营利指在交换经济时代的，以获得可供别人的消费的财货那件事为目的的经营而言，详见第三讲）的时候拿去专靠它取得别人造出的剩余价值的基本东西说的，换句话说，就是指资本经济时代所特有的，一种由一部分人类拿去剥削另一部分人类的东西说的。如像我们说"资本主义"或"资本家和劳动问题"的时候，所谓"资本"就都是指这种意义的资本说的。不消说，在这时候，我们决不能把资本二字改为"本钱"或"本"，因为"本钱"或"本"的里面没有包含着"由一部分人类剥削另一部分人类"的意思。

经营经济学上所谓资本是通俗的意义上的资本，是带有孤独性的，是站在个人的立场上说的，是单从生产经济的意义说的；国民经济学上所谓资本却不然，这是一般所谓学术的意义上的资本，是带有关联性的，是站在社会的立场上说的，是兼从生产经济和剥削关系两方面的意义说的。两种东西既大不相同，所以，如果从纯科学的眼光看来，最好的办法莫过用于两种名词去称呼它们，如像把前者叫做"本钱"，后者叫做"资本"之类。但是，因为在目前的事实上，却还是用同一的名称，指两种不同的东西，所以不单是因此会使研究经济学的人们往往发生概念上的混淆，并且还会因此使一部分资本主义经济学家故意趁此混淆，造出两种骗人的谬说。

17. 国民经济学上关于资本的两种谬说

第一种谬说，把资本拿来和消费资料相对待，解释成为生产手段的意思，主张：一切过去的中间生产物——不直接供消费之用的生产物——可以当作生产手段使用的东西，都是资本。这种解释自然是错误的：第一，如果一切生产手段都是资本，那末，不但从有人类以来就有资本，就有资本家，就有资本主义，并且连猴子和蜜蜂也都全是资本家，都会行着资本主义了，为什么？因为它们也都有简单的生产手段啊！如果那样，什么"资本主义"和"资本经济"一类的话，真可以算得"多事"了！第二，如果凡可以当成生产手段使用的都是资本，那末，恐怕世界上最贫穷的人们也都算得是资本家了，为什么？因为，无论怎样贫穷的人，总应该有最低限的消费资料（否则不能生存），而一切消费资料，又都是可以移作生产手段之用的东西，所以，如果他更简衣缩食，拼着生活上的一部分痛苦，把一部分消费资料节约下来，他也就成了资本家啊！如果那样，"资本家"这句话，还有什么存在理由？

第二种谬说，把资本拿来和非营利手段相对待，解释为一种充当营利手段之用的东西，主张：一切用过去的劳力做成的，可以供营利之用的手段，都是资本。这种解释在分析非营利手段和营利手段一层上面，虽比第一种谬说好一点，然而错误却还是错误的，为什么？因为，一则一切营利的手段，不必尽是资本经济社会下面所谓资本，如像在封建经济社会里面也有种种营利和种种非营利手段的存在，那种事实，就是明白的反证；二则因为在实际上，凡处于交换经济时代的人类，都在相当的范围内，保有一些营利手段（否则人类就会不能和别人实行交换），所以，如果照第二种谬说所主张，那末，就会变得一切人类都成资本家，甚至于那些拿劳动力去营利的劳动者也都成为资本家（他们的劳动力也是一种营利的手段啊！）——那未免太滑稽了。

以上两种谬说的荒谬本是很明显的，然而在事实上却还被许许多多的资本主义派经济学家主张着；这无非是想借此掩盖资本的剥削关系，以便叫无知的民众相信资本经济制度的神圣至善罢了。

18. 国民经济学上的资本的真意义

国民经济学上的资本，既不是经营经济学上的资本，也不是什么一切可供生产之用的生产手段，更不是什么一切可供营利之用的营利手段。它的意义详细说来，只是这样：一切由过去的生产得来的价值（交换价值），但凡被拿去专靠它取得别人造出的剩余价值的时候，就变成了资本。换句话说，资本是一种专靠它去剥削别人，取得别人的剩余价值的东西。在这里，应该特别注意下面两层：

第一，资本只是被积存下来的，过去的生产物的价值，并不是那种生产物的本身。因为是这样，所以资本的形态才会随时变成货币，生产手段，消费资料等等东西。

第二，被积存下来的，过去的生产物，只有在被拿去专靠它取得别人造出的剩余价值的时候，才成为资本。要明白这一层，先要知道价值的来源和剩余价值的意义。

一切价值，都是由劳动产生出来的（请看第六讲并看河上肇的《经济学大纲》），如棉花经过了许多劳动，变成棉布之后，哪怕棉花的重量和棉布的重量依然相同（在事实上，因为在劳动进程当中必然有一些无益的消耗的缘故，制成棉布后的重量，往往要比原料棉花的重量轻些），棉布的价值却也要比原先的棉花的价值大些；又，如像同一重量的面粉和麦子两种东西的价值，比较起来时，前者的价值一定会比后者的价值大些；等等，就是极明显的例子。但是，因为劳动是要劳动者去做的，而劳动者又是每天要从身体外面吸收消费资料才能够生存的，所以，从劳动者使用了消费资料，发生了劳动力，用劳动力去劳动，又产出了生产物（消费资料及生产手段），那种循环关系看来，就可以说，劳动始终是在一面消费着，一面再生产着的当中。这种再生产的结果的多少，换句话说，它的生产物的价值的多寡，是随着生产方法和劳动的生产性如何而决的：在生产方法幼稚的时候，也许再生产的结果，还不能恢复劳动者所消费了的消费资料，或只能勉强恢复那种资料，但是，到了生产方法稍稍发达，劳动的生产性较有增加的时候，再生产的结果便可以超过原先被劳动者消费了的消费资料的价值，打比方说，就是劳动者可以在消费了十个单位的价值之后，产生十六个单位的价值，如像吃了一斗米之后，产生了一斗六升米之类。在这时候，那种超出部分，那六个单位的价值，那六升米，就叫做剩余价值。

但是，剩余价值的形态却有四种：自由劳动者的剩余价值，奴隶的剩余价值，农奴的剩余价值，雇用劳动者的剩余价值。

（1）如果是使用自己所有的消费资料，拿自己的劳动，去生产自己的生产物，那末，所发生的剩余价值当然应归他自己所有，所以在这时并没有国民经济学上所谓资本。

（2）如果劳动者不是独立的人格者而是一个奴隶，或（3）不是一个完全的人格者而是一个具有半独立半奴隶地位的农奴，那末，所得的剩余价值就会被别人（奴隶的主人及大小诸侯武士）完全拿了去，或拿了一部分去。但是，这时仍然没有国民经济学上的资本的存在。为什么？因为，这种剩余价值虽被拿了去，然而被拿去的原因却在主和奴，或主和属等等社会的，政治的强制势力关系上面，并不是专在那些当生产这种剩余价值时所用的，由过去存留下来的价值上面。

（4）如果劳动者是一个独立的人格者，自己甘心愿意的，把他所有的劳动力，卖给别人，归别人使用，自己却从别人取得特定的工资，那末，照卖买和所有权的通例，所得的剩余价值就应该归那个买得劳动力的人即雇主所有；在这时，从雇主方面说来，他就专靠过去的价值，即那些在他购买劳动力，原料，机器等等东西时被使用了的价值，取得了别人（即被雇的劳动者）造出的剩余价值，并不需要什么别的，关于人格上的不平等的强制势力。所以，在这时，原先被他利用了的那些过去的价值，就变成了国民经济学上的资本，他自己也变成了资本家，以这种剩余价值的取得为主要原则的经济制度，也就成了资本经济的形态。

19. 国民经济学上的资本的种类

国民经济学上的资本，更可以用种种标准，分为许多种类。从它的形态说，可以分为货币资本（即在货币形态下的资本），生产资本（即在生产手段的形态下的资本，如原料，机器，工场等等东西）及商品资本（即在那种可以重新拿去贩卖的货物形态下的资本）从它运用的观点看来，可以分为固定资本和流动资本：前者是固定在一处，不容易周转的资本，如在机器或建筑物的形态下的资本；后者是容易流动周转的资本，如像在工资，原料等等形态下面的资本。从资本运行的方面看来，可以分为商业资本（即用在商业上的资本），产业资本或工业资本（即用在工，农，矿等等生产事业上的资本），银行资本或生利资本（即用在存款放款上面的资本），金融资本（即用在商业，产业，银行业三方面，并同时可以操纵这三方面的资本）等等。

七、　资本经济的来历

20. 经济形态的区别的标准

上段已经把资本的意义说明白了，现在且说第二个必须在说明资本经济的意义以前加以说明的问题——资本经济的来历问题。关于这个问题，我在拙著《经济现象的体系》里面，说得比较详到，似乎没有什么添削改作的必要，所以我在这里只把那段文章，在大体上照抄一遍。

资本经济不是凭空发生出来的，倒是经了无数的年代的无数变迁才变化出来的，所以，要想认识这个资本经济的真相，就得在相当的程度内知道它的过去的历史。只有把它过去的历史和现今的状况，综合起来，才能够得着资本经济现象的真正认识。

现在要问：到今日的资本经济时代为止，在历史上到底经过了若干种经济形态？这个问题可以依种种不同的区别标准，作种种不同的答复，并且，在事实上，的确也成了一个议论多端的问题。如果拿普通最通行的答复说来，就可以举出下面两种说法：

第一，李斯特（List）的说法。这种说法拿人类的食物的主要出处为标准，把经济形态的时代分为五期：第一时代叫做渔猎时代，在这时代里面，人类的食物全靠采取天然物，如像鸟，兽，鱼，介，草，果等等东西，所以这时代又叫做占有天然物时代。第二时代是牧畜时代，这时人类知道饲养动物，使它们成为家畜，以谋动物性食物的增加了。第三时代是农业时代，这时人类知道用人工种植种种植物，如像谷，瓜，蔬，果等等东西，去谋植物性食物的丰收了。这第二第三时代的特色，都在用人力去培养天然的动植物，所以，合起来时，又叫做培养天然物时代。第四时代是农工业时代，这时人类除了种植之外，还知道把天然的物品，改变形状，加工制造起来，即是说，还有工业。第五时代是农工商业时代，这时除开农业和工业，人类还知道用有无相通的办法，把各地方的农业品和工业品互相交换起来，以谋各种食物的种类的增加。这第四第五时代的特色，都在对于那些本来的天然物或培养得来的天然物，再加以人工，或是变更它们的形状，或是变更它们所在的地点，所以这二时代合起来时，又叫做加工变造天然物时代。

第二，毕雨黑（Bücher）[①] 的说法。这种说法拿生产物的交换情形做标准，把有史以来的经济情形，分为三期：第一期是孤立家族经济时代，这时人类聚族而居，除开特别的事例之外，都是自己消费着自己家族所生产的财货，不与其他的经济团体相通，所以又

①　在《经济现象的体系》作"毕两黑"（见本册第 18 页），"两"和"雨"形近而读音差别很大，其中当有一个为误字。——编者

叫自给经济时代或无交换时代。第二期是都市（或城市）经济时代，这时因为农工业分离的结果，工业促成了都市的成立和发达，所以工业品和农产品两种东西，便以特定的都市为中心，互相交换起来，不过，这时的交换大半还是所谓物物交换即直接交换，所以又叫做直接交换经济时代。第三期是国民经济时代，这时割据在各都市上的封建的势力，已经随工商业的势力的扩大，被中央的权力统一起来，因此，生产品的交换范围，便由一个特定都市和它附近四乡之间，扩张到各都市相互之间，后来竟至于扩张到全国之中，所以才叫做国民经济时代。同时，交换的方法也大抵由直接交换变为间接交换，即卖买。交换范围既宽，方法又很便利，所以人类大半都放弃了自己消费自己所生产的财货的方法，而采用一种拿自己的生产品卖出去，换掉自己想要消费的财货进来的新方法。因此，所谓商品流通经济（或商品经济）也就成立了。

以上两种说法，虽是从来盛行的最有名的说法，但是，从真正的科学眼光看来，却只是些偏于一方面的说法，不能笼照经济形态的发展的全体。从严密的科学眼光看来，只有拿人类在各时代的生产总关系为标准去行区别，才能够分出一个明确适当的时代区划出来。为什么呢？因为人类自从有人类以来，就只有在社会的关系——在人类和人类的协力合作的关系——以内，才能够继续生产，继续消费，而所谓生产总关系又恰恰是指人类和人类在生产上面的种种社会关系说的，即是说，恰恰是指人类和人类在经济生活上的种种社会关系说的（生产关系是可以代表经济关系的，说明详见第一讲），所以，如果拿生产总关系为标准去行区别，一定是可以得着各时代的生产的特别样式，认识各时代的经济的特别形态的。

拿生产总关系为标准，去行观察，可以得着（1）原始共产制度下的（太古的）生产样式，（2）奴隶制度下的（古代的）生产样式，（3）封建制度下的（中世的）生产样式，（4）资本制度下的（近世的）生产样式四种。根据这四种生产样式，就可以把人类过去的经济形态的时代，分为原始共产经济时代，奴隶经济时代，封建经济时代，资本经济时代四时代。

现在且从（1）生产手段（如像工具，原料之类）及生产结果的归属，（2）生产的劳动的形式，（3）生产的目的，（4）生产组织的形式，（5）生产所特别注重的方面五个观点，把上述四个时代的内容，简单的说一说。

21. 原始共产经济时代

如果详细说来，这个时代也还可以分为蒙昧时期和野蛮时期两期，现在且不管它，姑说一说这时代的大略罢。在这时代，人类的社会（即是说，人类在经济的相互关系上的协作范围），只限于一个氏族或一个小部落。在这个小社会内生活的人类的生产手段和生产结果，都是属于部落或氏族全体的。因此，他们的生产劳动也是大家自由协同的去做的。他们只有男女间的分业。他们的生产的目的，全在供自己的消费，所以他们的生产分量也只是以他们的消费程度为限，是有一定的节制的。他们的生产的主要方面是渔猎和畜牧。他们在这时代的后期虽然有了农业，但是，农耕程度还很幼稚。

22. 奴隶经济时代

在这时，人类的社会的范围，已经随着生产诸力的发展和生产关系的变动，扩大为大部落和古代的奴隶国家了，这就是说，社会上已经显然分出治者阶级和被治阶级两种阶级了。被治者是奴隶，治者是奴隶的主人。奴隶的人数，有时还多过主人的人数几十倍。奴隶的发生，招致了私有财产制度的普及。私有财产制度发生的原因，虽有生产诸力的发展，分业的发生，农业的世袭性等等，但是，最主要的，还是生产诸力的发展。因为生产诸力发展起来，平均一个人的劳动结果，可以养活一个人（自然还得共同的养活氏族中的老弱，这里只是一种平均的说话）而有剩余，所以才会一方面发生了氏族间的交换——即是说，全氏族剩余下来的东西的交换——和每个人的分配的增加，同时在另一方面又发生了新的劳动力的获得的希望。这样一来，才不会把在战争时所得的俘虏，像从前那样随便杀掉，倒留下他们的性命，叫他们供给劳动力：奴隶就这样出现了。这种奴隶的劳动力所带着的私有性，和前面所说的农业的世袭性连合起来，便凑成功了私有财产制度。这就是说，生产手段和生产结果的私有，在这时代，已经成为主要的特色了。这时代的生产劳动的形式，变成了以强制的劳动为主，即是说，以奴隶的劳动为主。不过，因为奴隶的生产的目的虽在供别人的——他们的主人的——消费，他们却还没有为主人以外的世人生产，所以这时的交换虽然比上一时代进步一点，却也还是一种以剩余为主的交换。这时，职业的分类，如像专门做农业或专门做手工业一类的事，已经发生了。他们生产的目的既然大半还是为供自己消费，所以他们的生产的分量是有计划有节制的。这时的生产的主要方面，变成农业了。

23. 封建经济时代

到了生产诸力更加发展，生产关系更加变动，奴隶的反抗能力有了增加的时候，原先那种奴隶国家——奴隶的主人和奴隶本身对峙的国家——就会变为农奴，贱奴（这两种东西都是所谓半奴隶。

农奴虽然须得替本地方的大小封建诸侯武士种田，贱奴虽然也须得替他们做种田以外的劳动，但是，无论农奴或贱奴，到底变成了一个人，可以自己享有财产，不像从前的奴隶那样，只算是一个被主人所有的物件，完全没有自由和财产了），自由农民，自由商人，自由手工人等等阶级和国王，大小诸侯，武士等等东西相峙的国家。这时的生产工具和生产结果，虽然仍是维持着私有的特色，它的私有的状况，却和前一时代并后一时代都不相同。在前一时代里面，政治上的被治者绝对不能够享私有财产权，到了这时，被治者也可以享私有财产权了；不过，这种被治者的主要部分——农奴和贱奴——却须得白白的在每年当中替本地方的大小诸侯武士，尽若干日的劳动义务，并且不能够自由离开本地方跑到别处去。这种把政治权力，直接利用到私有权去的情形，自然是资本经济时代所无的。这时占着主要的劳动地位的人就是这种半奴隶，所以这时代的生产劳动的形式，可以说是半自由半强制的。这时，不但所谓地方的分业即乡下人务农，城市人做商工业的情形，已经非常明显，并且，原先的手工业之中，也分成更加详细的区分，如像木匠，铁匠，泥水匠之类。分业程度既然加高，所以交换的必要也就大大增加，交换的范围，也以城市为中心，渐渐扩张起来了。交换既然这样盛行，所以商人的势力也就大增。同时，生产的组织也就渐渐由"为自己消费而行的生产"，变为"为别人的消费而行的生产"了，换句话说，就是渐渐由自给经济，走到商品经济了。不过，第一，因为生产的规模还不很大，交换的范围也还不很宽，第二，因为大小封建诸侯武士的政治权力对于经济还发挥着很大的作用，并且，又很零碎的分散在各地方上，所以生产的程度还是很容易受政治上的节制的。所以这时虽然渐渐行着商品经济，却还不是完全自由的商品经济：所谓手工业的帮行规则，农业上的禁令，商业帮行规则，商业上的禁令，种种东西，还是异常严重的。封建经济下面的生产方向，虽然仍是注重农业，然而因为交换范围扩张了的缘故，商业却渐渐有一天一天的越发被注重的趋势了。（请参看拙著《新政治学》24—27节）

封建经济随着生产诸力的发展和生产关系的变动逐渐崩坏了之后，接着来的，就是资本经济时代。这个时代是我们必须真切的并详细的认识清楚的时代，所以应该另设一段去说明它。（以上说的封建制度，是专就西方封建制度说的，所谓东方的封建制度，情形却有不同，还是经济史上的问题，兹不赘）

八、　资本经济的特性

24. 生产手段的独占

我们在前面两段说明了（一）资本的意义和（二）资本经济的来历，现在应该更进一步叙述资本经济的特性了，因为资本经济的意义是要靠它的特性来决定的：具有资本经济的特性的经济，就是资本经济。

资本经济的特性的说明，如果照前面对于各种经济形态的说明为例，从五个观点看来，就可以分为下面五点：（一）生产手段的独占，（二）雇用劳动，（三）商品生产，（四）自由竞争，（五）资本集中。且先说生产手段罢。

世上有许多人常常抱着一种见解，惯把生产手段的私有，算作资本经济的特性：其实这种见解是错误的，因为在封建经济时代，生产手段也是归私有的。资本经济在生产手段方面的特性，不是生产手段的私有，倒是生产手段的独占。在资本经济下面，生产手段不但是归私有，并且还只能一部分人私有，换句话说，就是生产手段只被社会上一部分人独占了去，另外一部分人却因为被他们陆续剥削的缘故，弄得没有一点生产手段。这一部分独占着生产手段的人们，如果单靠他们自己的劳动去行生产，自然难免有力量不足之感，并且，那一部分没有生产手段的人们即所谓无产者又正苦于徒有劳动力而无从实行生产，所以因两部分人的需要的一致，就成立了劳动力的卖买，就发生了雇用劳动。

25. 雇用劳动

什么是雇用劳动？雇用劳动就是平等的人格者间有了劳动力的卖买时所行的劳动（看 18 节）：它是一种甘心情愿的劳动，在形式上一点也没有带着强制的性质。购买劳动力的人就是上面说的那种独占生产手段的人们；出卖劳动力的，当然也就是那部分没有生产手段，无从为自己实行生产的人们。这部分没有生产手段的人们，既然是生物，当然就不能不需要生活资料，所以，他们出卖劳动力，也可以说是他们被逼得不能不出此的。在事实上，如果他们不出卖气力，他们就无从获得生活资料，所以在出卖气力的时候，哪怕是一些不平等的强迫条件，他们也往往不能不忍受下去。因此，不但他们的劳动力的代价即工资往往减到最低限，他们的工作时间往往加到最高限，并且，他们对于生产的方向，生产的分量，生产的管理，生产结果的处分等等，都完全失掉了发言权。所以他们虽然实行生产，却不能过问生产；在另一方面，那些雇用他们的人，虽然自己不实行参加生产，却可以主持生产的进行。这种种情形，都是资本经济下面特有的情形。

26. 商品生产

上节说的那种主持生产的进行的人们，抱着一种什么样的目的呢？他们为要消费某种财货才去主持那种财货的生产的进行吗？不是的，他们并不是因为自己需要某种财货的缘故，才叫他们所雇的劳动者去实行生产那种财货。举例说，雇一两个农业劳动者耕种，固然大抵都因为想借此生产自己所需的谷米菜蔬，雇几千几百的工场劳动者去纺纱织布，却不是因为自己想拿所织的布做衣服穿。从根本上说，他们所以雇用许多劳动者，只为要想取得劳动者所造出的剩余价值；从表面上说，就是只为要想造出布匹那种财货，拿去当作商品（被卖买的财货）卖给别人，好赚取利润（卖买当中所赚得的利益）到手。以这样的利润为目的的生产，就叫做商品生产。到了商品生产的时候，分业当然越发详细了。这种商品生产虽然发生于封建经济时代，但是，只有到了资本经济时代，它才成为全社会的生产的主要部分，所以商品生产也是资本经济的一个特性。

27. 自由竞争

商品生产一旦盛行起来，交换自然也会随着变得越更自由，因为，如果交换不自由，出卖商品的人就不容易把商品卖出去，把利益收进来。这种交换的自由，在反面，当然含着有"自由竞争"的意思，因为，如果一面可以自由出卖自己的生产品，一面当然也就可以自由的和别人的生产品竞争销路。在这种自由竞争里面，自然只是各人各管自己的利益，去决定生产的分量和卖品的价格。在他们相互之间，并没有什么有计划的组织。因此，自由竞争越完全，资本经济下面的生产的无政府状态也越厉害，所以，赚得利润的人固然也不少，而一些想赚利润，倒反为竞争失败的缘故，连本钱都蚀了的人们，却更要多些。从大体说，资本比较大的人和善于竞争的人，往往可以打倒资本较小的人和不善观风色的人。在这种胜败当中，资本的大小，实在是最后的决胜原因。所以，从大体说，独占着生产手段的人们固然可以取得劳动者造出的剩余价值，而在独占着生产手段的人们当中，拥有大资本的人却又可以吞并小资本家的资本。这种无政府式的自由竞争，自由打倒，自由吞并等等情形，也是封建经济时代所无的，可以算是资本经济的一个特性。

28．资本集中

在资本经济下面，因为有了上述的几种特性的缘故，又发生了一种重要的特性：资本集中。在封建经济时代，从大体说来只有所谓财富的储蓄，换句话说，就是只有一些当作可供人类享用的财货，被储蓄着的东西，并没有资本的聚积或集中。为什么呢？因为，从大体看来，国民经济学上所谓资本的作用还不甚彰著，社会上的大多数的财富还没有变成国民经济学上所谓资本的缘故（看第六段）。到了资本经济的时代，从前所储蓄的财富，渐渐都变成专靠它取得别人造出的剩余价值的东西即资本了，因此，从前所谓财富的储蓄也渐渐变成资本的集中了。普通所谓资本集中，含有两种意义：第一是指每一个资本家手里那种从劳动者所取得的剩余价值的总额的增加，即由剥削劳动者而来的资本的增大，也有人把它叫做资本的聚积（Concentration of Capital）。第二是指各个资本家手里的资本，更因自由竞争或自由联合等等关系，集中到一处，成为一个集合势力时的集中，如像托拉斯，也有人只把这种集中叫做资本的集中（Centralization of Capital）。这两种意义的中心点，都是资本的集合，所差的，不过一个是由剥削关系而来的集中，一个是由吞并关系而来的集中，在集中的原因上稍有不同罢了。在资本经济下面所以会发生富者愈富，贫者益贫，富者越少，贫者越多的现象，都是因为资本经济具有这种资本集中的特性的缘故。

九、 资本经济的变迁

29. 资本经济的变动性

经济生活的形态，本是随着生产诸力的发展和生产关系的变动，随时变动，随时发展的：由原始共产经济变为奴隶经济，由奴隶经济变为封建经济，更由封建经济变为资本经济——这是我们在第七段说明了的。资本经济是经济形态的一种，所以在理论上也不能不跟着时间的进行，随着生产诸力和生产关系的变动，而变更它的内容。

即从事实上看来，也可以看出资本经济的内容变动：从前被人讴歌的现在变成被唾骂的了；拿从前和现今比较起来，利弊往往倒置了。生产手段的全部被私人独占，渐渐变为一部分被国家公有了（如像铁路矿山的公有）。私人自由雇用劳动，渐渐变成集合雇用劳动了（如像工人联合团体和资本家团体协定雇用公约）。商品生产渐渐又有转向自给生产的倾向了（如像生产协作社运动）。自由竞争渐渐变成市场独占了（如像所谓种种联合企业，如托拉斯等，把生产的分量，销场，价格等等东西，都协定起来之类）。所谓资本集中的趋势，也变得一天比一天厉害，不但在一国之中变得只有几个大金融资本家握住经济上的全权，并且，在国际之间，也变得越发发生大规模的资本联合和集中了（如像国际钢铁托拉斯）。

不过，从另一方面看来，纵然资本经济的内容上发生了许多变动，但是，第八段所述的种种特性，却还没有因此就整个的消失，所以，那些变动还只算得是资本经济的范围内的变动——一种由"一切经济形态都不会有纯粹的存在"那个道理而来的变动——而算不得是超出资本经济范围的变动。因为是这样，所以我们如要理解资本经济的全部发展和认识它的全部真相，我们就得把资本经济的内容，从它的变动方面，更加分析。在这种分析上面，最合用的标准，莫过于资本的用途所注重的方面，因为关于资本用途方面的变动，比别的变动来得更显著，更有力。现在从实际上看一看资本用途的所注重的方面，我们可以看见，最初被注重的是商业方面，其次是产业方面，再次是金融方面。因此，我们可以依照这个标准，把资本经济时代更分为商业资本时代，产业（或工业）资本时代，金融资本时代三时代。

30. 商业资本经济时代

在封建经济的末期，因为交换范围扩大的缘故，商人的势力渐渐增大起来了。商品交换的范围日益扩张，销路日益扩广，当然生产技术的进步也就会越被促成，同时也就因此发生了一种新的生产组织，即所谓"收货商行"制度。这种制度，特别对于手工业行得厉害。在从前，做手工业的，都是用自己的工具和原料，或是等别人来定货，才从事工作，或是预先做出极少量的生产品，等人来买。这种办法，在销路不宽的时候，自然是不得已的，因为，如果不这样，就恐怕在卖不出去的时候要吃白费工力的亏。到现在，销路虽然扩张，但是，一来因为做手工业的人不知道什么样的货可以卖去，二来也因为没有许多余裕去预先制造许多货物等着，所以，便发生了这种"收买商行"制度，由商行把原料（有时甚至于把一切生产手段）给与做手工业的人，叫他制造特定货物，制成后，再由商行收买。这样一来，生产品虽然可以增加，然而做手工业的人却变得在事实上受商行操纵和管辖，结果弄得在一方面，使其中的大部分都逐渐变成无产者，和生产手段的所有权脱离关系，受资本家的剥削，在另一方面，使开张"收货商行"的人们变成了资本家。至于那一小部分没有变成无产者的手工业者，虽然继续从事手工业，然而因为事事总得受商业资本家的节制和压迫的缘故，也间接受着商业资本的一种掠夺式的剥削。商业资本家对于手工业者尚且如是，那末，他对于农业者的压迫，欺骗，掠夺等等行为，更不必说了：因为农人对于销路，货色，买卖价格等等东西的无知识，更甚于做手工业的人。因为商业资本在这时代经济社会上占着这样有利的，统治的地位，所以这时代才叫做商业资本时代。又因为这时代的商业资本的增殖的原因，一方面固然在剥削别人（如像做手工业的人）造出的剩余价值，一方面却又靠着劫掠欺骗的手段（如像在海上行海贼式的掠夺，在非洲美洲，用种种方法劫掠并骗取各地方土民的金银或其他财货），所以又叫做前资本经济时代——以财富的积蓄为主，不以资本的增殖为主的时代。又，因为这时的资本的增殖的方法，除了上述两种方法之外，还非常靠放高利（对君主，对大小地主，对手工业家）的办法，所以又叫做高利资本主义时代。

在这个时代的下面，因为一方面有了所谓商业革命——即为发见了美洲大陆的缘故，世界商业的中心地，由地中海及北海东海，移到了大西洋，那件事的称呼——一方面盛行着重商主义或重金银主义——即是说，那种因为交换范围扩大，商业勃兴，金银的用途加大起来的缘故，特别注重金银或注重可以获得金银的商业的主义——所以做商业的人的势力，越发变得远在其他各业的人之上。所谓生产手段，特别是那种可以代表一切的生产手段的金银货币，渐渐变得被商业家独占了去。无产阶级，即那种没有一点生产手段的人们，越发加多了。所谓商品生产经济，也越发发达起来了。生产界的无组织和资本集中的趋势，当然也跟着越发变得显明。

商业的势力，一方面用"收货商行"办法，侵入工业界和农业界，一方面又用大放高利的办法，侵进了金融（金钱的融通流通）界，因此，在商业资本经济的末期，便发生了纯粹的工业资本家及纯粹的银行家。前者就是那些比"收货商行"的人们更进一步的工场手工业家，换句话说，就是那些自己去购买原料，工具，工场等等东西，雇用一些劳动者，叫他们聚在工场里面去实行劳动的人们；后者就是离开了普通商品的买卖，只做货币的卖买的商人。

商业家这时在政治上的力量也很大，在事实上已经可以左右政治。不过，因为他们在形式上到底还没有握着政治的权力，所以他们还会时时受封建制度传下来的专制君主们的掣肘和压迫。

31. 产业资本经济时代

产业两个字是指各种直接从事生产的事业说的，内中可以包含工业，矿业，农业，交通业等等东西。所谓"产业革命"，就是用在这个意思上面的话。常有一些人把"产业革命"叫做"实业革命"，那自然是错的，因为"实业"两个字包含着商业和金融业在内，大抵和普通说的"事业"的意思相同，而产业革命却原本是和上述的商业革命相对的话，当然包不了商业在内。此外还有人把产业革命叫做工业革命的，那当然也不对。不过，若把产业资本经济时代叫做工业资本经济时代，那倒可以，因为，在这时代，虽然一般产业都被注重，但其中尤被注重的，还是工业。此外还有人把产业资本经济时代叫做资本经济确立或成熟时代，这也不错，因为，到了这时代，所谓资本经济的特性确已完全实现，它已经把封建经济的遗物的大部分都扫荡了。

在商业资本时代末期，已经发生了纯粹的工业资本家。到了本时代，不但工业资本家会一天一天的增加，并且其他纯粹的产业资本家（如交通业，矿业）也发生了。交换范围的扩张，促进了生产方法和生产组织的改良进步；货币资本的集中和生产技术的发明，又使这些进步改良加快了步调。特别是各种发明，对于产业更发生了莫大的影响，成了所谓"产业革命"（这话是指那些随着机器的发明而生的种种社会制度的变革说的）的骨干。世界各国的产业革命，以英国为最早，从 1760 年起，就发生了。自哈格黎物斯（Hargreaves）在 1764 年，阿克莱特（Arkwright）在 1768 年，克龙卜顿（Crompton）在 1779 年，加特莱特（Cartwright）在 1785 年，发明了种种纺纱和织布的机器（请看河上肇的《经济学大纲》）以来，别方面的机器也随着陆续发明出来：罗巴客（Roebuck）在 1760 年发明了扇风炉，科特（Cort）在 1783 年发明了铁路机器，到了 1790 年，原先被瓦特（Watt）发明的蒸汽机关，也输入了制造界（在 1784 年已用于纺织界）。在 1828 年之后，更陆续有许多铁工业上的发明。到了 1855 年柏色麦（Bessemer）发明简易制钢法时，铁工业上的技术可以算是到了极顶。斯特芬孙（Stephenson）在1825年发明了火车，美国的傅尔腾（Fulton）在1807年发明了火船。这种种工业上和交通上的发明，自然大大的增加了生产和交换的速度，较容易的传播了销路的消息，所以，在这时候，所愁的只是不能更增加生产，不愁生产了之后没有销路：商业资本家的地位，比不上产业资本家了。因此，大部分资本都被用在产业方面去，大部分剩余价值也就同时被收到产业资本家手里。

在这时代，因为大部分资本都当作生产手段，用在产业方面，所以资本集中的趋势越发进行得猛烈。因此，无产阶级的人数也就越发加多了。商品生产经济渐告完成了。同时，无政府的状态和自由竞争的情形也到了极端程度。资本经济的各种特性，差不多都完全实现了。

随着工业资本的进展，其余种种事业，如商业，交通业，农业，金融业等等，也都带上了浓厚的资本经济的色彩。封建经济的遗物更加减少了。

各种产业部门的企业形态（详见第三讲），也渐渐的变动，所谓股份公司的组织，渐渐成为一般的形态。经营的规模也越变越大了。

在这时，资本的势力在经济上既已确立，所以当然会向政治方面发泄出去，把封建制度传下来的专制政治，在实质上（有时并在形式上）完全推翻了去，建设了所谓资产阶级的民治政治（请参看拙著《新政治学》第三章）。政治史上所谓民主革命运动，便是产业资本经济时代的特有的表现。资产阶级在经济上所要求的是自由竞争下面的交换，所以他们在政治的革命运动上的主要口号，也就不得不是各种自由权的实现和保障。

32. 金融资本经济时代

本来，在完全的自由竞争下面，资本集中的趋势原会越进越快的，经营的规模也会随着资本集中的趋势的加速，越变越庞大的。加以技术方面，特别是关于交通技术方面，又得了一些新的完成和进步（如像在 1866 年欧洲美洲间的海底电线开通；在 1870 年全球的海底电线网开始活动；在 1869 年美洲大陆的贯通铁路开始通车；同年苏彝士运河开通；在 1880 年开始建造又快又大的钢甲的轮船；等等），一方面使交换的范围越发扩大，同时在另一方面也就使生产和经营的规模更加扩张。所以，在这时，不但创办新的经营，得有莫大的资本，就是维持原有的事业，也得有巨大的资金才能周旋。而在这时候，能够供给巨大的资金的，却只有随着资本经济的前进而发达了的银行。为什么？因为，在这时候，银行是一个除了做货币的买卖之外，还替无数的大小资产家存放款项的地方。银行对于别种事业的势力，渐渐由借款关系，变为监视账目关系，更由监视账目关系变为指挥命令关系，最后会达到银行自己直接经营关系：银行业渐渐的变成经济界的中心势力，变得可以统治别的事业了；银行的资本也不单是拿去供买卖货币和存款放款之用，倒兼着直接拿去经营别的种种事业了。这种除了用在银行业之外，同时拿去又供商业之用，又供工业之用的资本，就是所谓金融资本。这种金融在经济界占着压倒的势力的时代，就叫做金融资本经济时代。有人把这个时代叫做财政资本时代，那自然是错的：他把外国字 Financier（金融的）那个字，误解为"财政的"了。还有人把这个时代叫做银行资本时代的，但是，只要细看上面的说明，就可以知道这也不妥。此外，还有人把它叫做资本经济崩坏时代或资本经济最后时代，这倒可以通用，因为，在事实上，资本经济进步到这个时代的时候，已经渐渐失去了它的特性，甚至于在部分关系上已经变成它的某种特性的反对物，如万人自由竞争渐渐变成几个公司独占之类。

在这时代，生产手段越发变得复杂（如像大机器）巨大（如像铁路，轮船），所以越发只有少数的有钱的私人能够占有，有时甚至于完全不准私人占有，如像铁路国有，矿产国有之类，即是明例。同时，依着资本越发集中的原理，所谓无产阶级当然也越发广大了。无产阶级人数的扩大，渐渐唤起了他们的自觉，他们渐渐晓得联合起来和资产阶级相抗，或是从经济上对资产阶级协定劳动力买卖上面的条件和价格，或是从政治上对资产阶级行种种和平的或暴力的斗争，有时竟能用革命的手段，推倒资产阶级的政权，以实现他们自己那种把一切生产手段都归国有的理想（如像俄国）。

金融资本时代的生产的目的，虽然仍是商品生产，但是，所谓组合生产（协作社生产），随着共济运动（即反抗资本家的独占价格的运动）的发生，也很盛行，特别是在农村地方，颇有逐渐扩张之势。所以农村的工业化，也随着这种行动，发现出来。

在金融资本时代，自由竞争的现象，在国内，渐渐受了少数金融资本家的独占势力的影响，变成协定或独占，所以金融资本国内的许多特别产业，如像运输，矿山，盐，糖，油，酒，香烟，电气之类，往往会发生独占价格（详见第四讲）。不过，在国际上，从大体说来，不但这时仍然免不了自由竞争，并且那种的竞争还要比从前加甚，所谓帝国主义的斗争——即一种用政治的，武力的手段，帮助经济竞争的斗争——也就随着发生了。

在金融资本经济时代，因为种种有价证券如像股份公司股票，债票，公债等等东西非常发达的缘故，竟发生一种毫不积极从事于无论什么样的经济活动，只坐吃利息及股息的人，这种人叫做"过金利生活的人"或"金利寄生虫"。

金融资本家既然在经济上造成了独占的势力，当然就会变成在事实上（有时甚至于在形式上）独揽政权。这时，所谓民治自由的旧口号，当然也没有十分的必要了。起而代之的新口号，就是一个人独裁或一党独裁或一阶级独裁，合理化主义（这个合理化主义可以分为经济的和政治的两种。经济的合理化主义主张：要依照经济生活的准则，获得一切劳动的最大的结果，免除一切最小的无益的劳费。政治的合理化主义主张：要获得政治上一切协力的最大的效果，免除政治上的一切冲突的最小牺牲），国家资本主义或国家社会主义，经营的社会主义或技术的社会主义（即，一种主张从经营方面或技术组织方面，调解资本家劳动者两方面的利害冲突，图谋共通的福利，靠着和平的手段，返到社会主义的社会去的主义）等等。这些口号，在表面上虽有种种的区别，但是在根本上，它们的日的却都在拥护金融资本家的利益。

十、　资本经济和先进各国

33. 当作整个的体系看来的资本经济

上段所述的资本经济的发展情形，只是把世界资本经济当作整个的体系看待时，从世界全经济史的史实当中找出来的结果；换句话说，只是一般的，概括的通论；更详细说，只是拿现今世界上在经济关系上最为进步的欧美各国作为代表，根据它们在近代的经济发展的历史，研究而得的结果。这种拿先进各国经济代表全人类经济的办法，不但是可以的，并且还是不得不出此的。为什么？因为，一则先进各国的经济在事实上的确可以领导后进国，支配后进国，代表后进国，并且从各国经济发展情形的不一致看来，除了以先进国代表后进国的方法之外，实在没有别的研究方法，如果否认这种代表的办法，就会等于否认一般经济史的研究。

从这种以先进国代表后进国的办法看来，世界资本经济的发展，自十五世纪末开始形成，经过商业资本经济时代（从十五世纪末到十八世纪中叶），产业资本经济时代（从十八世纪中叶到十九世纪六十至七十年代），到了金融资本经济时代（从十九世纪六十至七十年代起到现今），目前还在金融资本经济的没落期中，换句话说，就是已经到了资本经济的最后阶段，渐渐要化为资本经济的反对物即社会主义的经济了（苏俄的国家资本主义或国家社会主义的实行，英德两国的社会化的经济政策——社会民主主义的政策——的逐渐实施等等，都是明证）。

34. 从各部分看来的资本经济

上节所说的道理，当然不能适用于各部分（各国）的经济发展的阶段的观察。为什么？因为，如果从一部分一部分的经济现象看来，各国的经济形态本身和经济形态的发展形式，本应该是随着土地和历史的差异而有不同的。详细说：第一，各国资本经济形态的发达的时期是各不相同的；这是各国历史上的明白的事实，不待说明。第二，各国资本经济形态变动的速度是不相同的，如像英德的资本经济的发达须经三两百年，才由商业资本经济变到金融资本经济，而美国却只在不到百年之间，就由商业资本经济达到了最高度的资本经济，就是明证。第三，各国资本经济形态变动的分量是不一致的，如像日本，虽然也算达到了金融资本经济时代，而旧有的封建经济及商业资本经济的遗物却还存留得很多，决不能和英国德国的金融资本经济相比并，就是明证。因为各国的资本经济形态的发展是这样不同的，所以我们一方面固然要研究人类社会的全经济的一般的发展阶段，一方面却也得研究各国的经济形态的特别的发展阶段。换句话说，我们应得一方面认识人类经济形态的发展的一般通则，一方面认识各特定国的经济形态的发展的现阶段和倾向。

35．人类经济形态的发展的一般通则

从人类全体的经济史看来，关于人类经济形态的发展的一般通则，可以举出下面四层：

（一）各国经济形态的发展，必须经过一定的阶段，如像由原始共产经济，而奴隶经济，而封建经济，而资本经济，或由商业资本经济，而产业资本经济，而金融资本经济之类，不管各时代的长短如何，必须按次经过，不能飞跳。这是各国经济史的事实所证明的。

（二）时代越近现代，各国经济形态变动的速度和期间会变得越快越短。这自然是因为越到近代，世界经济交通越变得密切，相互的作用变得越大的缘故，也是各国经济史上的明白的事实。

（三）各国经济形态渐渐有变到同一水准的倾向，换句话说，就是各国的经济界情状，会像同一河里的水一样，有渐渐流到同一水平去的倾向。这可以从事实上明白看见的。

（四）各国的经济形态不但会不断的变动发展，并且会渐渐的变成原先的状态的反对物，但是，却不是简单的循环式的复古，倒是向上的螺旋式的进步，如像封建经济下的小规模的经济节制，慢慢变为它的反对物即资本经济下的广泛的自由竞争，这种自由竞争到了金融资本经济时代，又渐渐的变为大规模的独占或国家统制，就是明例。

36. 先进各国经济形态的现阶段的认识和实际

经济原是一切社会现象的基础，有了某种经济形态，一定就含有某种和这个经济形态相适应的政治，社会制度，文化等等。所以，先进各国的经济形态的现阶段的认识，在实际上是很重要的：所有一切对于它们的外交方针（如像对美外交），革命方略（如像对付全部或一部帝国主义），社会观察（如像日本革命问题），文化判断（如像所谓东西文化问题）等等东西，都只有在立脚于踏实的经济形态的认识的上面的时候，才能够正确不误。

十一、 资本经济和中国

37. 中国所处的经济阶段的认识的必要

上节所说，只是知彼的话，还没有说到知己一层，还没有说到中国现今所处的经济阶段的认识的重要性。在目前这种国家对峙的社会下面，知己和知彼，本是同样的重要，所以上节所述的，关于经济现阶段的认识的道理，也可以适用于本节说的这个题目，特别是今日的中国人，于今日的中国——今日这种政治纷乱，强邻逼处，社会堕落，文化破产，思想混乱，全国国民都在绝望和最后奋斗的交叉点上，乱跳乱碰的中国——的经济形态的现阶段，更有认识清楚的必要：因为一切革命理论，经济建设理论，社会改造理论，救国救民理论，如果不是空空的效颦学步，敷衍粉饰，都得要脚踏实地的，拿中国今日的经济形态的现阶段为出发点，才有供大家讨论参考的价值。

38. 关于中国经济的现阶段的四个主张

中国今日到底处在一种什么样的经济阶段上呢？关于这个问题，我们曾经看见过四种主张：

（一）主张中国今日还算是完全在封建经济的末期，换句话说，就是，主张在中国今日的经济现象当中，纵然已经有了资本经济的成分，但是，这种成分的分量，还不及封建经济的成分之多，所以中国今日还落后在封建经济的形态里面。所举的最明显的证据就是帮行制的存在，和农奴相等的多数佃农的存在，关于经济事项的地方的限制（如像厘金，统税，米谷出省的禁止等等），半为自己消费的农业生产，政治上的军阀专制等等。

（二）主张中国今日正在由封建经济过渡到资本经济的过渡期当中，这就是说：中国的封建经济已经猛烈的崩坏着，而资本经济却因为受着帝国主义的束缚的缘故，不能照普通的路径，赶快的建设起来，所以只是常常在青黄不接，要新不旧的动摇和阵痛的当中。所举的证据是：（1）农业的自给生产制度已经崩坏了大半，而本国的商品生产却还未完全成立，所有重要商品大半都是外国输入的；（2）手工业一天一天的破产，而资本家的新式工业却不能起而代之，倒只靠外国工业品供给一般的需要；（3）种种帮行制度，大抵都变成有名无实了，而真正的自由竞争却因军阀存在和不平等条约的束缚两种东西的缘故，不能真正实行起来；等等。

（三）主张中国的确已处于前资本经济即商业资本经济时代，换句话说，主张中国的商业资本家，在国内的实际上，已经握住一种除了外国帝国主义的势力以外，比谁都强的，经济实力和政治实力，对于国内的军阀，地主，工业家，手工业者，农民等等，使用放高利，欺骗，剥削，种种方法，正在增殖他们的资本。所举的证据是：国内银行对于政府的高利盘剥，军阀们对于银行家的拉拢接近和同化，国内市场价格的操纵，中国新式纺织工业的发展，手工业的绝对破产，农民经济的商品经济化等等。

（四）主张中国已经处于资本经济确立时代即产业资本经济时代，换句话说，就是中国已经有了产业革命，已经有了民主革命，已经有了有自觉的近代的产业资本家和有自觉的近代的无产阶级，已经等于1905年以后的俄罗斯，已经有了社会革命的基础。所举的证据是：国内资产阶级的操纵政府，借手工业的没落，国内工场工业和租界内的外国工场工业的勃兴，农民生活的商品经济化，无产农工运动的盛行，资本集中的趋势的迅速等等。

39. 中国经济学者对于中国经济现阶段问题的任务

上节所述的四个主张，到底哪一种对呢？要彻底解决这一切问题，第一就得先有踏实的调查和正确的统计材料，而这两种东西恰恰是在目前的状态下面决不能得着的东西，所以从这一层说，这个问题，在目前实在无法彻底解决，只有交与中国经济学者去调查，去研究，叫他们于相当的期间，负彻底解决的任务！第二还得把资本经济决定上的几个理论问题：（1）如像农村受着都市的经济势力的支配这件事是不是只算得资本经济的特征。（2）农村的生产经济的商品化才算得资本经济的特征吗？抑或单是农村的消费经济的商品化已经算得资本经济的特征？（3）军阀政治的存在一定可以反证封建政治的存在吗？抑或在经济已经资本主义化了之后，军阀政治还可以依靠惰力，在相当期间中存留下去？（4）货币地租是不是资本主义地租的必要条件，是不是实物地租的存在可以反证资本主义经济的不存在？等等问题，必得先有解决才行。但是，这些问题，也和统计材料问题一样，目前尚无定论，所以，从这一层说，这个问题的彻底解决也不能不有待于将来的中国经济学者。

如果不说彻底的解决，只从目前所有的许多不正确的材料当中，去下一种比较可信的判断，那末，真理大抵总会在第二说和第三说之中，决不会是第一说或第四说。为什么？因为从消极的方面说，第一说和第四说所举的种种证据，如帮行制的存在，农奴式的佃农的存在，关于经济事项的地方的限制，所谓的民主革命，有自觉的资产阶级和无产阶级等等东西，往往都只带着形式的意义，并未具有实质的意义；同时从积极方面说，目前的中国实在在对内对外种种方面都表现着封建势力和资本（民治）势力的冲突和争执，都证明封建势力和资本（民治）势力的互相消长，互相起伏，所以，如果中国不是正在由封建经济过渡到资本经济去，就一定是正处于前资本经济时代，换句话说，正是商业资本家增殖着势力，在各方面对封建势力给与打击，向封建势力行最后的征服的时代。

40. 中国将来的经济发展径路的观测

这个题目在中国经济的现阶段问题未决定以前，是无从讨论的，因为，如果不确知现在，当然就无法观测将来。据我个人的意见，我是主张第三说的，所以，对于本节这个题目，姑且以第三说为基础，认定中国正在商业资本经济时代——正在新兴而势力尚不充实的资本势力（民治势力）和虽向没落方面走着而还假借过去的余威去实行最后的挣扎反抗的封建势力，两种势力互相冲突的时代

——试行一种推论罢。

这个推论，可以从两个观点出发：

A. 从一般的倾向看来

关于中国经济的将来的观测是极简单的，只消把第 35 节的通则适用起来，就行了；因为中国无论如何，在大体的倾向上，总逃不了从那个一般的径路通过。如果把 35 节的原则适用起来，当然就应该断定下述四层：

（一）中国经济必定要向资本经济确立时代即产业资本经济时代走的；

（二）中国资本经济的发展，必定要比过去世界上无论什么国家经济发展都快；

（三）中国经济必定会很快的变得和世界经济界的主流合流；

（四）中国经济决不会开倒车，走到什么"以农立国"的农业国的迷梦或什么"分治合作"的无政府理想上面去。

B. 从发展的方式看来

中国经济的将来的发展，在 A 项所说的一般倾向的范围之内，必定会有种种和从前各国的历史不同的特殊的发展方式。为什么会有特殊的方式呢？因为今日的中国处在种种特殊的，重要的，为从来各国历史所无的环境下面：

（一）今日的中国，在对外关系上是一种半殖民地，没有政治上和经济上的完全独立；

（二）今日的中国，从人类经济的全历史阶段看来，正碰着国际资本经济的最末时代——所谓帝国主义时代——不能不受先进国的最凶狠，最有力的剥削和压抑；

（三）今日的中国，从地理的关系看来，恰恰和今日世界的五大强国——英，美，法，日，俄——接界，很难主动的决定种种政治上并经济上的政策；

（四）今日的中国，从国家的构成的规模看来，实在地大人多，在上述三种环境下面，需要特别的强制，去行政治和经济的统一（地大人多两件事，从普通道理说来，本应该需要分立和自由，但是，在被帝国主义束缚和包围着的半殖民地内，却会变得需要统一和强制）。

因为中国有上述四种特殊环境，所以中国经济的将来的发展方式，必定会具有种种特殊的方式，如革命的方式，非常急进的方式，被动性的方式，统一性的方式等等。

第三讲　资本经济制下的经济现象（一）营业和企业

十二、　消费经济和生产经济

41. 当作经济生活的一个基本的侧面看的消费经济

据第三讲的说明，我们已经知道什么是资本经济了。现在我们应该更进一步的去详细研究资本经济制度下面的各种经济现象。

人类的经济生活上的基本行为是生产行为和消费行为，所以在人类的各种经济现象当中，最常见最基本的现象，也就是这两种行为的进程所构成的消费现象及生产现象，换句话说，即消费经济及生产经济。消费经济和生产经济是人类经济生活的两个基本的侧面，二者之中如果缺了一个，人类的经济生活便不能存在。这种道理本是可以适用于人类的一切经济形态的，所以当然也可以适用于资本经济。因此，在我们研究资本经济制下的各种经济现象的时候，开始第一就应该研究这两个侧面：消费经济及生产经济。

当作人类经济生活的一个基本的侧面看的消费经济，在经济现象的叙述上是必要而不可缺的，因为，如果不叙述消费经济，我们就会变成不能够理解生产经济的目的，不能认识经济现象的全般体系。那些主张在经济学上叙述消费经济的人们所持理由，大抵都在这一层上面：消费经济上的原则只是心理学上的原则，不宜放在经济学的诸原则之间。其实这个理由一点也没有根据。为什么？因为一切社会科学的基础都得建筑在心理学的原则上面，因为一切社会科学离开了心理学的基础，便不能获得认识上的根据，便不能判断人类行为上的目的意识，便不能认识社会发展的动因。

不过，同时还要知道，心理学上的原则，只有在经济现象的叙述的范围内才是必要的。如果超出了这个范围，像奥国学派的经济学者一样，想拿心理学上的原则，去说明一切经济现象，那又错了。心理学上的诸原则，只有被用在叙述人类经济行为的目的时，其供给动因时才是合理的。

42. 消费经济的心理学的原则

关于这一层，我们在第 5 节里面已经约略提及，在大体上可以有两个大准则：（一）最小劳费的准则及（二）欲望平等的准则。前者是人类在决定劳费的支出时的一般原则，后者是关于人类劳费的支出的继续范围的原则。这两种原则虽不仅可以适用于消费经济，但它们对于消费经济比对于别的方面，特别重要，所以我们应该从消费经济上稍稍加以详细的说明。

（一）最小劳费的原则

人类在获得经济的财货时，通例不能不支出相当的劳费，而他的劳动（费用从来源上说当然可以被包含在劳动当中）却是在体质上并时间上都有限制的，所以人类在支出劳动时，就不得不依据人类所特具的高度的目的意识，去节省他的劳动到最大限，同时并避免他的劳动的效果的丧失到最小限，换句话说，就是他要以最小的限制的劳动获得最大的效用或享受。

效用这一句话，从一般说来，本分绝对的效用和相对的效用二者：绝对的效用是不问劳费如何，专指效用本身说的，相对的效用是指和劳费相较时的效用说的，二者大小不必一样。例如拿一顶帽子和一根手杖来说，如果不问劳费的多寡，只说二物对于我的目前的需要，也许前者的绝对效用是 50 个单位（假定效用是可以用某种单位来决定的），后者的绝对效用是 30 个单位。但是，如果顾到二物的劳费，并假定一顶帽子的制造的劳动时间要花 25 点钟，一根手杖的制造的劳动时间要花 5 点钟，那末，我对于一顶帽子的相对的效用就会变成 2（$50 \div 25 = 2$），一根手杖的相对效用就会变成 6（$30 \div 5 = 6$）。在这时，一顶帽子的效用倒小过一根手杖的效用了。由此看来，我们就可以知道，一个财货的效用可以同时一面从绝对的立场说大过另一个财货，一面从相对的立场说小过另一个财货，或一面绝对的小过另一个财货，一面相对的大过另一财货。

不消说，在最小劳费的原则上所说的效用，只是指相对的效用说的。人类在决定劳费的支出时，是以获得最大的相对效用为原则的，所以在资本经济时代，人类在支出货币以行购买时，也是以获得最大的相对效用为原则的。举例说罢，假如有一个经济主体想获得五种货物即一顶帽子，一对手套，一根手杖，一本书，一把小刀五者，而他所能够自由处分的货币却只有 320 个单位，并且假定上述五种单位的绝对效用的单位是下面这样：帽子 360，手套 420，手杖 320，书 300，小刀 240；更假定各财货的价格单位是：帽子 180，手套 140，手杖 80，书 60，小刀 40。那末，如果这个主体照各财货的绝对效用去行购买，他就会用 320 个货币单位去购买帽子和手套（因为这是最大的效用），而获得 780 个效用单位。但是，如果他照各财物的相对效用去购买，他就会依下面的计算：

	帽子	手套	手杖	书	小刀
绝对效用	360	420	320	300	240
价格	180	140	80	60	40
相对效用	2	3	4	5	6

去购买小刀，书，手杖，手套四种财货，因为，在这时，他所花费的货币单位依然是 320，而他所获得的相对的效用的单位却由 5 而变成 18，他所获得的绝对效用的总单位也由 780 而变成 1280 了。（据 Englis 的设例）

这个关于相对效用的道理，同时也可以适用于相对的劳费即相对的费用上面；因为在资本经济制下，欲求财货的效用，必须先有劳费，效用和劳费原是一个东西的两面，所以关于效用的道理，也可以适用于劳费上面。换句话说，在资本经济制下面，各个经济主体在可以支出不同的劳费以获得某一种财货时，必定会支出比较最小的劳费；在可以用不等的劳费支出去制造种种的财货，以获得不等的价值时，必定会实行那种比较需用劳费最少的财货的制造；简单说，就是他必定会向着最小的相对劳费走。举例说罢，假定一个农人在打算种谷物，种甜菜，养猪三者之中择一而行的时候，如果一石谷物可以使他获得 200 单位的货币，一百斤甜菜可以使他获得 18 单位的货币，一百斤肉可以使他获得 1,000 单位的货币，并且，如果他在计算上发见出，每百斤谷物须花费他 400 劳动时间（或货币单位），每百斤甜菜须花费他 27 劳动时间，每百斤猪肉须花费他 1,000 劳动时间，那末，他一定会因为他在生产谷物的时候要花两个劳动时间才能得一个货币单位，在生产甜菜的时候要花一个半劳动时间才能得一个货币单位，而在养猪的时候却只须一个劳动时间就能得一个货币单位的缘故，换句话说，就是因为他在养猪的时候所需相对的劳费较少的缘故，宁肯不顾绝对的劳费的巨大，先去从事养猪，然后再说种甜菜。以上所述只是一个特例，在事实上农人在种谷物，种甜菜，养猪三种东西的选定上，还有许多其他考虑理由如价格的安定不安定，气候的便利不便利等等。

以上所述的相对的效用的道理和相对的劳费的道理是最小劳费的准则的两个重要构成因子，前者在人类的消费心理的说明上特别有用处，后者在人类的生产心理的说明上特别有用处。

（二）欲望平等的准则

人类的欲望是无限的，而现存的生活资料的数量却是有限制的，并且，同时同地的多数欲望的满足，也是物理上所不能许可的，所以人类在事实上所行的欲望满足的方法，只是顺着各种欲望的强弱的顺序，挨次的对于最强的若干欲望给以满足，等到这种满足达到特定的限界的时候，再去满足别种欲望，因此，从全体看来，这种方法就等于一种使人类各种欲望之间得到一种平等（或平均）的方法。这种方法，在经济学的用语上，叫做欲望平等的准则。这个准则的用处，在于说明人类的欲望的满足的限度，更详细说，第一在说明人类的消费经济上的某种财货的消费的继续期间，第二在说明消费经济上的各种财货的消费的配合原则。

人类的欲望，从经验上看来，是一种随着满足的程度如何而逐渐减少的东西，满足的程度越高，欲望的强度越减，最后必定达到一个完全饱满的世界，站在这个境界上的效用在经济学的用语上叫做限界效用。举例说罢，假定在资本经济制下，一个经济主体要按照相对效用的道理实行购买某种财货如像皮鞋，那末，在他一双皮鞋也没有的时候，他对于皮鞋的欲望应该是非常强大的，因为他在这时若得不着皮鞋就会发生行路的困难，到了他已经买着一双皮鞋之后，他对于皮鞋的欲望变轻了（纵然他也许还想买皮鞋，但是，他的动机却不同了：他不是为想多备一双以应不时之需，就一定为的是图轮流穿着的便利。到了他已经有了两双皮鞋之后，他对于皮鞋的欲望变轻了）；如果此时他还想买皮鞋，他一定是为着装饰炫耀的缘故。从普通的人说来，这三双皮鞋，应该是他的欲望的限界上的财货，过了这个限界，他再也不会买皮鞋了。在这时，他这第三双皮鞋所具的效用，就是皮鞋的限界的效用。

如果这个经济主体所用以满足欲望的财货不止一种，例如不止一双鞋，而还有帽子和手杖，那末，依同样的道理，他就会把他对于帽子和手杖的欲望，尽量满足到限界效用的程度为止。到时候，这三种财货之间就会发生一种平均的限界效用，即发生一种相对的限界效用，这个相对的限界效用就是这个经济主体在同时消费三种财货的最后的配合标准。关于相对的限界效用的决定法则，Englis 曾作一例图，甚为简便，现在把它转载在下面以供参考：

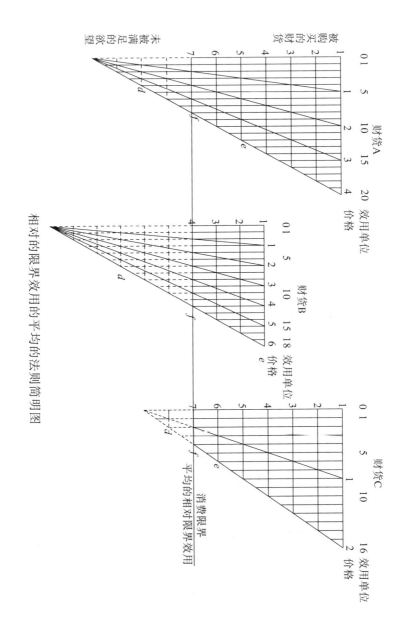

相对的限界效用的平均的法则简明图

上图的说明：一个经济主体对于财货 A，B，C 三者有欲望，如要满足欲望的全部，就得有 10 单位的 A，9 单位的 B，8 单位的 C。A 财货的第一单位的效用是 20，B 财货的第一单位的效用是 18，C 财货的第一单位是 16。假定每一单位的财货的增加，会使那一单位的效用减少两个。假定财货 A 的价格是 4，财货 B 的价格是 6，财货 C 的价格是 2。经济主体就会用 66 个货币单位，去购买 7 个财货 A，4 个财货 B，7 个财货 C（7×4＋4×6＋7×2＝66）。为什么呢？因为只有这样他才能够得着最大的平均的相对限界效用。举例说罢，如果他照图上的 D 所指的处所，按照平均每一价格单位得一个效用的计算，去行购买，即是说，去购买 9 个财货 A，7 个财货 B，8 个财货 C，他就会需要 94 个货币单位，并且也只能得 94 个单位的总效用（9×4＋7×6＋8×2＝94）。又如果他照图上的 e 所指的处所，按照平均每一价格单位得三个效用的计算，去行购买，就是说，去购买 5 个财货 A，1 个财货 B，6 个财货 C，他就会花费 38 个货币单位（5×4＋1×6＋6×2＝38），货币单位虽减少了，但是，他所得的总效用却只是 114（5×12＋1×18＋6×6＝114）。现在，他如果照图上的 f 所指的处所，照平均每一价格单位得两个效用的计算（这两个效用本是假定的平均的限界效用）去行购买，去购买 7 个 A，4 个 B，7 个 C，他就能够以 66 个货币单位，获得 132 个总效用（7×8＋4×12＋7×4＝132），就是说，他以比较最小的货币，获得最大的总效用，即最大的平均的相对限界效用。

不消说，上面的图形只不过表示大体的倾向罢了，因为一切经济学的图形原本只能够表示近似和倾向。

上图虽只是表示相对的限界效用的平均法则，但依同样的方法，也可以造成同样的，可以表示相对的限界劳费的平均法则的图形：因为凡是可以适用于效用的道理，都同样可以适用于劳费上面。

43．当作消费的基础看的所得

上节所述消费经济上的心理学的原则，只足以说明消费经济的动因，还不足以说明消费经济的实际的基础。在现今的资本制下面，什么是消费经济的实际的基础？从实际上的情形看来，资本制下面的消费经济是以家庭或家户为单位的，而家庭或家户的构成，从经济上看来，又是以共同的所得为基础的，所以资本制下的消费经济的实际的基础也应该是这个共同的所得。所得这句话在经济学上所含的意义，是指一个经济主体在他的营业关系上得来的收入，即从他的职业关系得来的收入说的。在资本经济制下面，无论什么人都不能不有职业，也无论什么人都不能不有所得，因此，所得便成了一个和无论什么人都有关系的重要事件，并且，在事实上这个所得的大小还是非常不均的，而所得大小的不均又是由分配的不公平而来的，所以所得问题在通常经济学上便成了分配论上的一个中心问题。但是，如果不问所得的来源和大小，只论所得的去路，所得这东西却不能不成为消费经济上的主要问题。为什么呢？因为在资本经济制下面各经济主体所消费的，通常只限于一个家庭或家户的所得的缘故。从这个意义说来，所得实在是消费经济的一个基础，所谓消费经济上的心理学的原则，也只是站在这个基础上说的。

当作消费基础的所得，与当作分配结果看的所得不同（看第五讲），不但包含利润，工资，利息，地租等等东西，并且还包含一切直接的及间接的所得在内。它的总体系，应该如下：

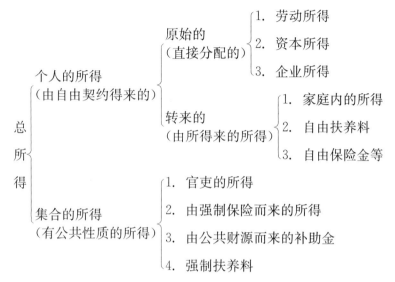

当作消费基础的所得的这种体系的全部的总量，在特定国家里面，是有一定的。普通所谓特定国家的国民总所得，就是由这个体系内的所得的总量构成的。一个国家的国民总所得，可以表示那个国民全体的消费经济的基础。一个国民的健全的消费，只能建筑在这个基础之上：不但在全国民的全体消费超过这个基础的时候的消费是一种不健全的，使国民经济基础动摇的消费，并且，就是在这个总所得的范围内的消费，如果一旦超过适当的比例时，也难免因生产手段没有补充或增加的缘故，而在生产经济上发生障碍。

44．消费与储蓄及生产经济

国民总所得被消费到何种程度才算得是适当的比例？这个被消费的程度在实际上怎样被决定着？这是两个应该研究的问题。

对于第一个问题，实难得确切的答复，因为比例的适当不适当不易从数字上决定：国民总所得的被消费部分如果过多，就难免生产经济上因为储蓄成分太少的缘故而不能实行进一步的扩大再生产，弄得经济生活发生停滞或凋落的现象；国民总所得的被消费部分如果太少，又难免在生产经济上因为销路过狭生产停滞的缘故而不能使经济生活向上进步。奢侈和节俭两件事在经济学上所以会发生许许多多的不同的争论，也就因为这个缘故。

对于第二个问题，大致可以这样答复：国民总所得的被消费的程度，一方面靠消费人的效用心理自动的决定着，一方面又被社会制度强制的决定着。

照前一段所述，人类的消费行为，原是依据相对的效用及相对的劳费原则而行的，所以在他实行消费的时候，通常都有一种打算斟酌，决不是随随便便的。这不但是可以从经验上看得出，从理论上推得出，并且，在统计学的研究上，也可以用所谓 Engel 的法则证明出来。据德国统计学者 Engel 的研究，假定把人类的消费方面分为：

（1）生活必须品，如饮食物等；

（2）衣履类；

（3）住居及家具；

（4）灯火及炉火；

（5）其他文化的及保健的等等方面。

那末，随着所得的减少，各方面的消费分量的变化会照下面的法则发现的：饮食物等生活必须品的消费的比例会增加（例如每月一千马克的所得的家庭对于饮食物会支出其所得的三分之二，而每月五千马克以上的所得的家庭，对于饮食费，却只支出其所得的四分之一）。衣履费及文化费保健费的比例会减少，住居费及灯火炉火费会保持原有的比例。换句话说，饮食费的支出不是带伸缩性的。人类在所得增加的时候，并不会格外吃得多，吃得加好，倒只会把多余的所得用在奢侈的衣履并文化的及保健的方面去（如果他不为新增加的家庭人数所累）；反过来说，人类在所得减少的时候，并不能随着所得的减少程度而节减食物，倒会把文化保健方面的费用节省，移来增添到饮食物费用方面去。所以可以说：所得当中的对饮食费的百分比，是表示文化程度的——这就是所谓 Engel 法则。

除了上述之外，人类的消费行为还要受社会制度的强制的影响，他的所得的被消费程度，要随着政治中的剥削（如租税），经济上的榨取（如剩余价值）及种种社会的劫掠（如被盗遇匪）等等而变动的。他的消费，在这等时候，当然不能适用上述的原则。有人说：由这些剥削，榨取，劫掠而生的东西，对于生产经济是有益的；如像租税，如果用在道路河川海港工厂等等的设备上面，实等于替国民经济行一种强制储蓄，对于将来的生产经济有益无损，甚至如资本家所得的剩余价值，也等于一种强制储蓄，因为，这种剩余价值如果不归资本家所得而分散于多数劳工之手，结局必定会随便消费了去，决不能积蓄起来，集中起来而造成今日的物质文明。这种说法，自然是不尽对的：因为租税拿来供建设之用者，终是其中的一小部分，利润的积蓄和集中在资本经济的初期虽有发展经济的功用，但是，到了资本经济的成熟期，却反足以阻碍经济的发展（如像造出许多失业者及妨害新技术的发明），甚至破坏既成的经济建设（如像在资本经济末期必然发生的帝国主义战争）。

在资本经济到了最高度的发达的时候，因为金融统制方法比较进步完成的缘故，往往可以用操纵物价和操纵金利的方法，去调节消费的程度。在消费过大时，或抬高物价或抬高金利限制消费，在消费过小时，或减低物价或减低金利去促进消费。在这样的时候，不消说，上述的自动的并强制的两种消费程度的决定方法，都不能不受相当的影响。

总之，消费经济和生产经济原是经济生活的两个基本的方面，消费经济的范围的决定，必须以生产经济上有无障碍为依归，同时，生产经济的发展，当然也必须以消费经济上的消费比例的适当与否为前提。

十三、 营业种类和营业部门

45. 经营，营业和企业

在人类经济生活当中和消费经济相对待的，是生产经济。生产经济也是基本的经济现象之一，所以我们在明白了消费经济之后，就应该叙述这个生产经济。

生产经济虽是人类在无论什么时候和无论什么地方都不能不行的，基本的生活，但是，它的形态却会依一般经济形态的不同而有变动，即是说，会随着时代的进展而有变动。在最原始的自给经济时代，分业未生，人类的生产经济是以获得直接可供自己消费的一切财货为目的的，所以那时的生产经济的形态是经营（Betrieb）。到后来，经济形态向前发展，所谓自给经济渐渐变成交换经济，分业的现象也随着日益发展的时候，人类的经营就变得除了那种获得直接可供自己消费的财货的目的之外，又有一种获得可供别人消费的财货的目的，换句话说，就是又有一种获得可以拿去和自己所需要的消费财货相交换的财货的目的。这种目的又叫做营利的目的。因此，经营之中又分成两种：一是营利的经营，一是非营利的经营。营利的经营在根本上是以分业为前提的，所以从各人所分别经营的分业一层说来，又可以叫做营业（Erwerb）。一个营业如果在相当的长久期间继续被一个经济主体经营下去，这个营业就变成那个经济主体的职业。到后来，经济形态更向前发展，所谓交换经济更变成资本经济的时候，营业之中也分成两种：一是资本家的营业，一是非资本家的营业。前者是利用自己的或别人的资本，雇用别人的劳动力，自己负担责任（就是说，无论赚钱蚀本都归自己负担责任），去经营的；后者是利用自己的或别人本钱，靠自己的劳力，自己负担着责任，去经营的。换句话说，前者是以取得别人的劳动所产生的剩余作为目的的，后者是以发挥自己的劳力去维持自己的生活或增加自己的财富为目的的。两者营业的目的各不相同，所以，为区分明白起见，普通把前者叫做企业（Unternehmung），后者叫做普通的营业。简单说来，经营，营业和企业三种东西的关系，可以用下面的式子表示出来：

经营→营业→企业

就是说，经营的内容宽过营业，营业的内容宽过企业。

46. 营业的发展和种类

经营，营业和企业三种东西，虽是在不同的经济段阶上发生出来的，但是，这种发生的迟早并不足以妨害它们在经济现象上的并存：在目前的资本经济制下面，固然有许许多多的企业，同时也有许许多多的营业或职业，更有许许多多的非营利的经营。不过，从大体说来，在资本经济制下面，因为行着宽泛的商品生产的缘故，除了无能力的老弱妇孺之外，无论什么人都有一定的营业或职业，无论什么人都决没有长久不营业或无职业而可以继续生活的道理，而做非营利的经营的人们却依然可以生存，不做企业的人们虽然在经济活动上占不着支配的地位，却大体还可以维持其存在，因此，可以显然看见，三者之中唯有营业在大体上是生产经济上的主要的形态。因为这个缘故，所以要想明白资本经济制下的生产经济形态，首先就得明白营业发展和营业的种类的概要（因为经营本可以包含营业，所以普通往往把营业的发展和营业的种类叫做经营的发展和经营的种类）。关于这一层，我在拙著《经济现象的体系》内，曾仿照 O. Suhr 的意思，造了一个营业形式发展图，比较能够把营业发展的径路和营业的种类，弄得一目了然，所以我现在把它转载在下面：

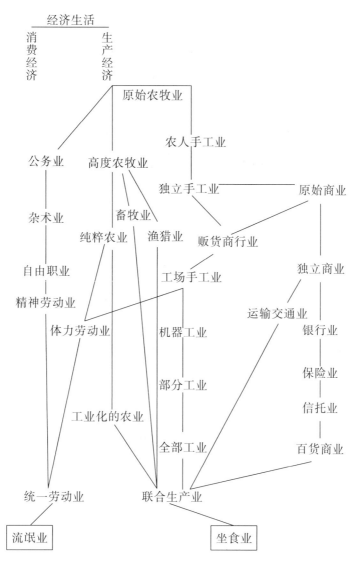

上图的说明：

（一）生产经济的最初的经营是统一的，只有一种原始农牧经营。

（二）最初从原始农牧经营分出来的，是农人手工业，这是一种虽然兼营着农业，却已经以替别人制造工具为主的营业，农人手工业更进一步，就变成独立手工业，完全和农业脱离关系。在独立手工业和工场手工业之间，发生了一种半商半工的收货商行业（看30节）。独立手工业还在各人家里做工，工场手工业的工作场，却由分散在各处的家庭，移到集中在一处的工场里去了。这种迁移的理由，在增加工作的能率和节省费用。工场手工业经过了产业革命，由使用工具的工业，变成了使用机器的工业。部分工业只是制造某种物品的一个极小的部分的工业，如像只制造钟表的齿轮，或指针，或发条，或螺丝钉等等小部分的工场，就是明例。这种工业发生的理由，在获得标准生产（以专做同一标准的东西为目的的生产）和大量生产上的利益。到了销路十分扩大的时候，又于上述各种工业之外，发生了一种全部工业，即所谓特化了的联合营业，如像福尔德汽车工业，就是把所有一切构成汽车的各部分的东西的生产，从胶皮的制造，胶皮树的种植，铁工业，铁矿煤矿工业，铁路工业，轮船运输业，发动机工业，种种重要部分起；到玻璃工业，木材工业，油漆工业，颜料工业等等东西止，都一齐办起来，就是一个明显的例子。这种工业发生的理由，就是所谓经济的合理化主义（看32节）。到了最近，更发生了一种联合生产的营业。这是想把所有一切可能的营业，如像工业，交通业，商业，农业，渔业，牲畜业，林业，矿业，银行业，保险业，信托业等等东西，都一手包办起来的营业。这种营业的发生的理由，不消说，也是在所谓经济的合理化主义。

（三）原始商业是在独立手工业发生时代发生出来的。最初是兼带着手工业及运输业的性质，后来慢慢发达才变成独立商业。到了资本经济开始的时候，专门做货币的卖买和保管的银行业，才开始成立独立的。保险业也慢慢发现了：它的发生理由，在利用商品生产时代的人心对于自己的活动力和自己的财产的不安。到了经济关系发达到非常复杂的时候，不但一般人没有能力和知识去办理一切和自己有关的经济事件，并且，纵然有能力和知识，也决不会有充分的时间去办，也决不肯拨充分的时间去办（因为在经济上不合算）；因此便发生所谓信托业——专门受别人的委托，用自己的名义，去处分和管理别人的财产。百货商业是根据经济的合理化主义而来的新式商业：它用大资本去包办各种的商业，结果，在都市上完全把普通中心商业压倒了。和百货商业相类似并且相关系的连锁或锁链商业（Chain Store），在营业分类上，似乎应该作为百货商业的一个变相归入百货商业的范围之内：因为连锁商业在营业种类上虽是单一的，而它在同一地方或相异的地方分设无数的支店，遍布商业网一层上面，却和百货商业的目标相同。不消说，百货商业本身也可以同时是一种连锁商业。

（四）原始农牧经营变为高度的农牧业之后，农业生产渐渐进步，结局竟是和畜牧业及渔猎业完全分离，发生了纯粹的农业（自然，在事实上纯粹农业仍然不妨有副业，如做手工之类）。到了资本经济非常发展的时代，随着生产协作社（看 32 节）运动的勃兴，农业又渐渐有工业化的倾向，渐渐自己努力去行日常用品的制造，自己努力去谋农村的电化了。因此，就发生了工业化的农业。最近美国，加拿大，亚尔然丁①，苏俄等国的大农业经营，就是明例。

---

① 今译阿根廷。——编者

（五）在原始农牧经营开始分化的时候，人类社会里面就已发生了一种专门替大家任公共职务的人，如像祭司，战争指挥者一类的人。后来随着农业牲畜业及手工业等等东西的分化，所谓医，卜，星，象等等靠一种策术为业的人们，也渐渐多了，所谓杂术业显然成立了。到了资本经济时代，随着交换经济的愈益扩张和分业的愈益详细，更发生了一些独立的自由的职业，如像教员，文学家，美术家，律师等等，以知识为他们生活资料的来源，去行独立生活的人们的职业，就是明白的例子。同时，因为资本经济一天一天的进行，把所谓独占着生产手段的资本家的地位越弄越高，把他们的势力越弄越强的缘故，结局，就把从来一些干公务业，杂术业，自由职业等等职业的人们的地位越发弄得低落，把他们原来所有的一点生产手段，完全弄得丧失了的缘故，又发生了一种精神劳动业。这就是说，发生了一种专替别人做精神的劳动，以一个平等自由人的资格，拿年俸，月薪，每天津贴，每时间报酬等等东西，去过生活的人。行着这种精神劳动的人们的地位和行着肉体（或筋肉）劳动业的人们的地位，完全是相同的。所以，从经济学上看来，在公司，商店，官署，机关等处拿薪水过活的人们和那种由手工业和农业破产而来的，在工场，农场，街上等处拿工资过活的人们，在客观的事实上完全是属于同一种类的。随着教育的普及和机器工业的发展，这两者又有渐渐合一起来，变为统一劳动业的趋势。

（六）除了上述的真正的营业之外，还有两种表面上仿佛也是营业，实则算不得营业的东西：第一是流氓，第二是坐食业即所谓有闲阶级或金利生活者（看 32 节）。

（七）从目前说着的问题看来，林业应该看成农业内的一个部分，盐矿业等应该看成工业内的部分，所以没有列入图内。

以上所述各种营业，只是从历史观点上看来的结果，至于在目前的资本经济制下面，它们是否全都存在？那是另一问题。本来，特定地方的经济形态的变动的分量，是不能和其他地方一致的，所以，随着各国资本经济发展程度的如何，上述的各种营业形式，也应该是在不同的地方或已发生，或未发生，或已发生而尚存在，或已发生而已消灭的。不过，从一般说来，在资本的初期，营业的形式虽带有越分越细的倾向，然而一到金融资本经济时代，这种营业形式分化的倾向，倒变成营业形式统一的倾向了。如像全部工业，工业化的农业，百货商业，统一劳动业，联合生产业等等现象的发生，都是可以证明这种倾向的存在的。

47. 营业的部门

上节所述的营业种类还只是从历史的观点看来的结果，如果从各种营业的内容的异同，加以观察，就更可以把上述各种营业，分属于种种不同的营业部门。营业部门这句话是指属于同一种类的各种营业形式的部类说的：如像独立手工业和机器工业二者，在营业形式上虽然不是同一的东西，但是，从营业部门说，却属于同一的部门——这就是一个明显的例子。因为营业本是经营的一种，本是生产经济上的问题，本是普通所谓产业或事业，所以营业部门有时又被人称为经营部门，生产部门，产业部门，事业部门。这些名词的当否，虽然也还可以发生问题，不过，从大体说来，意义都差不远。

营业部门的区别，在经济现象的认识上是很重要的，因为有了营业部门的区别之后，就可以认识经济现象上的某一方面（如像工业方面或农业方面之类）的经济活动量的多寡和那一方面的势力的盛衰。李斯特所谓的农业国，农工业国，农工商业国等等的区别，结局是要靠营业部门的研究的结果，才能决定的。

从上节的营业形式发展图看来，似乎在理论上应该把营业部门分为农业，商业，劳动业，畜牧业，渔猎业等等的部类。不过，在事实上，现今经济学上所谓营业部门却复有包含知识业和劳动业为一个营业部门的，甚至于有把商业也放在所谓营业部门之外的。劳动业是与一切营业部门有密切关系的东西，所以不认它为一个独立的营业部门，总算有相当的理由，至于知识业和商业，从理论上说来，似乎没有理由不承认它们各为一个独立的营业部门。

从最普通的区别法说来，所谓营业部门，似乎可照下表分类：

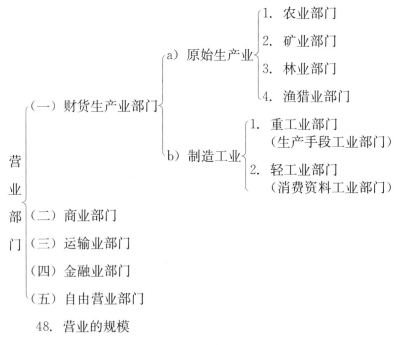

48. 营业的规模

营业规模的大小，大抵可以表示某种营业所用资本的大小，同时也就可以表示那种营业的资本集中的程度，所以，营业规模如何这件事，也是在观察种种营业的时候应该注意的事。营业规模的大小，用什么样的标准去决定呢？关于这一层，在经济学上有种种不同的说法：有拿所用资本的多寡为标准的，有拿所雇工人的数目为标准的，有拿所使用的动力的马力的多寡为标准的，有拿所生产的结果的价格多寡为标准的，也有随着营业性质的差异拿此外种种东西如耕地亩数，铺面大小等等为标准的。到底哪一种或哪几种标准最为适当，这是要看实际的情形如何而决的。

普通对于营业规模的大小，大抵都用三分法，区分为大营业，中营业，小营业（或大经营，中经营，小经营）三种。这种区别，自然只是一种程度之差，很难有明白的界限的。照普通说来，小经营的特征如下：

（一）它的生产的规模和技术的可能限度比起来，特别微小；

（二）它是为地方的确定的贩买的缘故的生产，至少它的一部分是这样；

（三）它在购买和贩卖之际，缺少投机的成分，因此，所以它少受市况变动的影响；

（四）工作上的分业或完全没有，或虽有而程度极浅；

（五）它大半用工具去行生产，纵然在有可能的时候，也很少用机器去生产；

（六）它的经营指导人，在经济上的知识素养及社会的地位上面，比起它的劳动执行人，都不见十分优越，并且这个指导人还往往会自己参加执行的劳动，而它的劳动执行人也往往会被收容在指导人的家庭之内。

反过来，看一看大经营的特征，大抵是这样：

（一）生产的规模甚大，特别是它的运转资本和个个生产物的价值比较起来时，显得格外巨大；

（二）它不以向地方的市场的贩卖为主，倒以向那种比地方的市场特别宽大的，很难展望的全国市场或国际市场的贩买为主；

（三）它在购买和贩卖实际都带有投机成分；

（四）它的工作上的分业很完全，并且在它的劳动者之间有一种依素养的不同而来的等级区别；

（五）它有高度的生产技术，特别是使用着尽可能的范围内的机器；

（六）它的经营人（即企业人）只从事于指导的和主宰的劳动，特别是从事于商业的劳动，至于它的技术的指导，却往往是一种雇用劳动；因为这个缘故，并且因为运转资本巨大的缘故，所以弄得经营人（即企业人）和劳动者永久的分离起来。

照一般情形看来，无论在什么样的营业部门里面，它的规模都有随着资本主义的进展和资本集中的趋势而日益扩大的倾向。不过，随着营业部门的性质的差异，这种扩大的倾向的快慢，是各不相同的。如像林业部门，就是根本上只适于大规模的营业的部门，农业的性质却恰恰和这个相反，在根本上就是不适于大规模经营的部门。只有在农业技术上有特别的发明的时候，或是在一种像美国一样的，特别地旷，土肥，人稀的国度里，农业部门才有大大的扩张规模的希望。不消说，最近几年的美，加，阿，苏俄几国的农业技术的发展，已经扩大了规模。在各种营业部门中，规模可以小，可以大的，自然是工业，所以，在现今，工业的规模最大，扩大的速度也最快。金融业部门的规模虽然比工业部门更大，但是，要知道，它是依靠工业的规模的扩大，才能够那样的。

不消说，营业规模的大小，是和营业的企业性有关系的：营业规模越大，越会是一种企业。

十四、 企业的组织和形态

49. 企业的两种要素

前面已经说过（45节），为要获得别人所造出来的剩余价值的缘故，利用自己的或别人的资本，雇用别人的劳动力，由自己负担着责任，去实行着的经营，就是企业。因此，企业上的要素，可以分为两种：物的要素和人的要素。

物的要素，就是资本。没有资本的存在，当然也就不会有企业的存在。不过，还要知道，不必一定要自己的资本，才可以实行企业。在事实上，许多企业家（即实行企业的，即所谓企业主体）所用的资本，往往大半都是他们靠着信用，向别人借来的资本。所以企业上的资本可以分自己资本和他人资本两种。他人资本又可以分为短期他人资本（即在短期间利用着的他人资本）和长期他人资本两种。前者是靠着普通的信用借款得来的，后者是靠不动产担保信用和公司债票的发行得来的。

企业上的人的要素，是指别人的劳动说的。无论什么种类的企业，都非使用别人的劳动不可，都非雇用一些人去替企业主体做工不可。如果不用别人的劳动，只靠自己的劳力，那就只是营业，不是企业了。企业上所用的别人的劳动，大致可以分为指导的劳动和执行的劳动两种。前者就是所谓企业的指挥监督人的劳动，后者就是所谓雇员（精神劳动者）和劳动者（这句话普通却指肉体劳动者即工人）的劳动。这三种人的劳动，从特定的企业说来，本是具有同一的性质的，本都是为企业主体做工的，不过，在事实上，所谓指挥监督人往往同时就是企业主体的一部分，纵然不是这个企业主体的一部分，也一定会是别的企业主体的一部分，所以，他的地位，普通都是和企业主体相类似的：他常常想监视着雇员和劳动者的劳动，生怕他们偷懒不劳动或不尽力劳动。为达这种监视的目的，就发生了下节所谓企业的劳动组织。

50. 企业的组织

企业的要素有物的要素和人的要素两种，所以企业的组织也分两种：一是财务的组织，一是劳动的组织。

企业的财务组织是指企业的财产并资本构成方面而言的。一切企业的实行，从经营经济学说来，都少不了财产和资本。财产是企业经营上除了劳动以外所必需的一切财货。资本在这里是指本钱而言，其内容虽亦不外乎是财产本身，不过，财产是就经营的手段说的，资本是指经营的基础说的，二者所注重的方面各有不同罢了。从财产的构成看来，可以将企业上所需的财货，分为：（一）固定财产（或使用财产），如那些供企业本身使用的土地，建筑物，机器，工具，器具等等；（二）运用财产（或流动财产，经营财产），这又可更为 A 交易财货，如商业经营上的商品，工业经营上的原料及已制品，银行经营上的汇票，有价证券，外国货币等等及 B 支付手段，如现金及银行存款等等；（三）预备财产，如现今未被使用，留待后来扩张规模使用的现金，有价证券，土地等等；（四）

保证财产，如各种当作借债的担保，存在别人地方的商品及有债证券等等。资本的构成可以分为自己资本和他人资本一层，已见前节。财产和资本的构成如何，可以左右一个企业的运命。所以企业不得不有财务组织，使财产能尽量的快速而且有利的运转起来，使资本能够长久保持，不致蚀去。（注意：这里所指资本，都是经营经济学上的资本，不是国民经济学上的资本）

企业的劳动组织是对于企业的物的要素方面即财产并资本的构成方面而言的。企业的劳动组织这个题目，包含着许多很精微很复杂的问题在内，原本应该归一种叫做"科学经营法"（Scientific Management）的学问去专门研究的，所以在经济学原理上不能够详论，现在只把这个题目内所包含的大意说一说罢。

企业的劳动组织可以分为两层观察：第一，全企业的组织方面，第二，工场组织方面。

全企业的组织可以分为旧式的普通的组织和新式的职能组织两者。旧式的普通组织大致以营业管理和生产管理为中心，分为总管理及工场管理两大部如下：（据 Suhr）

总管理部										
书记处		统计处			法律处			一般财务处		
技术课					营业课					
组织股	技术通信股	建筑及动力股	材料股	社会股	经营股	购买股	贩卖股	登记股	工资股	计算股	簿记股
图案组，商标组	营业目录发送	改筑，新筑，修缮汽力，电力等设备	原料，辅助材料，工具贮藏，半制品贮藏，贩卖品贮藏	工人募集，能力试验，学徒组	指挥，工场配置，机器配置	收纳，必需品搜集，定货	发送派遣，广告，旅行，支店	通信，登记	劳动时间统制，工资计算	事前计算，事后计算	金库，簿记
工场管理部										
第一工场主任及事务室		第二工场主任及事务室		第三工场主任及事务室						
第一职场技师	第二职场技师	第三职场技师	第四职场技师	第五职场技师	第六职场技师					
工人	工人	工人	工人	工人	工人					

很明显的，在这种旧式组织当中，有三种缺点：（一）财务统制和企业统制二者未能划分，因此往往会使企业的真相不能显露（如像企业负责人为欺骗股东及一般社会起见，在企业财产原价估计上，故意隐瞒财务情形，提高估计之类），结果就会使这企业的经营和现代的金融资本统制一切的趋势不合。（二）在企业统制里面，所谓最高的终局统制和普通的部分统制未能划分清楚，要靠有能力的经理去总揽一切，所以结局还只是信人的组织，不是物化了的组织，所以还不能够完全除去生产手段所有人即股东和生产实行人即各种劳动者两者之间的人的隔阂，因此，也就不能完全达到股份公司的物化的特色，不能完全的实行所谓产业合理化的理论。（三）在普

通的部分统制里面，各部分的分化和关联，也未能完全合理，如像设计，调查，生产，配给等等部分，本都是一面应该独立，一面又应该密切相关的部分，但是，在普通组织当中，却未能把这种独立和相关全部顾到，所以还不能说是一种能够发挥最大效率的合理的组织。

因为旧式的企业组织有上述的三种大缺点，所以，随着金融资本的发展和所谓产业合理化的进行，才发生了新式的，职能化了的企业组织，换句话说，发生了所经营的职能化（Functionalization of Management）。要明白这是什么，最好是引用谢尔登（Sheldon）所说的图式：

现代职能的经营图式

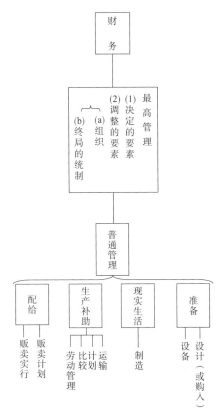

说明：（一）财务部居于最高管理之上，正所以表明金融资本经济时代的特质。（二）最高管理部的决定要素指财务，生产及配给三部分的协同动作的决定，所谓调整的要素指企业各部分组织并各实行机关的终局的统制。（三）普通管理部的设计，包含工作的标准方式的设定，预算统制（Budgeting）及市况预测（Business Forecasting）等等。（四）余自明。

不消说，在这种职能组织下面，上述普通组织，所具有的三种缺点，都可以被矫正过来，所以职能的企业组织是最进步的，最合时代需要的组织。

第二，工场组织方面，从普通一般说来，大致可分为四种组织：

（A）军队式组织（Line Organisation）

在这种组织下面，工场的经理人的命令，要经过部长，主任，技师，职工长等等的手，才能达到一般职工，其情形恰恰和军队内的司令官的命令要经过各级官长并下士的手，才能达到普通兵士一样。在这种组织下面，和工人始终接触着去指挥工作的职工长及组长等的任务是非常复杂的，所以他们得有各种的知识才能和多年的经验。

（B）职能的组织（Functional Organisation）

在这种组织下面，职工长的任务，极其简单，不但所谓计划的任务，事务性质的任务，完全不要职工长担负，并且各职工长所担负的执行的任务，也力求简单，只担任管理职务上的极少数的职能或一种职能。在这种组织下面，管理的职能可以分为八种：（1）着手职（Gang Boss），专担任在着手使用材料去运转机器以前时间中的准备。（2）指导职（Speed Boss），专担任关于工具，速度，传送等等实际工作方法的指导监督。（3）检查职（Inspector），专对于工作的品质负责。（4）修缮职（Repair Boss），专对于机器的保全负责。（5）顺序职（Order of Work and Route Clerk），专担任决定并提示工作的正确的顺序。 （6）指示票职（Instruction Card Clerk），专担任指示票（即对于各职工长及各工人应做工作的详细指示单）的作成。（7）时间及原价职（Time and Cost Clerk），专用时间票，对工人指示一切关于时间及费用的记录上的事项。（8）工人监督职（Shop Disciplinarian），专管工人的勤，惰，服从，反抗，成功，失败等等。在这种组织下面，各工人须受八种职工长的指导，各职工长只担任一方面的指导，所以职工长的资格和教养，比较容易完成。此种组织又叫做职能的水平的分化。

（C）参谋式组织（Line and Staff Organisation）

在职能组织下面，虽然专门家也变成职工长（如指示票职），形成重要的实行部分，而在参谋式组织下面却不然，专门家只当参谋，并不能担负直接指挥的责任。这种组织虽然在技术方面可以获得更大的能率，但用费方面却会增加。

（D）会议式组织（Committee Organisation）

在这种组织下面，通常为求各关系方面的意思疏通起见，特设（1）生产委员会（Production Committee），（2）制品委员会（Product Committee），（3）材料委员会（Materials Committee），（4）职工长委员会（Foremen's Committee）， （5）工场委员会（Shop Committee）等等，以协议关于（1）生产及贩卖计划，（2）制品形态及种类的变更，（3）材料的购买保管，（4）工场内的

布置，（5）一般工人对于管理上的意见等等东西的政策。这种组织
虽有集思广益之效，同时却又难免有议论多而成功少的毛病。

以上四种工场组织，各有利弊，所以通常实际的工场组织，大
抵都混合的采用着。但是，还要知道，自最近几年各国盛行合理化
运动以来，所谓流动劳动（Fliessarbeit）及流动传送带（Conveyor
belt）被输入工场，因此工场组织上也不能不发生大变动，因此上
述四种工场组织已经相当的失掉它们的重要位置了。流动劳动及流
动传送带的目的，在继续不断的支出劳动力，以增加劳动的强度。
现在为说明的便利起见，把 Ermanski 书上所载的图，转载于下，
去说明流动劳动和流动传送带的大意。

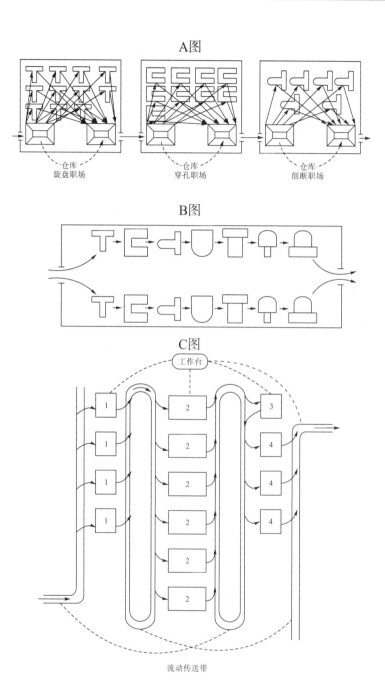

A图

仓库
旋盘职场

仓库
穿孔职场

仓库
削断职场

B图

C图

工作台

流动传送带

说明：A 图表示从来的工场组织。在这里，每一个企业是由几个职场（普通所谓职场是指整个工场的一部分说的，但是，也有许多人把整个的工场和它的一部分都称为工场的）构成的，在每个职场里面，各设着同一种类的机器，做着同一种类的劳动。举例说，如果一个铸造公司有三个职场，普通就会在第一职场安设一切旋盘机器，专做旋盘工作；在第二职场安设穿孔机器，专做穿孔工作；在第三职场安设削断机器，专做削断工作。在这种工场组织里面，被制造着的铁块，不是一块一块的被搬到各职场去，倒是一大堆一大堆的先被搬到旋盘职场，堆集在那里，等被旋圆之后，再一大堆一大堆的被搬运到穿孔职场，堆在那里，直等被穿孔之后，再大堆的被搬运到削断职场去。

B 图表示着新式的，利用着流动的工场组织。在这里，情形和普通不同：在这里，只有单一的职场，在这个单一的职场内，挨次去做各部分的不同的劳动，如像，先做旋盘工作，次做穿孔工作，再次做削断工作，等等，以次类推下去，直到那块铁变成了完成品，才走出那个单一职场。

C 图表示单一职场内的流动劳动状态。在这里，各工作台是靠着所谓流动传送带被连结着的。（1）（2）（3）（4）等的数字，表示工作种类不同的工作台。

在这种流动劳动组织下面，企业主体可以获得两种大利：第一可以使工人无法偷懒，因此可以增加劳动的强度，第二可以减少半制品的运搬费，贮藏费及工场建筑地的面积，因此可以减少冗费，增加利润。

51．单一企业的形态

上节所述企业的组织，只是关于企业那种活动本身的内部构成的话。除此之外，还有关于企业的主体方面的认识，也是考察经济现象时不能不研究的。企业的主体也可以是一个单一的自然人，也可以是许多自然人合成的团体，也可以是几个企业的联合体，从主体的构成分子看来，企业主体所具的形态，各有不同。所谓企业的形态就是指这种不同的形状说的。企业的形态，从大体说来，可以分为单一企业和联合企业两大种类。

单一企业是指一个单一的企业主体，用唯一的营业计算单位，实行着单独的营业的企业说的。单一企业的内容，大致如下：

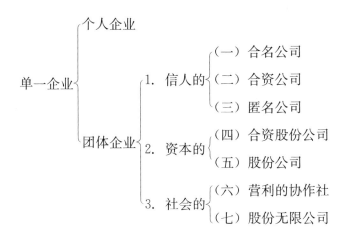

个人企业就是那种由一个自然人构成企业主体的单一企业。个人企业固然有办事统一，指挥灵敏的好处，然而到底个人资力有限，不能做大规模的经营，因此，在资本经济的竞争制度下面，比较是不利的。所以，随着资本经济的进行，所谓团体企业便发生出来了。

团体企业当中，又可以随着团体结合的理由或在对个人的信用，或在对资本的关系，或在别的社会关系，而分为信人的团体企业，资本的团体企业和社会的团体企业三大种类。更可以把这三大种类细分为七个小的形态：

（一）合名公司

这是由二人以上的自然人，用他们的全部财产，合组一个公司，对于公司的债务，共同的负担无限连带的责任的企业。这种企业大抵都是由家族的关系而来的，如像在父亲死了，几个儿子分家之后，仍然用他们的全部财产合组公司，继续父亲的企业的时候，就会发生合名公司。这种公司原本类似个人企业，所以它的利弊也和个人企业相近。此外，在各国民法上所谓合伙，从经济的性质说来，也可以算是合名公司的一种，所不同的，只不过它的存立不受商法的规定而受民法的规定罢了。

（二）合资公司

这是由两个以上的两种自然人合组而成的企业。在这两种自然人当中，一种是无限责任的股东，他不单拿他全财产担任股本，并且还要亲自去担任公司的经营之责（但有时也可以或不担任股本，或不亲自经营）。另外一种是有限责任的股东，只出特定数目的资本，并且对于公司的债务，只负他所担任的资本额范围以内的责任。这种公司是从中世纪的意大利的海上贸易发生出来的：它的组织，完全仿照那时意大利海上船舶商人一方面用自己的全财产全性命去经营商船和运输，一方面又邀别人以有限的责任担任特定数目的股份，那种组织。合资公司比起合名公司自然容易多集资本，能够使有手腕的人利用别人的资本去发挥才干，所以在资本经济初期是很盛行的。

（三）匿名公司

又叫做匿名组合。这是合资公司的一种变相组织。它也是由两种自然人组织而成的：一种是负无限连带责任的股东，和合资公司的无限责任股东相同；另外一种是所谓匿名股东，这就是说，他在事实上虽然担任特定的股份，但是在表面上这种股份却只当作公司代价的款项。所以，这种匿名股东，在公司万一破产的时候，还可以当作债权人去享受清算的利益。不过，这种匿名股东和普通的放款人也不相同，因为：第一，他们只分公司赚得的红利，并无一定的利息；第二，他们所放的债即所担任的股份是无期限的，不像一般放债都有期限一样。这种公司原是为要想使有限责任股东安心入股，好多多招徕股本的缘故，才发生出来的，所以在招股上面自然会比合资公司还有利益些。但是，同时，在对外关系上，因为匿名股东是不公然出名的，所以这种公司的对外信用要差一点。

（四）合资股份公司

这是把合资公司和股份公司两种东西折衷而成的组织。在这种公司，有两种股东；一种是有限责任的股东，他一切都和下述的股份公司的股东相同；一种是无限责任的股东，负着连带无限的责任，完全和合资公司的无限责任股东相同。这种组织本是在股份公司还没有十分成行的时候所用的，一种招致资本的使法，所以到了股份公司得着一般的信用，成为主要的团体企业的形式之后，便消沉了。但是，在欧洲大战后，欧洲各国因为经过种种金融恐慌（纸币充斥，货币跌价，股票变为废纸等等），信用扫地的缘故，渐渐又有利用这种组织的趋势，这趋势在德国特别显著。从结合理由一层说，这种组织是介在信人的企业和资本的企业二者之间的。

（五）股份公司

这是一种把公司的全资本，分为若干很小的股份，由多数股东各各分担特定的股份，只在所担任的股份范围以内，负损益之责的组织。股份公司的股票，大抵都是不记名而只记数的，可以当作有价证券（有价票据），任意卖买，所以，股份公司的性质和前面所说的各种公司的性质完全不同：它不是一种人的结合，倒是一种物的结合（资本的结合）。从这一层说来，好像这种公司的信用要比上述各种公司差一点似的，但是，在实际上，因为一则股份公司须特别受国家法律的严厉监视和保护，二则股份是很小的，责任有限，纵然公司事业失败，股东的损失也不见得怎样巨大，三则股份公司的股票随时可以卖出去，不比别的公司股本之难于挪动，四则股份公司的分红大抵都比一般放债的利息略高一点，因为这种种缘故，所以股份公司倒反容易被世人信用。所以，自从十六七世纪的荷兰和英国开始大规模的实行这种组织以来，股份公司随着资本经济的发展，越行越开，到现在，竟成了一个压倒一切的，为最大多数的大企业所采用的，最占势力的形态。不过，要知道，股份公司比起上述别种公司，虽有博得社会信用，吸收一切小小资本，成为巨款的好处，然而也只是企业关系上的好处，并不是整个经济社会上的好处。如果像有一种人所说一样，超出了企业关系上的观点，竟说股份公司的组织是实现民主精神，均一贫富的东西，那就过当了。因为，纵然小民也可以买得股票，但是公司的实权在多数决制下面还是被少数人操纵着，掌握着，小民至多也不过拿他的汗血，替别人捧场，稍微分得一点余沥罢了。这点余沥，拿去和那种因股份公司的创业利得，股份公司的红利的利率化，股份公司的易于创立等等的缘故而生的小民生业的没落和痛苦，比较起来，当然算不得什么。

（六）营利的协作社（协同组合或产业组合）

协作社的组织原是一种想借此减轻资本经济的压力的组织，它的目的本在自救，不在营利，但是，在事实上，从表面上看来，它大抵还是和别的团体企业一样，干着营利的事业，所不同的，只不过因为它的结合理由在社会关系方面的缘故，所以它会把赚得的利润，用种种方式，给回社员罢了。近代协作社运动是 1844 年 12 月在英国的 Rochdale 地方开始的，后来传播到各国去，发生了种种大同小异的组织。在目前，这种协作社组织当中具有很大的规模，发生很大的作用的，要数（A）所谓相互保险公司即经营保险业的协作社，（B）用协作社的方法组织而成的交易所。

（七）股份无限公司

这种组织是东欧各国所特有的，大半适于矿山企业，它的结合的最初理由，也在从事矿山事业的人们（包含出资者和劳动者）的自救。在这种组织下面，公司全部股本虽分为特定数的股份，但每股内的数目是确定的，股东对于所担任的股份，负着无限的责任，于必要时，须得无限制的增添股份。如单从这一层说来，似乎这种公司的股东的性质是和合名公司的股东的性质，很相类似的，但是，在实际上它和合名公司的股东并不相同：因为这种公司的股票，可以当作有价证券，用无记名式，在市场上辗转卖买——这自然是合名公司的股份所无的特色。中国旧时的盐引及四川独有的盐井开凿股份，有点和这种股份类似。

52. 联合企业的形态

联合企业是指两个以上的企业主体用原有的各个营业计算单

位，共同经营，或虽设了一个新设的营业计算单位，却仍保持着原有的单位，实行共同经营着的企业说的。自然，这里所说的营业计算单位，是指经济上的意义说的。如果从法律上说，当然不见得法律上的营业计算单位会和经济上的单位完全一致（因为各国法律对于联合企业的形态所给的允许程度是极不相等的缘故）。也许有表面上完全保持旧来的面目，而事实上已经成为新的企业的（如像下面说的"买股托拉斯"），也许在表面上成为新的企业，而事实上还存着旧有的企业主体的（如像信托拉斯）。联合企业又常常被人称为企业结合，或企业联合，或企业合同等等。

联合企业的发生理由，大致总不外于（一）为免除营业竞争上的损失，（二）为增加生产技术上的便利（像规模越大，费用越省及铁工业兼办煤业就可以免受煤业的掣肘之类），（三）为金融上的便利（即是说，行着联合企业的时候，可以把巨大的资本，彼此融通，结局就可以比未联合时多得资本的用处）三者。要详细的列举出来，联合企业的目的通常都在（一）把持原料，（二）把持劳动力的购买，这就是说，联合力量去对付劳动者的团体，（三）把持运输机关，（四）把持销路，（五）压迫购买人，（六）压迫没有加入联合的单一企业，（七）把持信用机关，（八）施行拒卖拒买的同盟，八者。结局，一句话说完，联合企业的目的，只在免除内部的竞争，去实行扩张对于外部的独占势力。

联合企业这东西，（一）也有发生于同种的企业的各单位之间（如像纺织业与纺织业之间）的，（二）也有发生于同一经营部门的有关系的种种企业之间（如像机器制造业，炼铁业，铁矿煤矿业等等之间，或种棉业，纺织业，织布业，染色业，成衣业等等之间）

的，（三）也有发生于经营部门完全相异的各种企业之间（如像银行业，矿业，交通业，炼铁业，机器制造业等等之间）的。在第一种的时候，叫做水平的或横断的联合企业，在第二种的时候，叫做垂直的或纵断的联合企业，在第三种的时候，叫做金融的联合企业（因为这种联合企业的主要原因，不在生产关系上而在金融关系上）。

所谓水平的联合企业，垂直的联合企业及金融联合企业，三种东西的区别，还只从联合企业的构造上看来的，一般的抽象的区别。如果从现今存在的个个的具体的联合企业看来，它的形态却是非常复杂的，并且它的名称，在各国文字之间也不统一，因此，对于具体的联合企业的种种形态，很难行一种有条理的叙述。据我看来，最好的办法，大概是照下面的分类去叙述：

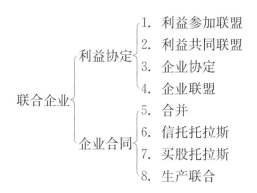

联合企业当中的利益协定的特色，在加入联合内的企业主体，用原有的各个营业计算单位，去共同经营一层上面。利益协定包含着联合企业八种形态中的前四种：

（一）利益参加联盟（Beteiligung）

在这种形态下面，加入联盟的各企业，约定彼此各派专员到联盟内别的企业里面，去参加它的经营，以便彼此关照，以免发生营业上的冲突。

（二）利益共同联盟（Interessengemeinschaft，Pool）

在这种形态下面，加入联盟的各企业间的利益关系更加深切：它们不但互通声息，并且约定彼此共同分享利益，共同负担损失，即是说，营业的损益是要彼此融合起来，平均计算的。

（三）企业协定或加特尔（Kartell）

在这种形态下面，加入协定的各企业，关于企业的条件（如像运价，赊欠买卖的期限，减价贩卖的方法和程度等等），生产品的贩卖价格，原料品的购买价格，生产额的多寡，机器的实行运转部分的成数，贩卖的地点，贩卖的机关和方法等等事件，协定种种共同遵守的条件，以免为滥行无意识的竞争的缘故，弄得两败俱伤。普通随着加特尔所协定的内容如何，分为条件加特尔（即协定企业条件的加特尔），价格加特尔（即协定贩卖价格的加特尔，余可类推），生产加特尔，地域加特尔，贩卖加特尔等等。

（四）企业联盟或三地加（Syndicat）

在这种形态下面，加进联盟的各企业间的关系，比上述企业协定的组织，还更进一步：它不单是相约对内在的许多方面彼此不行竞争，并且对外还有一个共同的机关去代表全联盟。

联合企业当中的企业合同的特色，在加入联合内的各企业主体虽为对联合外的企业，行共同的压迫之故，合设了一个新的营业计算单位，却仍保持着原有营业计算单位，实行共同经营一层上面。联合企业八种形态当中的后四种，都有企业合同的性质，即：

（五）合并（Fusion）

这种形态是比第二种形态即利益共同联盟更进一步的形态：在

这种形态下面，两个或几个企业，不但彼此相约共同分享利益，共同负担损失，并且，它们在法律上还会合并起来，另成一个新的组织（在经济上只管仍然保存着原有的计算单位）。不过，要知道，美国所谓 Fusion 的意义，却稍有不同：在那里，是指下述的信托托拉斯的变相说的。当美国在 1890 年发布 Sherman Act，严禁了托拉斯之后，原有的各托拉斯，都采用一种合法的方法，或将旧有托拉斯解散，改组为表面上独立着的股份公司，把原有的 Trust Certificate 改为新设公司的股票，或表面上将托拉斯解散，另由托拉斯当中的最大的公司，用增加资本的方法，收买其他原先在托拉斯当中的各公司。凡是用这两种方法而成立的新的大合并公司，就叫做 Fusion。

（六）信托托拉斯（Trust）

在这种形态下面，加入托拉斯的各企业，利用所谓信托业的办法，把各企业的股权，委托另一个新的，受委托的公司，叫它代办。这个被信托的公司，虽然对于原有的股东，只是负着被委托的责任，然而同时却取得了原有各企业的经营管理的全权，所以，原有的企业在事实上便合成为一个企业了。

（七）买股托拉斯（Holding Trust or Holding Company，Kontrollgesellschaft）

这是专门用收买别的股价公司的四分之一至约半数的股票（在法律上，要想操纵一个股份公司的营业，虽非保有那公司股票的过半数不可，但是，在事实上，往往只须保有那公司的股票的三分之一就行了，有时甚至于只保有四分之一就行，至多也不过只须保有约半数。这还是以每股一权为标准的说话，如果有所谓优先股，那所须的必要股数就更少了）的方法，去把持别的公司的经营权的托拉斯。这种托拉斯，明明是想强制别的公司屈服于它，好去达它自己的企业的目的，所以，从结果上说，当然会把那些被买收了股票的公司，变成一个事实上的企业合同。这种买股托拉斯怎样用较少的资本，去操纵许许多多的产业，去操纵比它自己所有资本还大过数十百倍的产业的经营，以及一个私人怎样利用这种买股托拉斯，用较少的资本，去操纵巨大的产业的经营等等情形，可以由下面转载的Suhr 所引的图形（这图形原是 Tross 所著的《德国制铁工业的产业联合的构造》那本书从实际的事实根据制成的），明白的看出来：

买股公司构成图

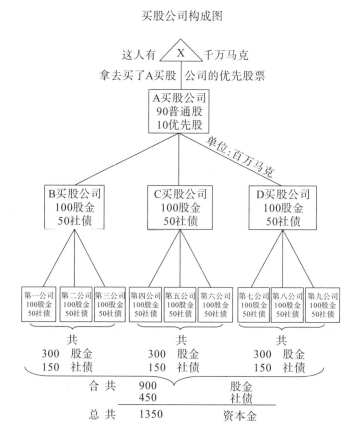

说明：（一）这图有三个从德国经济界普遍情形得来的假定：（1）假定 A 公司的优先股有十倍的投票权，（2）假定收买了 A 以外其他各个公司的股票的约三分之一，即可以操纵那一个公司，（3）假定照通例各个公司可以发生一种和它的资本的半数相当的社债，以为营业之用。（二）X 这个人用一千万马克的优先股权，支配了资本金一万万马克的 A 买股公司。（三）A 这个母公司（Mother Company）又用它自己资本金的三分之一，支配了另外三个女公司（Daughter Company）即 B，C，D 买股公司。（四）这三个 B，C，D 买股公司又各用它们资金并可能的社债的合计一万万五千万的三分之一，去操纵真正的从事生产的孙公司（Granddaughter Company），如第一公司，第二公司等等，一共操纵九个产业公司。（五）这九个产业公司的资本金及可能的社债两者的总额达到 1,350 百万马克，所以，结局，X 那个人居然支配了比他所有的资本大过 135 倍的产业资本。（六）以上是假定 X 这个人购买了 A 公司的优先股的话，即使离开优先股，他的支配力还是很大的，因为，在上面那个例里面，还没有算进 B，C，D 三个女公司的资本金及债券的合计。

（八）生产联合或空策恩（Konzern，Combine）

这也一个利用金融上的势力，把许多公司的个别经营，弄成事实上的企业合同的东西。生产联合的特色，在这一层：它在事实上所兼并合同的企业，不限于同种企业，也不限于同一经营部门内的有关系的别种企业；只要合它的金融资本上的合理化主义的目的——增加利润的目的，不管是垂直的关系也好，水平的关系也好，它都一律的想种种方法去行兼并。

53. 企业形态和营业部门

上面两节所述的企业形态，并不是能够在各种营业部门里面都一样行着的。如像股份公司的组织很少用于农业里面，联合企业多用于所谓关键产业（如矿业，铁工业，机器工业，造船工业，建筑工业等等）里面，林业和盐业很少用个人企业的形态等等，就是明显的例子。不过，从大体说来，企业形态的变迁，是随着生产技术的进步而转移的。股份公司所以不盛行于产业革命以前而盛行于产业革命以后，联合企业所以盛行于运输，矿山，电气机械，纺织等等技术达到较高程度的各企业里面，都不是偶然的。因为工业上的生产技术最进步，所以工业上的企业形态也最进步：在这里，它大体已经达到最高的形态即企业合同的形态了。农业的企业形态在大势上还保持着个人企业的特色，自然也是因为农业的生产技术还没有多大的进步的缘故。然而到底农业的技术还是有相当的进步，所以它的企业形态也渐渐有变动的倾向，如像美国的农业企业公司，各国的农业协作社组织，就是明例。因此，所以我们可以说，企业的形态渐渐由简单变成复杂，由单独的变成联合的，这个一般道理，就是对于农业，也可以适用的，其他营业部门，更不必说了。

十五、　公的营业及公的企业

54. 公经营的意义和种类

除了前几段所述的普通的经营，营业和企业之外，还有所谓公的经营，公的营业和公的企业等等，也是在认识经济现象的生产经济方面时所必须注意的。什么叫做公经营，公营业和公企业呢？不消说，这里要答复的，只是"公的"二字，因为经营，营业和企业三者的区别，前面已经详细说过，如果明白"公的"二字的意义，那末，公的经营，公的营业，公的企业等等的意义，当然是不待多言的。

"公的"二字，是对于普通的"私的"而言的，所以，从一般通常想来，似乎"公的"带有"公益的"或"公众的"意义似的。但是，从学术上说来，这种想法并不正确，因为私人的经营只需他肯顾全大局，也未尝不会带有公益的或有利公众的性质；并且，反过来说，现今所谓公的营业也未必一定合乎公益，如以财政收入为主要目的的公营盐，电，烟草事业等等，就是明例。所谓"公的"，是从经营主体的性质而言的，详细说，就是，如果经营的主体是一个公共团体，那个经营或营业或企业，便变成公的经营或公的营业或公的企业。和公共团体相对的是私人团体或共同团体。公共团体和共同团体的区别，只在绝对的强制权力的有无。绝对的强制权是一种可以反乎团体员的意思，强制他为团体员或强制他不为团体员的权力。有这种强制权的团体，如像国家和地方团体等，便是公共团体；无这种强制权的团体，如像公共团体以外的普通的团体，就是共同团体。公共团体的当中，还包含有地域的公共团体（如像国家及各级地方团体）和利益的公共团体（如像强制性商会农会，强制的保险团体等）的区别，都是应归行政法上讨论的问题，这里且不赘说。

一切团体的存在都要靠它的机关表示出来，它的机关的存在又要靠机关的活动表示出来，而团体机关的活动，又恰恰和自然人一样，不能不依赖财货，那是说，不能不依赖经济的行为，所以，一切团体如果想存在，就都得做经济的生活，就都得有经济生活上两个基本的方面：消费经济及生产经济。公共团体是团体的一种，所以当然也得有消费经济及生产经济两个方面。公共团体在生产经济方面的一切经营，都是公经营，不过，随着经营的目的如何，又可以从公经营之中，分出公营业和公企业。

（一）公经营

这是也不以利润为目的，也不以仅能维持其经营的存在的实费收入为目的的经营，如像公营道路，救贫事业，警察事业等等，就是明例。这种公经营，在法律上又叫做公营造物。

（二）公营业

这是不以利润为目的，只以实费收入为目的，用手数料或使用料的形式①，取得一种收入的经营，如像邮电事业，国家发行银行事业，公营教育事业，国营铁路业，国营水利事业等等，就是明例。公营业在法律上又叫做公经济或公益事业。

（三）公企业

这是纯然以利润为目的的经营，如像公营电气煤气事业，矿业，国营铁工业，国营陶器工业，国营船业，国营农场山林，国营烟草工业等等，就是明例。

不消说，公经营，公营业和公企业的区别，固然原是一种经营目的上的区别，所以它们的内容是随着经济目的而有变动的，如像国有铁路事业，往往在初开办时只是一种公营业，到后来经济发达时却会变成公企业之类，就是明例。

又，公共团体和私人团体合办的企业（如像苏联的国家托拉斯

----

①　"手数料"和"使用料"为日语用法，前者意为手续费，后者意为使用费。——编者

及集合企业），当然只能算是一种变相的公企业。这种企业目前在苏联内，有夺取公企业的地位的趋势。

55. 公营业及公企业的特性

上节所述公经营，公营业及公企业的意义，只是一种形式上的意义，是不足以说明它们和普通经营，普通营业并普通的企业的区别。现在且把后一个问题，研究研究。公经营和普通的经营的目的，都直接在经营的本身，似无多大区别，不须赘说。至于公营业和公企业，如果和普通的营业并普通的企业比较起来，就可以有下面八个特色：

（一）营业或企业的范围，大抵经了法律上的确定和保障，所以大抵都带有强度的独占性质，不容别人竞争；

（二）新创设时的费用及维持的费用，大抵是从租税或公债的方面来的，换句话说，是归多数人民的强制负担的，所以它的事业基础特别巩固，少受市况变动的影响；

（三）经营的方法大抵都受着特种规程的保护；

（四）在金融方面，大抵都受着公的金融机关的特别融通；

（五）在负担方面，比起普通的营业或企业，大抵都免除着租税的负担；

（六）在补助费的领受上，贩卖关系上及定货关系上都大抵享受着一种特别的优先权；

（七）在管理制度上，大抵都有偏向法律的管理，即不求有功，先求无过式的管理，换句话说，就是大抵不按照经济学上的原则；

（八）在从业员的待遇上，往往因受法律规定所限的缘故，发生不公平的倾向。

56. 公营业及公企业在经济上的效果

因为公营业和公企业有上节所述的特性的缘故，所以在经济上也就发生出种种特殊的效果。从好的方面说，公营业及公企业的收入，因为有保障和带强度独占性的缘故，特别确实可靠，少有失败的危险，因此，可以适用远大的政策，去防止高利，减轻物价，增进公益，匡救社会弊害：如像公营的交通业，邮电业，保险业，林业，盐业等等，在理论上都应该是很有这些好处的。但是，从坏的方面说，一则因为有独占性，可以任意定价的缘故，二则因为收入太过于确实的缘故，三则因为从事人员不大努力去增进能率的缘故，四则因为容易使少数政客官吏和金融资本家结托，假公济私，贵买贱卖的缘故，所以会使冗费增加，使一般消费人及利用人增加负担，使一般国民加重一些剥削。所以，从理论上说来，公营业及公企业和普通营业及普通企业之间的优劣问题，也是很不易决定的。

57. 公营业及公企业的趋势

如果不问公营业和公企业的经济的效果，只考察它们在实际上的趋势，我们就可以说，公营业和公企业或变相的公企业显然有随着资本经济的进展而日益盛行起来的倾向。关于这一层，有两种最大的证据：第一是各国近几年来的矿山国有运动和铁路国有运动的兴盛和苏联的国家托拉斯并集合企业的勃兴；第二是各国市营事业的范围的扩大，如像德国 1919 年的《市营化法》（Kommunalisierungs-gesetz），就对于市乡团体，给了一种广大的公营化的权限，规定着，凡空中交通以外的乘车运输，水道，煤气，电力及电热，埋葬场，广告事业，屠宰事业，下水，电影及游览场，浴场，食粮品的生产，购买，贮藏并卖却，燃料的收买，贮藏及卖却等等经济的事业，都可以不经中央政府的许可，把私营的事业的全部或一部，市营化起来。

十六、 中国的营业及企业

58. 中国的消费经济及生产经济

以上各段所述，只是就一般经济的普通现象，拿先进国做代表，研究而得的结果，至于它对于特定的地方能否完全适用，那自是另一问题。现在我们要照前几讲的例，在每讲的临末，看一看那一讲所述和中国的关系如何。

在消费经济方面，中国的特色似乎只有一层：中国的消费原则，特别是中国人当中领导分子的消费原则，还停滞于封建时代的半自给的消费原则下面。在封建时代，分业未盛，生产比较有节制有计划，所以纵然生活的内容不见十分丰富，而在当时的生活内容的限度内，却往往有生产超过消费，发生剩余的倾向，因此，那些剩余品的消费在社会上表现出来时，便变成统治阶级的奢侈浪费，一般人民的待客的丰盛，特别是友情的酒食上的表示。这种种情形，到了资本经济时代，会随着无政府的商品生产的发展及剩余品的获得的摇动不安定，而逐渐消失，变成前第十二段所述的种种资本经济下的消费原则。中国在这层上面，似乎还保持很浓厚的封建的消费原则的色彩：只看一般宴客以酒食的丰盛有余（宁可说是浪费）表示敬意的深浅，所谓大户人家或世家子弟那种宁可吃不饱，不肯失体面的风气，一般人把请人吃饭看成一种极平常极必要的友谊表示的手段等等情形，就可以得着明显的证据：因为这些情形本是封建社会的情形，并且是在先进国里面久已随着资本经济的发展而消失了的。

中国的生产经济，也和消费经济一样，还带着很浓厚的封建的色彩，即是说，大多数人还是以经营的心理（即自给的心理）及营业的心理（即自己卖力挣钱的心理）为生产经济上的主要的原则，至于企业的心理（即用购买劳动力的方法去剥削别人的剩余价值的心理），却只为少数人所有。即所谓从事新式商工业的人们，也往往只知用前经济时代的办法（即欺诈，高利盘剥，贱买贵卖，甚至于掠夺种种办法）去经营事业，几乎不知道什么叫做企业的精神。这些情形，都是在观察中国的经济现象时值得注意的。

59. 中国的营业形态和营业规模

因为中国的经济发展比较落后，所以 46 节所述的营业形态在中国还未尽都存在。如像部分工业，全部工业，工业化的农业，统一劳动业，联合生产业等等，就可以说是全然没有存在。至于信托业只有两家（中央信托公司及通易信托公司），百货商店只限于几个大都市，所谓坐食业即有闲阶级只有极少数的纯粹的存在，纯粹精神劳动者的人数还不甚多等等情形，也比先进各国相差甚远。

中国的营业规模，通常是很小的，纵然在那些容易变成大规模的营业部门里面（如像在制造工业部门，金融业部门里面），比起先进各国，也还相差太远。即从小规模方面说，小的程度也比先进各国更甚，如像在农业部门，中国的规模更小过先进各国。因此，所以中国式的农业才会被欧洲经济者叫做"过小农生产"或"亚细亚式的自给生产"，才会被他们认定这种过小生产是中国社会数千年来停滞不进的原因。

不消说，中国的营业规模虽然比较很小，然而也是一天一天的向大规模方面进展着的，如像目前的纺织业的规模，远比十余年以前巨大，一般商业上所需资本也比从前增加，就是明白的证据。

60．中国的企业

从全体说来，中国的经营还缺少企业精神，中国的企业还在萌芽时代，所以中国的企业，在内部组织上和形态上却远不及先进各国。

中国的企业的劳务组织，在全企业的组织方面，还在模仿旧式组织，说不上什么现代的职能组织（看 50 节）。在工场组织方面，大抵还是采用所谓军队式组织，没有达到职能组织的程度，至于所谓流动劳动的组织，当然是还未梦见了。

中国企业的形态，刚刚由信人的团体企业，走上资本的团体企业的路。所谓股份公司，在原则上渐渐为一般人所信用了，不过，因为股份公司和法律的威严是不能两离的东西的缘故，所以，在目前中国法律的威严还未十分确立的时候，股份公司在实际上还没有多大的发展。所谓社会的团体企业，在中国虽经多数人提倡，似乎还没有很大的发展；这也无怪其然，因为社会的团体企业，从性质上说，原是应该在资本经济成熟之后才能发展的，目前中国资本经济还未成熟，所以社会的团体企业也无从发达。

中国的联合企业形态，在事实上几于完全没有：只有在纺织业或银行业当中有若干的企业协定（如像所谓全国机业联合会，上海中国银行团，北平银行公会）。联合企业的形态在中国尚不发达，这件事，是当然的：因为这些形态原是资本主义成熟时代及金融资本时代的特有现象，原本不应该在资本经济尚未成熟的中国发生的。

61．中国的公营业及公企业

中国的公营业及公企业，目前还不大发达。公营业及公企业的主体，通常都是统一的国家及积极经营市政的地方团体，而在中国，一则统一的国家只是在最近才逐渐实现出来，二则积极的市政方在萌芽时代，所以中国的公营业和公企业的成分和范围，比起各先进各国还差得远。

中国的公营业及公企业在经济上的效果，从邮政，电信，国有铁路等等的成绩看来，似乎不大佳妙，纵然能够维持存在，增加公共团体的收入（各国有铁路受内战影响，连年入不敷出，那种特殊情形，姑置不论），对于国民经济上的公共福利方面的责任，似乎还未尽着。

中国的公营业及公企业的将来是非常巨大的：这不但从一般的趋势（看57节）看来，中国的公营业和公企业有随着资本经济的进展而日益盛行起来的倾向，并且，从中国经济将来发展方式的推测（看40节）说来，中国的公营业和公企业，也必定会因为中国经济发展方式所带有的急进性和统一性的缘故，而特别盛行起来。所以关于公营业和公企业的研究，是今日的中国经济学家不能不特别注意的。

第四讲　资本经济制下的经济现象（二）市场组织

十七、　市场的构成

62. 市场的意义

照上面第三讲看来，在资本经济制下面，各经济主体所营的经济生活，是一种交换经济生活，是一种商品经济生活，是靠着各自的营业或企业上的结果，去和别人所生产的许许多多的消费财货相交易的生活。现在要问：这种交换经济或交易生活是怎样实行着的呢？各种财货在被生产了以后怎样达到消费人的手中呢？在这种交换活动上需要一些什么样的组织呢？要答复这些问题，就应该研究经济制下面的经济现象的第二种，即市场组织。

什么是市场呢？从普通的日用语说来，市场就是指一种实行买卖交换的地点，如像所谓东安市场，交易所，小市，年市之类。有时或放宽一点，拿市场两字去指一种可以实行买卖交换的区域（因为在事实上交换买卖的实行并不一定要在普通所谓市上才能够有的，它在无论什么时候，无论什么地方都可以发生，它是一种可以拿世界全体为发生地点，拿不断的时间为发生时间的东西），如像所谓地方市场，全国市场，国际市场之类。但是，从经济学上说来，市场二字的意义比这个还要宽一点：它不单是指狭义并广义的交换地域，并且还兼指交换关系的本身，即兼指财货的需要供给的关系的连续（连续的关系）。如像说"商品市场的旺盛"或"金融市场的枯窘"的时候，所指的市场，就是从经济学上的意义说的市场。

这种意义的市场，自然是交换经济生活的一个中心点，在交换经济制下面，一切经济主体都得和别的无数的经济主体实行交换，一切具有使用价值的东西，不管它是有形的财货，如像帽子，衣服等等也好，还是无形的财货，如像劳动力，权利，技能，思想，意匠等等也好，都变成了商品，因此，一切经济主体都得和市场发生关系，一切经济行为如生产行为，消费行为，交换行为及分配行为等等，都得经过市场才能完成。所以，市场的认识，是观察资本经济制下的经济现象时必须注重的。

63. 市场的构成和市场价格的形成

据上节所述，经济学上所谓市场，就是交换地域上的交换关系，即交换地域上的财货的需要供给的连续关系，所以市场的构成，必须含着两方面的要素：人的方面及物的方面。从人的方面说，市场的构成必须以买者和卖者（即需要人和需求人）的存在为要素。从物的方面说，必须以需要和供给的存在为要素。这里所谓需要，不是指个个人的主观的需求，倒是针对那种存在特定的时间和地域上的，被一般人想用并且可以用特定价钱去买的某种财货的数量说的。这里所谓供给，也不是指个个人的主观上的提供，而是指那种存在特定的时间和地域上的，被一般人想用并且可以用特定价钱出卖的某种财货的数量说的。

在特定的时间和特定的地域上面，一方面有了一般需要人的需要，一方面有了一般供给人的供给的时候，如果两者靠着下段所说市场的机关，一旦接触起来，而发生了一般需要人和一般供给人两方面的适合一致，即需要供给的一致，那就会发生交易，即成立各种卖买交换。像这样的卖买交换的时间的连续进程，就构成了市场。

上述的一般需要人的需要和一般供给人的供给两种东西的适合一致，通常是靠市场价格的形成（Preisgestaltung）表现出来的，换句话说，就是靠各种财货的市场价格表现出来的。价格这两个字，从纯理说来，是指被交换的财货的交换价值在货币形态下的表现说的（关于价格的本质，在经济学上，还有许多的争论，请看第八讲）。这就是说，价格就是用货币表现出来的价值。处在目前的货币交换经济时代，一切财货的交换都不得不以货币为媒介，所以，这里所说的需要和供给，当然也不得不用货币额表现出来，构成了特定财货的市场价格。因此，市场的构成也就不能不和市场价格的形成发生密切关系。

价格这东西，如果真能照应有的交换价值，用货币表现出来，那时，就成立了所谓"正常价格"或"标准价格"或"必要价格"。但是在事实上，这种标准价格却是常常不能够实现的。为什么呢？因为在市场关系上，常常有需要方面和供给方面的竞争，即许多买者和许多卖者各自之间的竞争，使正常的价格发生变化：在需要较多或供给较少的时候，因为争着买的缘故，特定财货的"市场价格"必定会高过"正常价格"；反过来说，在需要较少，供给较多的时候，因为争着卖的缘故，特定财货的市场价格必定会低过正常价格。换句话说，就是，因为受了"需要供给的法则"（Law of Demand and Supply）的影响的缘故，市场上的财货的市场价格只是偶尔会碰着正常价格和它一致，在平常倒只是离开正常价格当作一种"竞争价格"发现出来（上面所述需要供给法则的作用，是假定货币本身的价格没有变动时的说话，在事实上，同额的货币的价格却是常有变动的，所以一般财货的市场价格的变动，比上述还更复杂。请看第八讲）。在没有竞争，只有独占的时候，如像在各国的盐，烟，酒的专卖的时候，供给的主体（即卖者）可以任意把市场价格弄高弄低（在事实上普通只有把市场价格弄高的），所以竞争价格就会变成"独占价格"，仍然不能够和正常价格适合一致。

市场上的多数财货的价格，在事实上，是各不相同的，并且就是同一财货，也还会随它是零卖是批发而发生零卖价格和批发价格的区别。因此，要想知道某一地方的某一个时点的一般物价（Prices，注意！这是复数），就得把那地方那时点上的重要财货的零卖价格或批发价格或这两种价格的平均，寻找出来，以为一般物价的代表。如果把同一地方的各时点上的一般物价，用同数目同种类的重要财货做代表，计算出来，并且拿某一个时点的一般物价或某几个时点（如像五年，十年）间的平均一般物价，作为100，拿它为基点，去算出其后各时点上的一般物价对于这个基点的种种比例，那末，这样得来的比例数就叫物价指数（Index Number of Prices），用这种指数造成的统计表，叫做物价指数表。物价指数表可以表示一般市场的物价的高低及货币所具有的购买力的变动，在经济活动上是一种很重要的材料，所以各国都各有各种物价指数，虽然它们所采用的重要财货的内容并数量各有不同，它们算比例算平均的方法也各有差异（这是统计学及货币论上的问题，这里且不多说），但是，在大体上所谓物价指数总是照上述原则造成的。物价指数的调查，发源于英国，最老的物价指数是 1650 年以来的指数，现今世界上最有名的物价指数是伦敦的《The London Economist》杂志的物价指数（从 1869 年起）及美国联邦准备局调查课的物价指数（从 1913 年起）。全世界目前继续调查发表着的物价指数，据一般所知的说，共有四十五种，其中美国六种，英国四种，德国四种，日本八种。中国有财政部驻沪调查所的物价指数和外国人的上海商业会议所的物价指数两种。

64. 市场的实际和交易的种类

交易是由需要及供给二者的适合一致而构成的，市场又是交易即交换关系的继续进程，所以，市场的实质的内容虽然如上节所述就是市场价格的形成，而市场的实际的形式却不能不是各种形式下面的各种交易。因此，在观察市场现象的时候，各种不同的交易也是必须知道的。交易的种类，可以依赖种种不同的方面的标准，区分如下：

（一）从交易的地点看来，可以分为：（A）自由地点上的交易，这是不限定交易的地点，可以任随卖者和买者自由择定交易地点时的交易，普通的交易都属于这一类。（B）法定地点上的交易，这是为免除弊病起见，特别用法律指定交易地点时的交易，如像交易所里面的交易，就属于这一类。其他如所谓定期市场（如中古时的年市，季市，目前在各国地方上还行着的定期的日市）上的交易，似乎可以介在 A 与 B 之间，因为这种交易虽也靠社会的习惯具有一种特定的地点，但是，这个地点的限制却没有法律上的意义。

（二）从被交易的财货方面看来，可以分为：（A）现货交易，即立刻当面看货的交易，这当中更分为单个交易和拍卖交易两种。（B）货样交易，即只看货样，不看现货的交易。所谓目录交易（只看货物目录的说明而成交的交易），也应该被包在货样交易之内。（C）定期交易或标准交易，即目前既不交货，也不看货样，倒只在理想上决定一种标准，约定在特定期间以后，交货交款的交易。这种交易往往会流为买空卖空，使交易人只图用投机的办法（就是说，预料将来某种财货的价格的涨落，去买进卖出），去赚取实际的价格变动的差额，结局弄成一种变相的赌博，所以在各国现行法律上，这种交易都受着特别的限制，只准在法定的交易所，照法定的手续去实行。

（三）从被当作交易媒介的货币看来，可为分为：（A）现钱交易，即立刻当面交钱的交易。（B）信用交易，即赊欠交易。（C）分期付款交易，即按月分交，按季分交，按年分交等等的交易。

65．市场的发展

上面各节所述的市场，是在资本经济未成熟以前，交换发生以后，就有了的。不过，资本经济以前的市场和资本经济时代的市场两种东西的内容，却大不相同。其间最重要的差别，大致有两点：第一，资本经济以前的市场上所交换的物品，大概都是一些只产在特定地方的，绝无仅有的稀罕品，如像盐，香料，绒毯，丝货，珠宝之类，此外就是一些虽为消费而被生产出来，但实际上未被消费完了的剩余品，至于那种在资本经济的交换上占着大多数的，为贩卖而被生产出来的商品，却只是少数的例外。到了资本经济时代，情形却不相同，所交换的大半都是一些到处可以生产的物品，大半都是一些为贩卖的缘故而被生产了的物品。第二，资本经济以前的市场上的物品，从一般说，都是分量小而价值大的物品，是一些娱乐品或奢侈品，而资本经济时代的交换品，却大抵是以价廉物美的日常必须品为主。

不但市场的内容，在历史上有了很大的变动，并且市场范围的大小，也随着资本经济的发展，渐渐扩大了（看第二讲第七，八，九各段）。在资本主义的萌芽期，正行着都市经济，所以那时的市场是一种地方市场，即以特定都市为中心，以特定都市附近为范围的市场。这时封建的经济秩序，还占统治的地位，所以没有什么对外的市场政策，到了商业资本经济时代，全国自由交换的现象已经发生了，所以这时的市场就形成了所谓国内市场或全国市场或国家市场。在国内市场时代，国家必定会采用重商主义的政策（看 30 节），用一种禁止的关税并其他办法，一意奖励货物的输出和金银货币的输入。到了产业资本成熟时代，在先进的，产业发达的国家当中，工业资本家的势力已经积得雄厚，可以单靠资本的力量，向海外压服后进国，即经济落后的国家，所以自由的资本竞争，才超出了国界（这不是说以前没有国际间的经济竞争，这只是说，从前的国际间的经济竞争是带有政治性和海盗性的竞争，而不是纯粹的经济上的，自由的资本竞争），而造成了世界市场成国际市场的第一期，即是说，由先进国输出工业品到后进国去，由后进国输入原料品到先进国来的时期。在这时期中，先进国的工业家一定会主张自由贸易政策，好便于他们的商品原料的自由输入和商品本身的自由输出（自由输出这件事不但可以减少商品的费用，便于销售，并且可以用自由贸易之美名，诱惑或威吓后进国，使它不能任意行保护贸易政策）。但是，这样一来，先进国的农业家必定会因外国输入的原料和他们竞争销路，使他们大受打击的缘故，起来主张保护贸易政策，想拒绝外国原料的输入。因此，在这时期的政治上往往会发生农业党（即代表农业并地主的利益的政党）和工业党（即代表工业并工业家的利益的政党）的对峙。最后，到了金融资本经济成熟的时代，在一方面，因为世界上主要各国的资本经济都已发达到势均力敌的地位，已难继续实行海外的自由竞争，而不能不另在国内想方法；在另一方面，因为先进国内的机器生产非常发达，使资本家的利润渐渐比较减少（关于这种属于资本经济制度的解剖项下的问题的说明，在这里只好从略，请看第八讲），所以他们只好利用他们在国内的经济上的独占地位及政治上的独裁地位，走进世界市场的第二期，即是说，由他们拿政治的势力做经济发展的后盾，把资本和机器，输出到他们的特定势力范围内的后进国或后进地方（半殖民地及殖民地），直接去剥削后进国人民的剩余价值，不必更注重那种以剩余价值的间接剥削为目的的普通商品输出的时期。在这时期中，他们所主张的贸易政策，恰恰和世界市场的第一期相反：他们又主张极端的保护政策起来了。关于这一层，后面在第五讲和第十讲里面，还要详说。

十八、　市场的基础

66. 市场与商业的组织

市场就是交换关系的继续进程，这是前面几节说明了的。但是，在今日的资本经济制下面，所谓交换却有几个特色：第一，它不是直接交换，而是间接交换，即是说，是经过许多商人的手而行着的交换；第二，它不是很小的范围内的交换，而是经过无数的交通机关而行着的，很宽的范围内的交换；第三，它不是物物交换而是靠着货币为媒介的交换；第四，它不单是现物交换，而兼有信用交换及分期付款交换；第五，它不是完全自由任意的交换，而是在公共团体的法令的规定下面的交换。因为有这几个特色，所以今日的交换，必定要在（一）商业的组织，（二）交通的组织，（三）货币的组织，（四）余额的组织，（五）公共团体的法令的组织等等的下面，去实行的。这种种组织，从这一层说来，就变成了市场的基础。不消说，市场的基础的认识是研究市场现象的人必须注意的。

现在我们先看一看商业的组织。商业的组织是间接交换上必要不可缺的工具：如果没有商业的组织，各种财货的生产人与各种财货的消费人之间的需要供给的一致就会变得非常困难，所谓间接交换，也就难于继续了。资本经济下的商业组织是非常繁复的：不但种类甚多，而且层次不少。

从商业的种类说，我们可以依种类标准，找出种种不同的商业：（一）从商业的地点看来，可以分为：（A）行商业即不开店铺的负贩业，（B）店铺商业即有一定的地址的商业，（C）坐庄商业即虽有一定地址而不开门市的商业，（D）巡回商业即虽一面开店铺，同时却派外交员或代理商到处巡回做货样交易或目录交易的商业。（二）从商业上的被交换财货的性质看来，可以照 46 节所述，分为原始商业，独立商业，银行业，保险业，信托业，百货商业等等。（三）从危险计算上的的责任负担看来，可以分为：（A）自营商业，即以自己的名义，自己负担全责的普通商业，（B）代办商业（Commissioner），即受别人的委托，以委托人的损益计算，用自己的名义，去行交换，以便从中取得佣钱的商业，（C）代卖商业或代理商业（Agent），即代替特定的商业，以所代理的商业的损益计算，用所代理的商业的名义，去看买卖的商家，（D）经纪商业（Broken Maker），即专门站在别的交易人之间，替他们做交易的媒介，以便从中取得媒介手数料的商业。（四）从商业的规模的大小看来，可以分为大商业，中商业，小商业等等。

再从商业的层次说，我们可以在同种财货的交换关系上，随着种种标准，分为原料收买商业，半制品贩卖商业，即制品销卖商业，零卖商业，批发商业等等。无论举什么财货为例，要想数出它从各种原料时代起，到供我们使用时止，所经过的商人的数目，都是平常人做不到的事。现在，且引用 Suhr 所设的一个例图，以便说明：

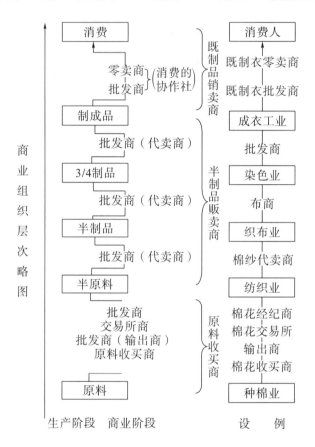

说明：（一）这个图是德国人举的关于德国的例，所以上面有消费协作社，成衣工业（图为德国人的上下衬衣，一般都是买现成的穿）等等；不过，要知道，这种情形，在一般文明国内，都是一样的。（二）要明白商业的组织层次，当然应该知道商业交换的对象（即财货）所从出的工业的层次，所以先把工业阶段，举在左边，最左的那根箭，是表示先后的顺序的。生产的阶段由原料起，分为五段，最后才达到消费。在这五段中间，都要经过商人的手，所以特特把商业的阶段配在右边，用一根曲折的箭，表示工业阶段和商业阶段的关系和方向。（三）商业阶段一共细分九段，从大体上说，这九段又可以综合起来，成为原料收买商，半制品贩卖商，既制品销卖商三大段。（四）最右边那根箭上所举的，是关于现成衣服商业的组织的例。关于其他商品，可以照此类推。（五）图上所举阶段，只是一个简单的例示，在实际上，当然还要比这个更复杂些，因为：第一，每一个阶段上的商人还可以在同一阶段的同业之中，转无数次的手；第二，一件既制衣服，除了布之外，还含有纽扣，颜料，缝衣机器，针等等东西的关系，而这些东西也同样须经过无数商人的手。所以，从全体说来，一件衣服到消费人的手里以前，不知要经过若干商人的手。商业组织的层次的复杂，可以由此推想而知了。

以上各种商业，在国民经济上，自然各有它的不同的影响，因此，从国民经济的立场看来，也应该有种种不同的应付政策。如像保护小商业，抑制百货店政策之类，这些政策是属于所谓商业经济政策的范围的东西，在这里且不叙述。

67. 市场与交通的组织

商业组织虽在市场关系上可以沟通生产人和消费人间的需要和供给，然而在交换范围广大的时候，单靠商业的组织却还不能充分的达那种沟通的目的，因为商业的组织普通只限于特定地方，不能远及各地。因此，所以随着交换经济的进展就不能不发生许多交通机关及一种和普通商业脱离了的运输交通业。这些交通机关的组织，也是市场基础的一种，也是一般想要认识市场现象的人们必须注意研究的。

交通机关大致可以分为两种：运输交通机关和消息（信息）交通机关。

运输交通机关包含着道路（国道，省道，县道，私道等等）桥梁，铁路，水路（可航行的河流，湖，海，洋），航空路以及行于这些东西上面的车辆，船舶，飞行艇，飞行机等等。在这些东西当中，从经济上看来最重要的，当然要算铁路和火车，因为铁路交通的迅速，安全和比较的廉价，把一切别的交通机通关压倒了，把世界缩小了，把交换范围扩大了，把大量生产促进了，把大都市的现象弄成可能了（没有铁路时，从给养上和管理上说，大都市的发生都是不可能的）。铁路交通虽然是极重要的东西，然而同时却又因为它的独占性及限制性（就是说，在同一的轨道之上，不能自由行驶，只能按照特定规则行车那种限制）的缘故，所以各国大抵都把铁路的经济当成公营业或公企业。不过，最近几年，因为摩托车大大进步的关系，普通道路在马路的形态下面，似乎又有压倒铁路交通，而取回它古昔所占的重要位置的趋势了。以上还只是从国内的立场看起来时的说话，如果从对外的立场说，海洋交通机关当然比铁路交通更为重要：资本经济时代的经济发达的程度，往往可以拿航海船舶的多寡，推测出来。航空机关在政治上和军事上所占着特别重要的地位，但是，在经济上，却还没有多大意义。

消息交通机关包含邮政机关，电报机关（有线和无线）机关等等。在这些东西当中，从经济上看来，最重要的自然是电报机关：因为它可以迅速的报告供给的关系，去促进交换范围的扩大和大量生产的增加。

运输交通机关和消息交通机关两种东西，是相互辅助的：没有电报就不会有今日的铁路的安全，没有无线电话电报，也不会有今日的航海的安全，这是显而易见的；就是反过来说，也未尝不是一样，因为，在没有火车和轮船的实用的运输交通机关的时候，恐怕电报和电话等等东西在经济上的意义也会减少一大半罢。

无论是运输交通机关，或是消息交通机关，在它的组织上都有一些理想的共同准则：交通机关必须具有（一）迅速，（二）时间正确，（三）安全，（四）廉价，（五）普遍五个特色，才能够达它设立的目的，供交换市场的使用。因为一切交通机关都有这个共同的准则的缘故，所以在资本经济制下的各国，除了利用天然的海岸线及河流之外，在国内部设有国路网，运河网，铁路网，航路线网，邮政路线网，有线电报网，无线电台网等等。

交通机关这种东西的发达，固然一方面有扩大贩路，推进大量生产，种种好处，但是，同时还要知道，这种发达，也和新式机器的发明足以招致许多工人的失业一样，会因无政府的生产越发扩张，大量生产的威力越发加大的缘故，发生种种恐慌或不良现象，如像十九世纪末的西伯利亚铁路开通及海运机关加巨，使东欧各国农业上发生恐慌，以及一般铁路线路的增加会使大都市的地租特别增高，发生住宅困难问题，等等现象，就是明白的例子。因为这个缘故，所以交通政策也就成了经济学上一个特殊研究项目。

68. 市场与货币的组织

资本经济制下的交换是间接交换，即一种以货币为媒介的交换，无论什么样的交易都离不开货币的授受，所以，资本经济制下的市场和货币的关系是很密切的：货币的组织是市场的第三的必要的基础。因此，所以我们在认识市场现象的时候，就不能不研究货币组织的大概。

货币这东西虽是我们日常天天摸弄着使用着的东西，但是，同时却是一件极难彻底懂得的，极其复杂的东西，所以关于它的本质，它的来历，它的作用等等问题，且留到后面第六讲说明，拿它和商品的本质，互相关联起来时再加研究，目前在这里，我们只把货币当成一种充当着交换媒介的有组织的存在物，加以考察罢。

货币这东西，不但性质复杂，难于理解，并且，它的种类和名称，也极其纷繁混杂，在经济学上，还没有定论。现在我根据自己的判断，姑且把资本经济下的货币的种类，细分如下：

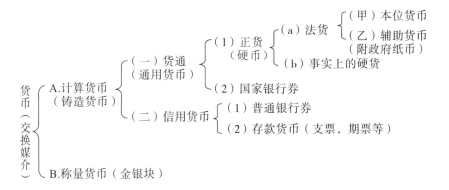

说明：（一）当作交换媒介看的货币当中，可以分（A）计算货币和（B）称量货币二者。后者是没有一定的形状和分量，到使用时临时称定分量的货币。如像中国到最近在僻偏地方还使用着银锭金叶，碎银等等，就是例子。有许多学者不承认这种东西是货币，只说这是一些当作货币材料用的商品（金银块，Bullion），那自然是偏见。如果照那样说，我们中国的银两在没有银元以前，就应该算不得是货币了。但是，在事实上，中国从前的银锭，明明发挥了货币的作用，到现在，银两还是货币的本位（如像海关两），所以，那种学者的见解是不对的。并且，就拿金银块说，直到现在，在国际的支付上，也还是当作世界货币，用称量货币的形式，行使着的。

（二）计算货币是具有特定的形状和分量，在使用时只须计算个数就行了的货币。从发生的历史说来，最初的计算货币却是金属的铸币，所以这种货币本是可以叫做铸币的。不过，因为经济发达，交易的价额越变越大，纵然用贵金属当货币，也仍苦于搬运携带的缘故，发生了金属货币的种种代理者，即纸币，银行券（钞票），所以在计算货币之中就好像添了一种非铸币的货币似的，因此，就弄成不便于用铸币二字称呼计算货币了。其实，照纯理说来，那是不应该的。

（三）计算货币当中的通货（Currency），即通用货币，是指一切在社会上行着事实上的流通，具有通用效力的货币说的：内中包含着（1）正货（Specie），即硬币（Coins）和（2）国家银行所发行的银行兑换券。所谓国家银行除了纯然的国立银行外，自然是包含公私合办的全国中央银行（如像日本的日本银行）在内的。

（四）正货当中的法货（Legal Tender）是指那种被国家法律指定了它的当作支付手段看的效力的货币说的。与法货相对待的，是事实上的硬货，即是说，那种仅具有社会通用效力，未有法律的通用的效力，在行使时可以被人拒绝的硬货，如像在币制改革后已经过了法律有效期间的旧币或外国的货币之类。

（五）法币当中的本位货币（Standard Money）是那种在数量上具有无限的通用效力的法货，辅助货币（Subsidiary Money）是那种只在特定数量的范围内具有通用效力的法货。关于本位货币并辅助货币的种类材料，成色，分量，名称，本位货币和辅助货币的关系及两种货币的铸造手续等等。在各国，通例都有货币法令详细规定着。在本位货币只有金币或银币一种，并且用允许自由铸造的办法，去维持特定量的金银和一货币单位间的等价关系（如像在日本的金一元等于金二分，那种关系）时，普通叫做单位本位制时（Monometallism）。在有两种本位货币，并且用允许两种货币的自由铸造的办法，去维持特定量的金银和一货币单位的等价关系时，叫做复本位制（Bimetalism）。在虽有两种本位货币而在事实上因为银价跌落的缘故，特别禁止银币的自由铸造以限制其流通量而维持其等价关系的时候，叫做跛行本位制（Limping Standard）。在虽规定以金为本位货币，而在国内并不铸造金币，仍使用银币，且不用允许自由铸造的办法，倒用限制银币的流通量以提高其比率的办法并用卖买之外的金汇票，以断绝国际间的贷借关系办法，去维持本位货币和金的特定分量的等价关系时，叫做金汇兑本制（Gold Exchange Standard）。在虽以金为本位货币，但不用允许自由铸造的办法而用买卖金块的办法，去维持一货币单位和特定分量的金两者之间的等价关系时，叫做金块本位制度（Gold Bullion Standard）。关于这种种问题，都是应该归货币论去专门研究的，这里且不多说。

（六）从普通说来，所谓法货虽只能是本位货币及辅助货币两者，但是，在特殊的时期，如像战争期中，往往会以特别法律停止国家银行券的兑换现金，使它成为事实上的不换纸币，甚至于直接由政府发行政府纸币。在这时，所发生的不换纸币，在形式上也不能不算作法货，所以应该把它附在法货之后。

（七）和正货相对待的国家银行券，是正货的代理人，虽然这种东西的发行数量，往往会超过所代理的实际的正货，然而，因为这种银行券的发行，都受着特别法律的规定和限制的缘故，它的发行数量在平时却始终会保持相当的均衡；因此，所以这银行券可以算得是一种在事实上效力和正货相等的东西。

（八）信用货币（Credit Money）是指那些靠着信用的关系而生的，在事实上被人看成和通货差不多相等的东西说的。这里面又分（1）普通银行（或钱庄）所发行的钞票，（2）存款货币（Deposit Money）两种。所谓存款货币，在事实上是指支票和期票等说的。支票和期票，从表面上看来，似乎算不得货币，但是，从发行人看来，它们和钞票的性质，完全是一样的。拿支票说罢。假定一个银行存有别人的存款十万元，并且知道这些存款不会一齐同时提走，那末，这个银行如果大胆的采取特别存款式的放款办法（就是说，放款于别人时，附一条件，把所借出的款作为借款人的特别的存款，不交付现款），他就可以行数倍于十万的放款而不感觉兑不出现款的危险。在这时，他存进的十万元就可以当数十万元之用。像这样靠支票方法增加出来的货币作用，实在和普通的银行券的货币作用无异，所以，这时的支票，就变成了一种存款货币。普通银行券和存款货币两种东西，在社会的通用力上，一般虽比通货差一点，但是，从发行人看来，的确是可以代替货币去发生作用的，所以都应该看成货币的一种。

据以上看来，可知货币的种类是很复杂的。并且，从实际上说，各种货币在社会通用力上的作用，又还不一，即是说，本位货币虽是和特定的金银量保持着等值关系，形成所谓实价货币（Money with Intrinsic Value）或天然货币（Natural Money），而辅助货币的实价却远逊于它的名目价格（如像二角银辅币如当作银块看待，其价格比同样分量的银子加上铸造费的合计，还大得多），形成所谓名目货币（Token Money）。至于纸币，银行券，信用货币等，更不消说，只是一种人造币（Artificial Money），它们的质料和它们的名目价格差得天远。更进一步说，纵然是本位货币，也难免因铸造技术的关系，或用久磨损的关系，而发生实际价格与名目价格脱离的现象，因为这种种缘故，所以，从社会通用力的差异说，就发生所谓良币和劣币的区别，因此，就自然发生一种叫做 Gresham's Law 的法则。照这种格列霞姆法则说，劣币虽然驱逐良币出流通界，良币却不能驱逐劣币，如像在有两种名目相同而实际价格不同的本位货币存在的时候，因为大家都想保存良币（以便拿去镕成金银块时，多得利益），都想送出劣币的缘故，在很短的期间，流通市场上会看不见良币。

总而言之，货币的种类是很复杂的，它对于市场的影响又是很重大的，所以，各国对于货币，大抵都施行种种政策，如像上述货币本位政策，货币发行政策，以及所谓货币扩张（Inflation）政策并货币紧缩（Deflation）政策等等。关于后二者，我们讲到第六讲时，还有说明。

69. 市场和金融的组织

市场的继续不能不依靠货币一件事，据上节所述，已经是很明显的。但是，我们知道，货币这东西会随着经济的发展，变成一种和信用（Credit）不能两离的东西（甚至于有人说，货币本身就是一种信用，因为在行交换时卖货人所以肯收进货币，就在乎他相信买货人不会骗他，相信买货人所给的货币将来可以发生表现价值的作用。不过，这种说法似乎过分，因为从信用的本意"一种在将来享受反对给付的条件下面，相信别人使别人利用自己的经济财货的现象"说来，货币本身似乎应该被包含在信用下面）。因为，随着交换情形及生产情形的变动，常常会发生一种缺少在货币形态下的资本的现象，如像当货币远在别处，或机器尚未运转，或商品尚未售出时，全体资本虽然雄厚而货币资本却感缺乏之类，因此，就不能不依靠信用去补充货币资本。这种情形在越发巨大的企业里面越甚。然而从另一方面看，所谓金融（Circulation of Money, Accomodation of Money）又是指货币资本的信用交易（即货币资本的贷借，更正确的说，就是一种关于当作商品看的资本本身的交易的现象）说的，所以，市场这东西的继续，又是依靠着金融组织的，就是说，市场又是以金融组织为基础的。因此，所以我们在认识市场现象的时候，还不能不研究金融的组织。

金融就是货币资本的信用交易，所以要明白金融的内容，须先明白信用的内容。普通对于信用，虽然有无数种的区别，如像所谓公共的信用（即公共团体所授的信用）和私人的信用，对人的信用（即把相信的原因主要的放在人的方面的信用）和对物的信用（即以财物担保为主要的相信原因的信用），生产的信用（即为从事生产事业的缘故而借款的信用）和消费的信用（即为消费而借款时的信用），国内信用和国际信用，长期信用和短期信用等等，但是这些区别都只一些不关痛痒的表面的区别，不足以靠它去说明金融的内容的。能够说明金融的内容的，只是下面这种从信用发达史看来的，以信用授受的作用如何为标准的分类：

（一）单纯的生利资本（Interest-bearing Capital）信用

这是资本经济制下的信用的最初形态，它的特色是：为要获得那种可以剥削别人的剩余价值去产生利润的资本的缘故而生的信用授受。不消说，在资本经济以前，也曾经有过资金的贷借，所谓古代高利贷问题的存在，就是一个大大的证据。不过，那时所贷借的资金还算不得是现今所谓资本，当然也就算不得是一种和今日的金融有密切关系的信用，所以不能把二者看成同种的东西。单纯资金的贷借（非资本的贷借）在今日也还是有的，如像上面所述的消费信用，就是一例，但是，今日经济界上所谓信用，却不是以这种信用为主体，为原则。

（二）流通信用（Zirkulations Kredit）

这是在商品的流通进程中，因为行了信用交易或隔地交易的缘故而生的信用。这种信用的主要的实际表现，是所谓期票（本票）及汇票。期票是一种由债务人约定将来的特定时候，支付现款于债权人的票据。汇票是一种由债务人向他所关系的银行，买取汇票，送与他的债权人，叫他向另一特定的银行去取款的票据（当然债权接得汇票之后，不直接去取款，而把汇票当作有价证券使用，转卖给人，也是可以的）。

（三）资本信用（Kapital Kredit）

这是在生产的进程当中，因为一部分货币资本陷于睡眠状态（即是说，在生产期间中停滞着，未发生作用时，如像当作继续运转的资金积存着时或当作劳动力和原料的零星支付的准备积存着时的状态）的缘故，特特把它存到银行时所发生的信用授受。这种信用的主要的实际表现，是支票和转账交易（Giroverkehr）。支票是一种有银行存款的债务人，发给债权人，任由他向债务人的银行领取或交债权人自己的银行代领记账的票据。转账交易是一种在债务人和债权人都各有特殊的来往银行时，由债务人通知自己来往的银行，把自己的存款拨付特定的数目给债权人所来往的银行，叫他转账入债权人的存款项下的办法。

关于上述的期票交易，汇票交易，支票交易，转帐交易等等的区别，最好是用下面图式表示出来：

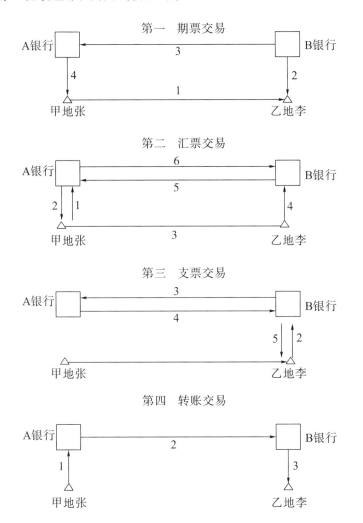

243

说明：第一，期票交易。（1）债务者甲地张某对债权人乙地李某发出期票。（2）李某拿到期票到他所来往的 B 银行请求贴现（当然如果他不急需这款，他还可以等到满期日后自己去取）。（3）B 银行可以向别的和甲地有关系的任何银行如像 A 银行，请求再贴现。（4）A 银行在满期时向甲地张取款。

第二，汇票交易。（1）债务人甲地张为还乙地李的债的缘故，向甲地 A 银行写了一张汇票。（2）A 银行应允了，将汇票送与甲地张。（3）甲地张送汇票与乙地李。（4）乙地李向自己所来往的 B 银行，请求贴现（当然，如果这汇票是见票即付的性质，就用不着贴现了。这里所说的只是有期的或有其他条件的汇票）。（5）B 银行把汇票问 A 银行支款（自然 B 银行还可以把这汇票当作有价证券卖出去）。（6）A 银行付款。

第三，支票交易。（1）和 A 银行有存款往来的甲地张，为偿债的缘故，写了一张 A 银行支票给乙地李。（2）乙地李把支票送给和他自己有存款来往的 B 银行。（3）B 银行和 A 银行也有存款来往，所以把支票寄与 A 银行。（4）A 银行把负债记入自己账簿之后，将支票送还 B 银行。（5）B 银行将存入记入乙地李的账上。

第四，转账交易。（1）和 A 银行有转账计算来往的甲地张，知道他的债权人和 B 银行也有转账计算来往，所以叫 A 银行付 B 银行一笔款，以偿他对乙地李的债务。（2）A 银行也和 B 银行有来往的，所以就通知 B 银行，把这笔款一面当作支取记在张的账上，一面当作存入，记在它对 B 银行的账上。（3）B 银行通知乙地李，把这笔款记入乙地李的存款项下（如果是各国邮政局的转账计算来往，那更便利，因为在这时邮政局同时兼了 AB 两银行，可以省除许多的手续。又，普通的邮政汇票，在事实上，也只可以说是转账计算的变相，不能算是真正的汇票）。

（四）证券发行信用（Credit by Means of Fictitious Capital）

这是在证券的发行当中，靠着股份上所表示的原有资本和被资本化了（Capitalized）的收益权，即所谓股份资本，两种东西的差额产生的无形中的信用作用。这种信用的实际表示，就是所谓创办人利益（Founder's Profit）。关于这一层的说明且留到第九讲罢。

以上四种信用，就是构成现代金融的主要的内容的东西：现代金融，主要的是指关于货币资本，期票，汇票，支票，证券发行业务等等的信用交易说的。这种具有复杂的内容的金融，是靠种种特殊的金融机关实行着的，其中最主要的机关，自然要数银行。

从普通一般说来，所谓银行，虽是指卖买货币，存款放款的营业说的，但是，从经济学上看来，银行当中却可以有四种区别：第一是中央银行，它的主要业务是发行兑换券（一切文明先进国都有中央银行，去担负统一钞票的发行，统制全国的金利的责任。中国的经济却还没有发达到这个程度），存放大宗款项，调节全国的金融和物价。第二是商业银行，这是专门以债券和股票的承受，短期小额的存款放款，期票的贴现，有价证券的卖买，汇兑等等为业务的。第三是投资银行，这是专以对于别的企业的投资为目的的银行；它的业务，多半是一面做长期储蓄存款，一面做长期的，用不动产，公司债票，公债票等等东西担保的放款。第四是协作社银行，这大抵是以自救为目的，专门对于社员行短期小额的存款借款的银行。

银行的种类，虽然在理论上可以分成上述四种，然而，在实际上，各个银行往往是各有特质的：也有兼着商业银行和投资银行的性质的，也有只做单一的业务的，如像只做长期抵押借款的银行，专做储蓄存款的银行，也有专做转账计算的银行（giro-bank）。所以，要明白银行这种机关的作用，最好是把一般银行所有的主要营业项目，罗列出来。银行的主要营业项目，大抵可以分为下列十二项：（一）发行兑换券，（二）授受和分销大宗公债和股票，（三）兑换货币，（四）一般存款，（五）一般放款，（六）汇兑，（七）贴现，（八）一般有价证券的卖买，（九）转账计算，（十）储蓄存款，（十一）长期抵押放款，（十二）信托营业。

除了银行之外，还有证券交易所，银行票据交换所，钱庄，当铺，信托公司，信用协作社等等，也都算是金融机关。

金融机关，在先进的国家里面的市场上，占着一种统治的地位，形成了所谓金融资本统治的现象，所以各国对于金融的组织，也有种种政策，如银行政策，金利政策，债券发行政策等等。

70. 市场与公共团体的法令的组织

市场这东西，除开上面各节所述，要以商业组织，交通组织，货币组织，金融组织四者为基础之外，还得以公共团体的法令组织为基础。为什么呢？因为在现今的状况下面，不但国家这种公共团体统治了一切，把一切经济现象，都放在公共法令的组织之下，并且，在事实上，公共团体还依据它所定的法令，实行种种公营业和公企业，在表面是和私人营业并企业立于平等的地位（看54—57节），在实际上却足以左右市场，至少是操纵市场的一部分。因为这个缘故，所在我们在认识市场现象时，又不得不注意公共法令对于市场的关系。

公共团体的法令中，可以和市场发生密切关系的，可以有下列四大类：

（一）民事法令

这是规定私人所有权的界限的法令，虽然不直接规定市场关系，然而却是市场关系的基础。为什么？因为资本经济下的市场交易，原是站在私有权的大原则上面的交易，而民事法令全部却又是为私人所有权的关系而存在的缘故。

（二）商事法令

这是规定做商事营业的人们之间的法令，不消说，对于市场，是有密切关系的；市场的主要基础既是商业组织，那末，规定从事商业的人们间的关系的法令，当然也就不得不成为重要的市场基础之一了。

（三）财政法令

这是规定公共团体的财政的行为的法令，如像各种租税法，关税法，货币法，公债条例等等，都是例子。这种以财务行政为目的的法令，直接的虽不规定市场关系，而间接的却可以左右市场，如像保护关税可以左右市场上的需要供给关系，营业税及所得税足以改变国内市场的发展方向，关于公债及货币的规定可以操纵全体金融市场之类，都是谁也不能否认的。

（四）经济法令或产业法令

这是规定公共团体对于各种产业的大体方针的法令，如像土地法，矿业法，森林法，渔业法，电气事业法，铁路法，邮政法，银行法，工场法，劳动法等等，都是属于这一类的。这些法令和公共团体的公营业及公企业大有关系，所以，从结果上说，就是公营业和公企业对于市场的操纵的基础。

以上第一类第二类法令应该归民法学，商法学去研究的，第三类第四类法令是应该归财政学，行政法学，经济政策学三种科学去详细研究的，所以，我们在这里可以不必赘说。

十九、　市场的种类

71. 物品市场

市场可以分为地方市场，全国市场，世界市场三者，这是我们已经在 65 节说过的。如果从市场所受的特殊统制的有无（即上节所述法令的严密统制的有无）一层看来，地方市场和全国市场应该合而为一，成为全国市场，去和不受特殊的严密统制的国际市场即世界市场相对峙。

国内市场这东西，通例可以分为物品市场，金融市场，劳动市场，技能市场四者。

物品市场更可以按照它在经济上的地位如何，分为（一）一般物品市场和（二）重要物品市场。

（一）一般物品市场包含着：（A）青鲜的食品市场，即青菜，瓜果，肉类等容易腐败的食料品的市场。（B）活鲜的食品市场，即家畜，家禽，野兽，野禽等等可以在比较长久的时间中保存着的食料品的市场。（C）干的食品市场，即谷类，干果类等等食料品的市场。（D）日用的制造品市场，即糖，油，酒，布等等从工业上制造出来东西的市场。（E）燃料市场，即煤炭，木炭，木柴，煤气，电气等等东西的市场。（F）建造用品市场，即铁材，木材，石材等等东西的市场。

（二）重要物品市场是指那种在一般物品当中，对于经济界全体可以发生巨大的影响，对于一般物价的决定可以占着支配的势力的物品的市场说的。如像主食物（米，麦），棉及棉制品，铁，煤炭等等东西的市场，就是例子。

72. 金融市场

金融市场大致可以分为下面几种：

（一）金利市场。这是关于一般利率的市场，当中更分为存款利率市场和放款利率市场。

（二）短期融通资金（Call-loan）利率市场。这是关于短期的营业资金的贷借利率的市场。这种利率对于一般中小工商业的营业的进行，有很大的关系，所以普通都把它和第一种金利市场，分而为二，以示区别。这个（二）和（一）的关系，恰恰像零卖市场和批发市场之间的关系一样。

（三）贴现市场。这是关于一般贴现的折扣率的市场。各种贴现的折扣率，不但看它的付款期限的远近，付款机关的确实程度等等而有变动，并且，也会随着一般金融界的枯润如何而有变动，因此，就发生了这种贴现市场（参见 69 节）。

（四）起债市场①。这虽也是关于有价票据的市场，但是，它和（三）不同，它不是关于汇票期票等的市场，而是关于股票，私债票，公债票等等长期间的票据的市场。这种票据的价格，照例会随

---

① "起债市场"为日语用法，相当于现今所说的一级市场或发行市场。——编者

着需要供给的关系，政治上的变化，经济界的事变，金融资本家的操纵等等而有涨落——这是普通人都知道的。

（五）汇兑市场。这和（三）的汇票贴现不同，这是指立刻付款的汇兑市场。汇兑市场从内容说，可以分为票汇市场，电汇市场，逆汇市场〔即信用状（Latter of Credit）汇兑市场〕等等；从范围说，可以分为国内汇兑和国际汇兑等等。

（6）生金银市场。这是关于金银块的市场，即所谓标金市场，大条银市场。

此外，在币制不统一的国家当中，当然还可以发生种种本国货币的市场，如像中国目前的晋票市场，奉票市场之类。

73. 劳动市场

劳动力的卖买成为经济社会上的劳动关系的主要形式，这件事，是资本经济时代以来的事（看第二讲）。劳动力的自由卖买的通行，从欧洲说，是从十五世纪末起的。那时所谓劳动的卖买，是限于工场劳动者（当时所谓自由劳动者）的劳动力的。农业劳动者的劳动力的自由卖买，在先进国中，也不过只有百余年的历史。至于精神劳动者及家庭使用人的劳动力的自由卖买，直可以说是直到金融资本时代才盛行的。照目前说，所谓劳动市场，大致可以分为工业劳动市场，农业劳动市场，家庭劳动市场，精神劳动市场四种。

无论是哪一种劳动市场，都是具有一种和上述的物品市场并金融市场不同的特色的：它不是一种完全的靠自由竞争和需要供给的适合而成的市场（看 62，63 节），而是一种主要的靠生存斗争和压服屈从而成的市场。这种特色，自然是因为劳动力这种市场上的商品的特性而来的。劳动力的特性有三：第一，因为它是附在人类的身体上的东西，人类非继续花费生活资料以维持身体，就不能把劳动力产生出来，并且，在资本经济下面，凡是出卖劳动力的，又都是除了卖气力换得生活资料，就无别的合法的生存方法的人，所以，劳动力的供给人，是处在一种照通常秩序说，无论如何不能不把他的唯一的商品，贩卖出去的状况下面的；换句话说，他的地位对于买进劳力的人（雇主）的地位的关系，比起做商品交易或金融交易上的卖者对买者的关系，还要软弱些。所以，出卖劳力的人，在事实上，总是在站在雇主的下风。第二，因为劳动力这种东西和别的一切商品不同，在买进来之后，可以替雇主产生新的剩余价值（看 18 节和第六讲），增加总价值的分量，所以劳动力的需要人（雇主）在资本经济制度下面，又非靠着劳动力不可；所以，从眼前一时的紧急状况说来，劳动者固然不能不站在雇主的下风，然而从资本的长久的增殖扩大说来，雇主又不能不需要出卖劳动力的人的存在。第三，因为被购买的货色，不能够在事前分明（劳动的勤惰及强度不能明白的预定出来），所以劳动力的卖者和买者之间，往往在卖买成交之后，发生种种关于货色即关劳动勤惰的问题。因为有这种特性，所以劳动力的卖买的问题，才会变成一个劳资两方的死活问题，同时劳动力的卖买价格（即工资）问题，才会成为一个经济学上的困难问题。

　　劳动力是附在人类的身体上的，所以它的单位，只能用劳动的时间，如像几天，几个钟头的方法，实行计算。所以，所谓工资，就是在特定时间（普通是一天）内的劳动力价格。从雇主方面说来，他自然是愿意：（一）每天的工资越少越好，因为他所付的工资越少，他所获的剩余价值也越多。（二）每天当中做工的时间越长越好，因为做工时间越长，所生产的剩余价值就会越多。（三）在特定的时间当中，劳动者越拼命努力工作越好，因为劳动者越努力工作，所产生的剩余价值就会越多。（四）在万一被逼得不能不增加工资的时候，最好是只增加名目工资（即用货币表现着的工资数目），不增加实质工资（即那种货币形态下的工资所能购买的生活资料的实际的内容），因为纵然增加了名目工资，然而靠着那种在资本下面的一般物价渐渐涨高的关系，实质工资反会变成减少。（五）万一不能不增加实质工资，也最好只是增加绝对工资（这就是说，从工资本身的大小看的时候的工资。举例说，如像在原先一块钱一天的工资，加到一天一块二角的时候，如果这一块二角在全生产物的总价值之中，只和原先领一块钱工资时一样，仍是十分之二或比十分之二更少，那末，这种工资的增加，就是绝对工资的增加），不增加相对工资（即那种在全生产物的价值当中的比率的增加。举例说，如像在上面那个例子里面，如果那一块二角钱是全价值的十分之三，而不是原先的十分之二或比十分之二更少，那末，就发生了相对工资的增加）。因为绝对工资的增加是于雇主无损的，有时还是有益的（因为这时候他仍可以照旧增殖资本，并且工资的相当的增加，还可以增进工作的能率。雇主有时自己提议增加工资，也就是出于这种理由）。（六）失业的劳动者越多越好，因为，在这样的时候，雇主才可以利用劳动力的供给方面的竞争，去减轻他自己在卖买条件上的负担（这自然是就模范的产业先进国如从前英国等说的，在这种先进国里面，工业品的主要销场是国外销场，不是国内销场，所以他们宁肯牺牲国内的销场，使失业人口始终继续存在，以便谋劳动契约上的便利，而不肯为增加销场的缘故，去解决国内的失业问题。英国救贫事业之继续存在，也就是由于这种关系。不消说，在以国内销场为目的产业组织上，这里说的失业者越多越好的道理，是不能不有多少改变的）。

但是，从出卖劳动力方面的人说来，他的希望却完全和雇主的希望相反。他的希望：（一）工资越多越好，（二）每天做工的时间越短越好，（三）只用普通的努力程度做工，（四）增加实质工资，（五）增加相对工资，（六）失业劳动者越少越好。

雇主和劳动者在劳动力的卖买上的主观的希望条件，既然这样相反，所以，纵然从国民经济的客观的立场说来，可以有许多不能不令双方的互相让步的理由，但是，在事实上，所谓劳动市场却依然还带着上述的特色，因此，所谓工资支付制度，也就成为劳动两方面的争执的中心问题，弄得非常复杂，照现今著名的工资制度说来，除开最原始的论月制，论天制之外，可以分为下列种种：

（一）时间制。即按做工时间的多寡，每做一时间的工，给若干工资的制度。它的计算公式如下：

工资＝每时间工资率×实际工作时间

（二）件数制。即按工作的结果的件数（pieces）的多寡，每件给工资若干的制度。它的计算公式如下：

工资＝工作结果的件数×每件工资率

（三）差别工资制。这是按工作的成绩如何而高下其工资的制度。其中更分许多的种类：如像（A）哈尔西制（Halsy Premium Plan），这是以普通时间制为基础，另加花样的制度。若工人愿意照普通时间制，也可以依普通时间制计算，如他愿依特别花样，就照下面这样办：先定一标准时间，（甲）如工人所做的特定分量的工作，过了标准时间还做不完，就仍照时间制计算；（乙）如能够在标准时间以内做完，即是说，如能够比标准时间更节省时间，就把所节省的时间内的工资，按 1/3 和 2/3 的比例，或按各 1/2 的比例，分给工人和经营主体。它的计算公式如下：

（甲）不能节省时间时，

$$工资＝每时间工资率×实际工作时间$$

（乙）有节省时，

$$工资＝每时间工资率×实际工作时间＋$$

$$\frac{每时间工资率（标准工作时间－实际工作时间）}{3 或 2}$$

$$＝\frac{每时间工资率（2×实际工作时间＋标准工作时间）}{3}$$

$$或 \quad \frac{每时间工资率（实际工作时间＋标准工作时间）}{2}$$

（B）罗万制（Rowan Premium Plan），这是对于哈尔西制的一种修正，一种减少工人所得的修正。它的计算公式如下：

（甲）不能节省时间时，

$$工资＝每时间工资率×实际工作时间$$

（乙）有节省时，

$$工资＝\frac{每时间}{工资率}×\frac{实际工}{作时间}＋\frac{每时间}{工资率}×\frac{实际工}{作时间}×\frac{标准工作时间－实际工作时间}{标准工作时间}$$

$$＝时间制\left(1＋\frac{节省时间}{标准时间}\right)$$

（C）泰洛制（Taylor Differential Piece Rate Plan）。这是按照实际的详密调查，定一每若干时间内的平均生产结果的件数标准，把工资分为两级，对于生产结果不及此标准者，给与低级工资，对于达到标准的工人，给与高级工资。高级工资通常比低级工资多 1/2。它的计算公式如下：

（甲）不及标准时，

工资＝工作件数×普通件别工资率

（乙）达到标准时，

$$工资＝工作件数×普通件别工资率（1＋\frac{1}{2}）$$

（四）赏与制（Bonas System）。这是按照种种标准对特定的工人特给赏与的制度。赏与的标准有（甲）工作的速度，（乙）工作结果的优美，（丙）材料的节约，（丁）机器的损伤的微少，（戊）迟刻及请假的有无，（己）年功，等等。

（五）从价升降制（Sliding Scale System）。这是约定按照制品的出卖价格高低，依特定的比例，把工资加减起来的制度。

（六）利润分配制（Profit-sharing Plan）。这是约定在普通确定的工资以外，更按照特定的比例，将企业的利润，分一部分给工人的制度。当然，这当中还有许多区分：有直接分给工人的，有作为工人有养老或养病费，存在企业内的，也有只能将所分利润，积作那企业的新加股本的，也有限定在工人离工后若干时间中才能发给工人的。

（七）团体包工制。这是由工人团体向企业家作全部工作的包揽，只按契约，给与全部的工资，而不问各工人间如何分配的制度。这种制度的目的，在收团体的协作的效能。

（八）工头包工制。这虽是很旧的制度，但是，在现今的经济界，还盛行着。

（九）家族标准制。这是按照工人的家族人数的多寡而把工资增减起来的制度。不消说，这和下面的第十种工资制度，都是所谓的社会政策的表现。

（十）物价标准制（或生活费标准制）。这是按照基本的生活费指数的高低而把工资的比率，增减起来的制度。

照上面看来，可知工资制度是一种非常繁复，难于决定的问题，因此，在劳动市场上，也就不能不发生种种关于劳动卖买的特殊组织，如像劳动力经济人的组织（如雇工绍介所，私立和公立职业绍介所之类），雇主的团体（如德国的种种雇主联合会，英国的各种产业联合会之类），工会等等。在目前的状况下面，劳动力的卖买当中，由劳动者个人自由和雇主直接行着交易的，渐渐减少了；经过劳动者团体（工会）和雇主团体的手而结团体契约的，渐渐加多了。这种情形特别是在那种由职业别的工会（即那种以做着同程度的工作或做着同一进程上的工作的工人为会员的工会，即具有对抗雇主并对抗不熟练工人两种目的的工会），渐渐变为产业别的工会（即那种以协力生产着同一生产物或同型生产物的一切工人及从业员为会员的工会，即只具有对抗雇主一种目的的工会）的地方，尤为彰着。据最近的统计说，英国工会会员在大战前仅四百万人，到1920年，改变组织之后，在全部劳动者总数约二千万中，达到了八百五十万，占男性体力劳动者及精神劳动者的45％，其中有三分之二是结着团体契约的。在德国，当1925年时，在约一千八百万体力劳动者当中，有八百万加入工会，在一百五十万精神劳动者当中，有约六十万加入工会，其中行团体契约的，为数也不少。因为如拿 1913 年和 1926 年比较，一般工人契约件数由 10,885 件减为 7,490 件，而内中所含工人数却由 1,574,000 人，加到 10,970,000 人的缘故。又，下面这个表，也可以证明团体契约的势力：

1927 年雇用契约的内别表

	契约件数	所含工人数
每一契约包含工人千人以下的	6,203	1,086 千人
一千到五千人的	755	1,661
五千到一万人的	156	1,118
一万到五万人的	160	3,370
五万人以上的	29	3,735

总而言之，劳动市场这种东西，具有特殊的性质，是应该特别为认识经济现象的人们所注意的：研究劳动市场的人，特别应该留心（A）工资统计，（B）物价指数，（C）失业统计，（D）劳动力的国际移动统计等等。

74. 技能市场

国内市场的第四种，应该是技能市场，即以技能的卖买为内容的市场。技能当中可以分为（一）自由职业的技能，如像律师，开业医生，艺术家，发明家等等不依赖特定的雇主为生的人们的技能，（二）准自由职业者的技能，如像技师，大学教授，被大医院雇用的医生，被大书店雇用的科学家及艺术家等等虽以特殊技能为生活的来源，却不是完全独立自由，而是依赖别的企业主体，拿月薪年薪过活的人们的技能。准自由职业者的技能和自由职业者的技能的区别，不在技能本身，只在技能的被使用的关系。准自由职业者和精神劳动者的劳动力的区别，只在劳动时所带技术性的程度。

技能市场的性质，当然和物品市场，金融市场，劳动市场等等，都不相同：从供给人方面说来，他们的技能是带有独占性的（因为技能要靠相当的天才，并且技能养成的时间很长，费用很大），所以他们在交易上可以对需要人占一个很强的地位；然而从需要人方面说来，他们却不是时时刻刻都得需用各种特殊技能，倒是间歇的或偶然的才需用技能，所以他们在交易上对于供给人的地位也不是十分软弱的。因为供给人和需要人两方面的主观的地位相差很远，一方面虽供给稀少，而另一方面却又需要不多，所以，技能市场很难呈一种繁盛的景况。

技能市场的组织，还带着极原始的形态：普通只有技能供给人和技能需要人之间的直接契约。

75. 具有支配力的市场与市场政策

国内市场的四种市场间的实力关系，不是平等的，倒是带有统治性和被统治性的；换句话说，各种市场在经济关系上的实际力量是不相等的，往往甲种市场的情况，可以支配乙种市场，丙种市场却又可以左右甲乙两种市场。要明白这种支配现象，最好分为三层说：

（一）从市场的范围说

（1）零卖市场是受批发市场支配着的，这只简单的因为批发市场价格小于零卖市场价格及批发商人比零卖商人较详细需要供给的状况的缘故。（2）地方批发市场是受中央批发市场支配着的，这是因为中枢能够支配局部，商品的集散的中心能够支配商品的来源和去路的缘故。（3）中央批发市场受国际批发市场的支配的，这自然是就那些有国际性的商品如煤炭，铁，棉类，主要谷类等等说的话。在这些国际商品或世界商品的卖买上，所谓国际批发市场，可以因国际流通的缘故超过国界，去支配各国的批发市场，纵然用人为的政策加以阻止，也只不过能够阻止一时罢了（因为如果长久在国内用人为的方法，维持高的价格时，国民经济全体就会感受非常的不利）。

（二）从市场上的交易方法说

（1）拍卖交易市场可以支配个别交易市场，因为拍卖交易的双方都是批发商人（中国所谓拍卖交易范围非常狭窄，在欧洲各国却不然，所有农产品的批发交易，大抵都用拍卖的方法在拍卖场交易），比较得着上述批发市场的利益的缘故。（2）货样交易市场大抵可以支配拍卖交易市场，这是因为货样交易市场大半是大量生产的工业品的交易市场，而照一般说来，工业品市场又大抵可以左右农产品市场（因农产品受着"收益递减的法则"的支配，详见第81，87，88节及第九讲）的缘故。（3）标准交易市场大抵可以支配拍卖交易市场并货样交易市场，这自然是因为标准交易就是交易所的交易，而交易所的交易又是所谓大量商品即有代替性物品的交易，所以大量物品的价格就支配小量物品的价格的缘故。（4）清算的标准交易市场大抵可以支配实物的标准交易市场，这是因为清算交易就是那种虽成立交易，却不必一定授受实物，在双方合意时，只算出卖买成立时的价格和目前价格的差额，以行清算的交易，而这种交易在全经济界上却含有（甲）防止价格的特别涨落（因为在交易所中常常有卖方和买方的揣摩和投机，所以很容易使价格落而又涨，涨而又落，在无形中造成一种保险作用），（乙）扩张市场的范围（即扩张到现存商品并证券的数量以外去，即扩张到将来的市场去）以保持卖买的均衡，两种作用的缘故。

（三）从交易的内容说

（1）技能市场和劳动市场大抵受着物品市场的支配：技能市场势力薄弱，不待言了，所谓劳动市场，也因为劳动力要靠生活必需品产生出来，生活必需品的价格的高低立刻影响到劳动市场的缘故，而不能不受物品市场的支配。（2）一般物品市场又受重要物品市场的支配，这是自明的。（3）重要物品市场又受金融市场支配，这自然是因为（甲）大量生产不能依靠大量的资金和信用，（乙）金利的涨落，直接的可以决定利润的多寡，间接的可以引起物价的变动的缘故。

因为各种市场之间，有上述种种支配的关系，所以在实际上各国对于国内市场，都行许多市场政策即国内商业政策，如像竞争抑制政策，协作社商业保护政策，中小商业保护政策，食料品市场政策，交易政策，防止独占政策，劳工保护政策等等。这些政策都是应该归经济政策学去讲述的，这里自不赘说。

76. 国际市场和国际交换的规则（关税问题）

国内市场随着经济的发达，超出了国界，竟构成了现今的国际市场。国际市场这种东西，在今日已成为一种必要的东西，不但无论什么国都不能闭关自给，并且一旦和国际市场断绝往来的时候，还要发生恐慌现象，如像欧战时的经验，以及近来国际上列强屡屡用来威吓弱国的“经济封锁”口号，就是明白的证据。国际市场的这种发展趋势，不是无理由的：国际市场之所以能够存在，自然是因为国外市场的价格高于国内市场价格的缘故（除所谓 Dumping

政策不计外）。而这种市场价格的高贵自然也是因为国际上有那种需要的缘故。所以，从一般说来，国际市场这种东西的发达，原是对人类有益的事，一点用不着加以非难。不过，因为现今的一切国内市场都处在国家的统治之下的缘故，所以国际市场这种东西，除开纯粹经济的意义之外，还带着政治的意义，即是说，在普通的有无相通的意义以外，还带着有繁荣全体民族，拥护全体国民的利益，保持全体人民的经济自给和政治自由的意义。这种政治的意义，表现出来，就成为国际市场的政策，成为一种支配一切国际交换的东西。国际市场的特色就在这一层上面：它的经济的利益，要先受政治利益的规制，要从属于政治的利益。因此，我们研究国际市场的时候，首先就不能不认识国际市场的政策。

关于国际市场的政策，即所谓贸易政策的大体沿革，我们在65节已经述过，结局不外乎随各国经济发展的情形，分为重商主义政策，自由贸易政策，后进国的保育贸易政策（即国际市场第一期的后进国的保护政策），先进国的农业家保护贸易政策，现代的攻势的保护贸易政策等等。这些贸易政策，在大体上，是用下述两种方法去实行的：（一）关税制度，（二）其他的方法。

（一）关税制度

现今所谓关税，通例都是指国境关税说的，所以关税制度，结局就成了规制国际市场的一种主要方法。关税制度这句话当中，包含三种类的问题。第一是通商条约问题。这是国际市场的一个先决问题，因为照通例说，一个国家对于无条约的国民是不负保护的责任的，所以要行国际交易，就先得和外国缔结条约，决定彼此的商人在外国的地位，在外国的经商行为的范围，在外国所负担的特殊的义务，如纳税义务等等。第二是税则的问题。这自然是关税制度的中心问题。通常依照税则决定的方式，可以分为自主关税税则（即由一方自主的决定了的税则，其中更有最高率税则和最低率税则的区别）和协定税则（即与外国协商而成的税则，其中更有片面的协定税则和互惠的协定税则的区别两种）两种。第三是关税种类问题。关税这东西可以依照关税税则上所欲达的目的，分为五种：（A）手数料关税，即税率极微，抽税的目的只在填补税关事务的维持费的关税。（B）财政关税，即全为财政上的目的而抽收的关税，如像一般出口税，侈奢税，本国所无的日用品的入口税及因对本国货加了内地租税的缘故而抽收了的同种外国货物的同率入口税等等。（C）调节关税，即以调节国内的物资为目的关税（看85节）。（D）保育关税，即以保护国内的幼稚产业为目的的关税，如在本国铁工业幼稚特对于外国铁制品的高率入口税，在本国种棉业尚不发达时对于外棉花的高率入口税等等。（E）纯粹的保护关税，即或以对外国行 Dumping 政策（即在国内贵卖，在国际贱卖的抛卖政策，这种政策的可能性的原因，在国内已经发生了独占价格，可以牺牲国内消费人的利益，挪出利益，去打倒国际的竞争者）为目的，或以对外行"反抛卖"（Anti-dumping）政策为目的的关税。（关于关税制度的详细说明，请看财政学及经济政策学的讲述）

（二）其他的方法

这可以包含下列数种方法：（A）禁止，即绝对禁止某种货物的国际交易。（B）特别许可，即对于某种物品的国际交易的相对的禁止。（C）国际贸易的国家专卖，这自然是最有伸缩力的贸易政策。（D）退税，即对于本国出口货物，在出口时将它以前在国内所纳的各种间接税，退给纳税人，以作为奖励的办法。（E）国内税制的改革，即用国内税制上的减税免税的办法，去抵制外国商品的入口，（F）币制上的操纵，如像所谓金汇兑本位制（看8节）及银本位国的入口税用金单位计算之类。（G）政府奖励补助金。

77. 国际市场和国际支付

国际市场上的交易，当然也是以货币为媒介的间接交易，所以国际市场上的交易手段当然也是货币。不过，因为一则国际之间货币的单位是不一致的，二则国际之间没有一种法律的强制通用力加在货币上面，所以国际货币虽然也可以是计算货币，但是，到最后的支付时，还得用所谓天然货币即金银块（看68节），并且，在万万不得已时，还得用货物去支付国际债务，如像欧战后的德国赔款，用煤炭，铁矿石等等去实行交付之类。所以，国际的支付，比起国内市场，要格外复杂些，值得一般想认识经济现象的人们去研究。

国际支付这种复杂问题的发生，在国际贷借关系的决算。国际贷借（International Balance of Payments）这句话，包含着两个要素：第一是贸易上的贷借，第二是贸易以外的贷借。贸易上的贷借关系是可以靠进口出口的货物的统计明白知道的，所以又叫做有形的国际贷借；贸易以外的贷借是无统计可稽的，只能间接推测出来的，所以叫做无形的贷借。所谓无形的贷借当中，包含着（一）两国间所支付的运价，保险费，手数料等等因货物的卖买而生的费用，（二）两国外债的利息的收支，（三）两国人在外国事业上的损益收支，（四）两国人由外国赚回家的汇款，（五）两国人在外国的国家代表机关及在外留学学生的收支，（六）两国人在外国花费的金钱的收支，（七）外债的偿还，应募或卖买，（八）两国的对外投资及收回等等。照通例说，贸易上的贷借虽然是国际贷借的主要成分，一国的贸易上的贷借关系变成逆（即是入口多出口少）的时候，是非常不利的，但是，在有种特别时候，也不尽然，因为，纵然贸易上的借贷关系是逆的，如果贸易外的贷借关系是顺的，那末，顺逆相消之后，也许全体贷借关系还是顺的，如像英国在十九世纪后半，纵然对外贸易上的贷借关系常常是入超，然而因为它在贸易外的贷借关系上常常是顺的关系，所有的入超只是英国在外投资的利息的缘故，所以英国在全体贷借关系上还是有利的。反过来说，纵然是贸易上的出超，如果这种出超的价值不能收回本国，而只是当作赔款（如像德国）或当作外国人投资的利息（如像殖民地或半殖民地的出超），那于全体贷借关系上仍然是无益的。

国际贷借的支付方法，普通可以分为四种：（一）国际汇兑，（二）现金输送，（三）贷物的交付，（四）外债的募集。

（一）国际汇兑

国际汇兑的原理和第 69 节所述一般汇兑原理，并无多大的差别，不过，一则因为国际的货币单位不同的缘故，汇兑行市的计算比较复杂些，行情的变动比较激烈些，二则因为市场范围较宽较远的缘故，所谓汇票的贴现和转卖的层次，比较多些罢了。从普通的道理说，国际支付本是应该用称量货币的，但是因为两国都有贷有借，即两国都互有付现款的必要的缘故，所以就用汇票的发出，贴现，转卖的办法，去图事实上有便利。这种便利，可以由下图表示出来（仿 Englis）：

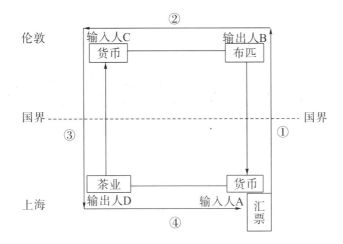

说明：假定由上海输出茶叶到伦敦，由伦敦输出布匹到上海，并假定布价和茶价却相等时，那末，如果用付现款的办法，就得由上海的输入人 A 寄现金与伦敦的输出人 B 去买布匹，由伦敦的输入人 C 寄现款与上海的输出人 D 去买茶叶，要经过国际上的两次现款过付；如果用汇兑的办法，就可以先由 A 发出汇单与 B，B 在伦敦把汇单转卖于 C，得着了布价，C 把汇单寄给 D，D 拿着汇票在上海向 A 取款，得着了茶叶价钱，这样一来时，不用一回国际上的现款交付，就可以把这两宗卖买的付款弄清结了（当然是一个简单的假定，在实际上，上海和伦敦的输出人和输入人决不会只有 A，B，C，D 四人，所以汇票的卖买是很容易的）。图上居里边的四根箭[①]，表示只有货物过国界，没有货币过国界。

（二）现金输送

上述的国际汇兑的行市，普通是靠两种要素决定着的：第一是

---

① 原图居里边的四根线，只有两根有箭头，不便妄加。——编者

靠两国货币的平价（即一国本位货币和另一国本位贸币在当作国际货币看时的价值的比率）为准的，如像日金和美金照日金一元等于11. grains57426① 纯金，美金一元等于约 24 Grains 纯金的比率，得着日金百元等于美金 49.846 元的平价，就是例子。第二是靠着国际兑汇的需要供给的关系如何为准的，就是说，如果甲国汇往乙国的款，比乙国汇来的款多，在甲国的以乙国货币为标准的汇兑行市，就会涨起来，在反过来的时候，就会跌下去，因为有第二种要素，所以国际汇兑行情就会沿着平价，时上时下，而不会离平价太远（这只是就平时说，战时或恐慌时自然还有例外）。为什么呢？因为从普通的道理说来，如果甲乙两国的国际贷借的数额，相差太远，过了特定的限度的时候，它们就会输送正金即正币。举例说，如果甲国对乙国的欠项，比起它对乙国的收项多了千万金磅，在甲国不用别的方法如像下述的券债或输出货物种种方法的时候，它就得放弃了汇兑的方法，把现金输送到乙国去。输送现金这件事，固然须花费许多运费，但是，如像在前述的例子里面，甲乙两国的贷借关系，相差太远，在甲国汇兑行市一定会因需要供给的关系，非常高涨，达到了所谓"现金输送点"（Specie Point）的时候（即行市涨到同额的货币的汇水和同额的现金的输送费相当的时候，举例说，如像在价值乙国币一百元的现金的输送费是六角，而由甲国汇出的一百元乙国币的汇水也是六角或六角以上的时候），与其汇兑，不如输送现金，倒反合算，所以在这种时候的国际支付就变成不用汇兑而用现金了。

---

① 原文如此。——编者

（三）货物的交付

在汇兑行市非常不利，而又无现金可供输送或虽有而不愿意送出国外的时候，就只将国内的货物，输送到外国抵账。这是当然的，因为货币原是表现商品的价值的，所以在没有充分的货币的时候就只好用商品本身去抵账了。此外和货物交付相伴的劳力支付，如像不付款的运输之类，当然也可以看成货物交付的一种变相的。

（四）外债的募集

在汇兑行市非常不利，又无现金可供输送，又无货物可供输出的时候，如果想不发生国际破产或赖账的悲剧，就只有向债权国募集公债，把所有债权作为债权国对于债务国的投资，以清算国际贷借关系了。不消说，这种法子是非常不利的，因为长久弄下去的时候，债务国不堪本利的负担，越弄越坏，最后就难免变成债权国的经济上的奴隶。

以上所说，只是金本位国家间的国际支付的大意，如果两国的本位是一金一银，或一金一复本位，或一金一事实上的纸币本位（即恐慌时或战时，只用纸币，禁止现币的行使及出口，那种事实），那末，情形就比上面所述，更加复杂了。关于这些复杂情形的说明，应该归"国际汇兑"的科目去讲述，这里不多说了。

78. 国际市场的种种待决问题

以上所述国际市场上的规制并国际支付的方法，只是主要事实的叙述。此外，还有许多从理想说来应该为便利国际贸易的缘故实行起来，而在事实上始终还未实行的问题，如像：

（一）国际度量衡制度及货币制度的统一问题。这种统一未实现以前，国际市场上会发生许多麻烦和不便，这件事，只看上节述的国际汇兑的复杂，就可以明白。

（二）国际交通机关制度及运费的统一问题。国际交通机关没有密切的组织，运费的轻重尤其各不相同，以致在国际市场上发生种种的不便和浪费，这件事，是一切去过外国的人都知道的。

（三）国际商标权，发明特许权，著作权等等的统一保护问题。这种保护的不统一，自然是足以阻碍国际交换的发展的。

（四）国际统计的统一问题。国际统计的单位及调查方法的不统一，能够使各种统计失去它的学问上的价值的大半，因此在事实上使国际贸易的发展，受到很大的阻碍。

（五）国际劳工保护方法的统一问题。各国劳工保护方法的不统一，能使各国国际贸易为原全生产费价格的缘故（如像禁止妇孺做夜工的国和不禁止的国，在商品的生产费方面有很大的区别之类）而不上顺常的路径。

以上种种问题，都是尚未解决，正在进行中的问题，也是值得一切研究国际市场的人们去研究的问题。

二十、　中国的市场组织

79. 中国的市场基础

从全般看来，中国的经济还正在商业资本经济时代，所以中国的市场的基础，市场的实际方法，市场的内容，都还远不及先进各国。

从市场的基础说，中国的巡回商业，还很幼稚，百货商业，代办商业，大商业，种种为现代市场所必需的商业组织，也不发达。

中国的铁路交通，按人口和里数的比率说来，和各先进国比较相距还非常之远；大洋船舶交通，全部都归外国人的独占，国内船舶交通，大半也不属自己一层，更是全国市场基础上的一个大大的缺憾。

中国的币制至今还未能统一，不但本位不一，银两银元，还始终并用，并且钞票发行权的一部分也落在外国人手中，以致币制权和金融权，操在外人手中，使市场基础动摇不定。特别是银价的被操纵，更是中国市场基础上的一个致命伤。

中国现行的银元，虽照民国二年的《国币条例》，规定是重量七钱二分的本位货币，但事实上在《国币条例》公布后，银两仍为海关收入的单位。直到民国十八年，始决定全国废两，并采用 Kemmerer 顾问的建议，决定限期实行金汇兑本位，定金本位货为孙①（含纯金 60.1866centigramme），但因十九年银价骤落，金块收集不易的缘故，实行之期，目前还不能确知。

除开币制不确定不统一之外，历年各省滥铸铜元一事，也是市场基础不固的一个原因。拿银铜的比价说，一块银元约可以购买和铜元四百枚的铜料相当的铜块，所以只要银元的市价在铜元四百枚以下，铸铜元的人都是可以获利的。铜元滥造的原因，就在这里。好在目前铜元的价格已跌到约四百枚才换一块银元，大致铜元不会再被滥造了（自然是假定铜质不减色减轻的话）。

金银比价的跌落，虽使中国国民经济在对金本位国的债务关系上，发生大大的不利，但是，从抵制外品，振兴国货一层看来，却

---

① 今多称关金，因其正面为孙中山头像，故又称孙（Sun）。——编者

也不无好处，只可惜中国许多日用必需品如棉布，洋油，化学工业品都仰给于外国，内部又有了许久的战争，似乎已经失了机会，只享银贱的坏处，毫未得着好处。

中国的金融组织，也和货币组织一样，本身既无坚固确实的组织（从前许多银行都是为向各级政府放高利的缘故而存在的，不然就是地方军人为推广已发行的钞票而存在的），外部又受着外国金融机关的压迫和操纵，所以它们的基础也是不稳固的，它们在中国市场上的势力，还比不上在中国的外国金融机关的势力。

中国的公共法令，到十八年全国统一时为止，虽然表面上也存在着，然而实际上却多半成了具文，并且法令的本身还多半是照抄外国的蓝本，不能适合中国市场的实际的要求。自十八年以来，各种新的法令逐渐制定施行，全国政治也渐脱了军政时期，所以，从全体说，从法令方面看的市场基础，渐渐一天一天的巩固起来了。

80. 中国的市场实况

中国市场的交易，目前还是以现货交易为主，在经济上意义最大的定期交易还不盛行。现代外国所谓目录交易（这种交易的特色在它的商品都是一些标准化了的大量生产品。据说美国卖自由笔记本子的 Sears Roebuck Company 用目录交易的方法，一年中成交二万万美金的卖买。由此可以想见这种交易的势力之大），当然更不行了。

中国的物品市场的特色，在最主要的商品棉布棉纱类，多半是由外国输入的或由外国资本在中国制造的一层，这是各国少有的事。

中国虽号称农业国，但是，在中国的农产品当中，却没有一种可以左右国际市场的商品。中国茶业和蚕丝的支配权，早已成为过去的美梦了。不过，从资源上看来，中国还富于所谓国际或世界商品如像铁，煤炭等等（看 75 节），所以中国物品市场的将来，并不是无希望的。

中国的金融市场，完全处于被动地位，如果照金融市场可以支配物品市场的道理（看 75 节）说来，中国今日的市场政策，似乎应该以收回金融市场的自主权为第一要务。

中国的劳动力的分量之多和它的耐力之大（虽然它的质稍差一点），是世界一般所公认的。可惜中国的劳动市场还没有坚固的组织，所以弄得许多劳动力都浪费了，同时还有许多劳动力被帝国主义者以最低生活费以下的价钱，购买去了。

中国的国际市场，从来一则因为关税制度不能自主，二则因为金融权和交通权都在外国人手里的缘故，通商八十年以来，除了例外的几年之外，常常都站在逆调的贸易贷借关系下面，并且，除华侨的汇款回家之外，又没有什么大宗的贸易外的进项；所以，从全体看来，中国的国际贷借关系是始终不利的。要想把中国的逆调的国际贷借关系改为顺调，除了收回金融的自主权之外，当然还得恢复完全的关税自主权和交通的实权。

第五讲 资本经济制下的现象（三）各种经济活动的相互关系

二十一、从国民经济全体看来的相互关系（生产和消费的适合或均衡）

81. 生产和消费对人口和生活资料

我们在前两讲当中，已经把一部分一部分的经济现象，如像消费的准则，分配的大意，生产的形态，交换的组织等等东西，说明白了。现在我们应该更进一步，把各部分的经济现象，联贯起来，察一察它们之间的相互关系。这种考察是必要不可缺的考察。为什么呢？因为上述经济现象的各部分原是一个整个现象的一面，只为研究便利的缘故，才从整个现象分出来的，在实际上它们却仍是相互集整起来，成为整个现象的全体而发生作用的，所以，要想认识经济现象的全体，就非更考察各部分现象间的相互关系不可。这些关系，拿主要的说，大致可以分为：（一）从国民经济全体看来的相互关系，（二）从主要的各营业部门看来的相互关系，（三）从国民经济内的个人看来的相互关系，（四）从各国民经济看来的相互关系四种。

我们先把那种从国民经济全体看来的相互关系考察考察罢。我们在讲义的开头（第 2 节）已经说过，人类要维持自己的生命，就不能不消费外界的生活资料，同时要想得充分的生活资料以供消费，却又不能不对天然加一种劳动，使天然增加分量，改变形态，移动地点，换句话说，就是又不能不行生产。所以，我们可以说，经济生活主要的就是人类的生产行为和消费行为的继续的进程，只要人类存在一天，他的生产和消费就得继续进行一天。他有了生活资料的消费，才能有气力去行生产，同时，也只在有了生产的时候，才能够得着被消费的生活资料，所以，如果从全进程看起来，经济就是生产和消费的不断的循环。换句话说，经济就是不断的再生产（因为，从生产方面看来，消费结局还是为着生产）。从一个人看来是这样，从社会全体看来，也还是这样，所以全社会的经济就是全社会（这里所谓社会是指经济上的协力合作的范围内的结合体说的，看第 10 节）的不断的再生产。一个社会不能片刻停止再生产，恰恰和一个人不能片刻停止再生产一样：一个人停止了再生产，它在其后的特定时点上就会碰着生活上的障碍，甚至于就会死灭；一个社会停止了再生产，他在其后的特定时点上就会碰着社会弊害，就会衰退，甚至于就会瓦解。

但是，同时我们还应该知道，社会虽然不能一刻停止再生产，而再生产的结果却未必能满足社会的需要。为什么呢？因为一则再生产的努力程度的充分不充分足以影响到再生产的结果的分量，二则纵然再生产的努力程度非常充分，它还会发生人口增加速度和生活资料增加速度二者到底哪一方面较快的问题，如果人口增加的速度快过生活资料的增加速度，那末，自然就会使再生产的结果不能满足社会的需要。

人口增加的速度和生活资料增加速度孰快的问题，是马尔萨斯（Robert Malthus，1766—1804）以来的一个问题，至今还有争论，当然值得我们详细研究。马尔萨斯在 1789 年发表了《人口论》（An Essay on the Principle of Population），主张一种被后来的人叫做 Malthusism 或 Mathusianism 的学说。他这学说，是由三部分构成的。第一部分说，一切生活资料，归根结抵，都是从土地产出来的，而土地这东西，不但为数有限，并且它的生产物，还受着所谓"收益递减法"（即所谓 Law of Diminishing Returns，这个法则，在马尔萨斯当时，虽然还未形成今日的状态，但是，已为经济学者所注意。照今日的说法说，这个法则的大意是这样：人类对于同一土地上面，如果增加劳费去耕种，所得的收入虽在绝对数上可以添加，但是，所添加的比例数，却会慢慢的减下去。如像增加十个单位的劳费的时候，虽然可得两石的加收，但是，如再增加十个单位的劳费，却只能得半石的加收之类。这个法则本是单就土地的收益递减说的，后来经德国的 Thünen 和美国的 J. B. Clark 的研究，展开为一般收益递减法，可以适用于一般企业上）的作用，只能有算术级数的增加（即 1，2，3，4，5，6……之类的增加）。第二部分说，照美国人口增加的实例看来，人口的增加率在食物充足，没有别的妨害的时候，是按着几何级数（即 1，2，4，8，16，32……之类）进行的，每 25 年增加一倍，所以，拿生活资料的增加和人口的增加两者比照起来，在特定年限之后，人口和食物（自然，生活资料中最主要的是食物）的数目，就会照下面那样：

年数	25	25	25	25	25	25	25	25
人口	1	2	4	8	16	32	64	128	256
食物	1	2	3	4	5	6	7	8	9

增加下去，即是说，在两百年之后，人口由 1 加到 256 倍，而食物却只能由 1 加到 9 倍；所以，食物的不足，是一种必然的现象。第三部分说，但是，在事实上，各国的一般人口却没有按照上述的比率增加着，为什么？因为受着两种限制：（一）积极的限制即由战争，饥馑，瘟疫，贫穷，痼疾等等带而来的限制，（二）预防的限制即由晚婚，堕胎，杀婴，移民等等带而来的限制的缘故，换句话说，就是受着穷困和罪恶的限制的缘故。所以，战争和贫乏不一定是坏事，所谓救贫事业也不定是好事。

马尔萨斯的《人口论》的发表，正当着英国产业革命将告完成的时候。那时农民到处破产，工人人数日益加多，贫困的程度也日益加甚，所以当时在政治上发生救贫制度的当否的议论，在社会学说上发生工业制度是否合乎道德的议论。马尔萨斯正是迎着时代的潮流，代表着新兴的产业资本家，用他的《人口论》，去证明贫困是必然的法则，既用不着设广大的救贫制度去救，也用不着学 Godwin 和 Condorcet 那些空想家，以空想掩饰事实，说人类的理性可以产生一种非常平等的社会。马尔萨斯学说在历史上的这种意义，是我们讨论这种学说时必须牢记的，因为，如果万一忘记了这一层，我们对马尔萨斯的主张和当时他的反对者的主张，就难下正确的判断。简单的说，就是，马尔萨斯的学说，在当时确是一种带有政治性及道德性的经济学说，并不是一种纯粹的经济学说。

如果处在今日，用纯粹的经济学上的眼光，去批评马尔萨斯的《人口论》，我们就可以这样说：

（一）马尔萨斯《人口论》第一部分及第三部分包含着两个论点：第一，绝对的人口法则的存在，第二，贫穷的必然性。这两个论点都是错误的，错误的原因在他只把人口——人口就是一团用血统，语言，传统，文化，经济利益等等关系连系而成的，其间分成等级，阶级，家庭等等部分的，特定人类集团的总称——看成一种消费的主体，而忘记了人类当作生产的主体看时，在事实上还能制驭天然；在他只把人口看成单独的现象，而忘记了人口的增殖和食物的增加，原是有相关性的，一方面在某种食物生产方法下面，可以有某种特殊的人口法则，另一方面，在某种人口状态下面，还可以产生某种生产方法；只拿关于个个的生产力的法则即收益递减法去说全体的食物增加量，而忘记了收益递减法纵然是真也不足以说明食物不足的全部，忘记了量的增加可以变更质的内容，即是说，忘记了人口的增加，除了引起食物分配的增加之外，还可以使生产诸力社会化，使个人的力量在社会化当中增加起来。

（二）马尔萨斯《人口论》第三部分的论点是：人口的增加率比食物的增加率快些，换句话说，人口过剩是带有必然性的。关于这个论点，应该分两层去批判：

（A）对于绝对的人口过剩的批判。如果在绝对的意义上，说人口的增加率在无论什么时候，无论什么地方，除开有特别的障碍之外，都一般的比食物的增加率快些，那自然是不对的。何以呢？因为，从人口增加率方面说，不但是马尔萨斯的 25 年一倍说，已经被 Pierson 和 Davenport 证明只是当时外来移民约占每年人口的十分之一的美国的事实，其他各国的倍加年数却不相同（据 Davenport 的计算，法国要 445 年，瑞士要 135 年，瑞典要 82 年，英国要 81 年，比国要 102 年，德国要 85 年，才能将入口倍加起来），并且，人口越文明，生殖率越减少，这个道理，也已经被统计学证明出来，并且种种学者的说明了减少的原因，如像 Sadler 的理性的节制说（说人类越文明，理性就越发达，所以他们就会为自己的并儿女的幸福，减少生殖），Leroy-Beaulieu 的社会原因说（说人口越文明化民主化，它的生殖率就越减少），Danbleday 的生物心理原因说（说一切生物都有保种的本能，它的生存越被威胁，它越发不自觉的要用尽方法去传种；人类也是一样，越没有饭吃，他越会生育，越有饭吃，他越不能生育），Spencer 的食物生理说（说食物和生殖是互为反比例的，食物越裕余，生殖力越少，食物越坏，生殖力越大，因为对于食物的努力可以刺激生殖力），Carey 的神经作用说（说神经越锐敏，生殖力越减少，而文明人的神经作用比较锐敏些，所以他的生育能力也比较微弱些），Fourier 的社会生活说（说适宜的体操和自由的恋爱，可以减少生育，而这种东西又是随着文明的前进而普及的，所以社会越文明，人口的增加率越减）之类，都是具有若干可信用的成分的。再从食物增加方面说，不但农业的生产方法的进步日新月异，已经逐渐把机械学，化学，动植物学的研究结果，采用起来，并且，所谓化学的食物，如像人造奶油，人造面包，人造酒，人造 Vitamine 之类，也逐渐发明出来，证明植物性动物性食物不是绝不能代替的东西，所以食物的不足的忧虑，从一般说来，实在是一种杞忧。

（B）对于相对的人口过剩的批判。如果在相对的意义上，说人口的增加率在特定的时候和特定的地点下面并特定的制度下面，全部人口当中有一部分会受没有充分的食物的痛苦，或不能不有一部分人感受食物不充分的痛苦，那末，人口比起食物会发生过剩现象一件事，自然是真实的话。为什么？因为，不但在人类全历史上人们看见许多因政治不良而来的饥馑和食物斗争，并且，就在资本经济的几百年的历史上面，也循环的发见了无数恐慌并失业的事实，也被现代经济学证明了生产手段的独占，自由竞争，商品生产，资本集中，种种资本经济的主要特色，必然的会引起这种恐慌失业，即必然的因技术进步并劳动的生产性的增加两件事在生产手段的独占制度下面，一定会引起恐慌和失业的缘故，而发生人口过剩的现象（关于这一层，请参看第七讲）。

现代所谓新马尔萨斯主义，在主要理论上完全和旧马尔萨斯主义相同，只不过加上人工避孕法，优生学（即以改良人种为目的的学问），母性保护，贫穷等等的附带说明罢了。所以，对于新马尔萨斯主义，完全可以适用上述的批评。

据以上的说明，我们已经知道，社会的再生产的结果，从一般说来，本来不会不能满足社会的需要的，它所以有时会不能满足社会的需要，只因为有了特种的政治行为，特种的经济制度及特种的社会作用的缘故。

82. 社会的再生产的种类

在资本经济制下的再生产，也和在其他的经济制度下面一样，可以分为三种：缩小的再生产，扩大的再生产，停滞的再生产。

（一）缩小的再生产

全社会的再生产的结果，如果因政治的，社会的，经济的种种关系，比全社会所必需的消费分量还少，那种再生产就是缩小的再生产。行着缩小的再生产的社会，必定会把它的营养渐渐弄坏，把它的人口弄得渐渐衰弱退化；久而久之，必定会把它的既存的生产手段都消耗了去，弄成人口过剩的现象，结局，它不被健全的社会所吞噬，就必定会渐渐自己消灭。在古来的历史上，由这种原因灭亡的民族，不在少数，最著的例子就是古代的希腊民族和罗马民族。

（二）扩大的再生产

全社会的再生产的结果，如果比全社会的消费分量还多，并且，把剩下的部分，积存起来，添到生产手段里面去，以便后来行一种分量更大的再生产，那末，那种再生产就是扩大的再生产。行着这种再生产的社会，从一般说来，一定会繁荣起来，把生活内容弄得格外加宽，文化程度弄得格外高。一般兴盛的民族都有这种情形。

（三）停滞的再生产

如果全社会的生产的结果，恰恰和全社会的消费分量相当，也没有不足，也没有剩余，那末，那个社会的再生产就是一种停滞的再生产或单纯的再生产。一个社会行着这种再生产时，它的生活内容和文化程度，必定会沉滞着不能进步，到最后，如果遇着强有力的外敌或较高程度的文化，它也会渐归于消灭的。

以上三种再生产，只是从客观上观察得来的结果，并不是资本经济社会的主观的要求。从主观说来，无论何种社会，决不会愿意行缩小的再生产。它更希望的，当然是扩大的再生产，即在万不得已时，也只会是停滞的再生产。各种社会关于它这种再生产的希望，通例是靠它对于生产和消费的均衡方法所行的社会制度表示出来。这种均衡方法，也有像封建经济社会的生产消费均衡方法，即各种禁令一样，带着人为性的，也有完全带着自发性自动性的。

83. 资本经济下的主要的生产消费均衡方法

资本经济下主要的生产消费均衡方法，是上述的带着自发性自动性的方法。资本经济是商品生产经济，具有自由竞争和无政府式生产的特性（看26，27节），所以，从根本理论上说，在资本经济下面，就不应该发生什么有意识的，人为的方法，去谋生产和消费的均衡。在事实上，我们也可以看见，在资本经济下面，特别是资本经济的初期，主要的生产消费均衡方法，只是一种靠着自由竞争而行的，自动的方法。其他各种人为的生产消费均衡方法，大抵都是在资本的经济的末期盛行起来的，并且还大抵都只是站在补助地位的方法。

　　资本经济下的主要生产消费均衡方法，就是自由竞争。自由竞争这句话，虽然含着有职业或营业自由，契约自由，财产处分自由，交通自由，移居自由等等经济上的自由竞争在内，但是，因为资本经济下的一切经济行为都商品化了的缘故，我们也可以说，自由竞争就是价格竞争。照前面两讲所述，我们已经看见，无论什么商品，除消费人的买者和生产人的卖者之外，中间还有无数的商人，所以，所谓价格竞争，在它的内部经过上，还可以分为消费竞争，销售竞争，生产竞争三者。（A）消费竞争是指消费人方面的竞争说的。在资本经济下面，一切消费人，无论是谁，都知道争着先买他必需的物品，并且还争着买价廉物美的物品，所以，从全体看来，一切被一般人需要的物品和价廉物美的物品，必定会特别销得快，销得多；所以，结局，必定会使生产人专向这些物品方面去行生产，所以，弄到最后，就变成，一切生产出来的商品，一定是消费人所需要的商品。（B）销售竞争是指商人方面的竞争说的。在资本经济下面，无论什么商人，都知道为多得商业利润（商业利润是靠商品的销售才能实现的。看第九讲）的缘故，争着卖买那些能够销售出去的东西，同时还争着避开那些不易销售出去的东西，所以，从全体看来，就变成，凡是被商人买卖着的，都是能够销售的商品，凡是不易销售的商品，终久必定会绝迹于市场。（C）生产竞争是指生产人方面的竞争说的。在资本经济下面，一切生产人，无论是谁，也都知道争着去生产那最被需要，最易卖脱，当然也就是最易赚钱的商品，所以，从全体看来，一切生产人所不愿生产的商品，也必定是一般消费人所不愿购买，当然也就是一般商人所不愿销售的商品。万一偶然生产着这种商品，也会因为销售不出去的缘故，不久就停止了去。

把以上三种竞争合起来说，在外形上，就得着了所谓价格竞争。价格这东西本是需要供给的关系的表现（看 63 节），需要多或供给少的时候，可以使价格涨起来，需要少或供给多的时候，也可以使价格落下去，所以，价格的涨落，当然就可以预知消费，交换和生产间的关系。因此，一个商品的价格若涨起来，就会第一，驱使一般商人去争着承销并同时熬价不卖，第二，驱使一般生产人争着去添生产，第三，拒绝一般消费人去添加消费或继续消费（如果这商品是一个必须的，没有代用物的东西，情形当然会和那些有代用物的东西不同一点），结果，会把那个价格跌下去。反过来说，一个商品的价格，若跌下去，就会第一，驱使一般消费人争着去添加消费，第二，拒绝一般商人向生产人承销（因为价产利少），第三，拒绝一般生产人去添加生产，结果，就会把价格弄涨起来。这种围绕着物价的涨落而行的竞争，就是价格竞争，就是一种在默默之中，使生产人知道应不应该生产某种商品的力量，是一种使生产和消费得着均衡的调节人。资本经济下的主要的生产消费均衡方法，就是这种自动的自由竞争。

84. 恐慌现象的作用和破产失业

上节所述的主要的生产消费均衡方法，在资本经济制的初期，当交换范围还不十分宽，生产的规模还不十分大，生产的技术还未十分改进，固定资本的分量还不十分大的时候，虽不见得有什么顶大的毛病，但是，一到了交换范围越宽，生产规模越大，生产技术越进步，固定资本的成分越多的时候，就会发生一种生产过剩的毛病。理由是这样：

资本经济的生产，原是无政府式的生产，全靠所谓价格竞争去间接探知消费的种类，分量，变动等等。这种间接摸索，本来就带有投机的性质，特别是在交换范围加宽，生产规模扩大的时候，因为价格的波动难于迅速传达的缘故，难免时时发生错误，使生产量超过消费量；并且资本经济生产上的生产技术的改进，会使一些利用新技术的人拼命行大量而费用少的生产，去打倒竞争者，结果也会使生产量超过消费量。还有一层，这种新技术的利用，一定会使新的生产工具和机器越发改进，使它们的价格越发增高，因此也就会使生产上的固定资本越发加多，结局就会使生产的规模失掉了伸缩的自由，弄得那些使用新技术的人，纵然在消费不畅的时候，也不能或不肯缩小生产规模（因为如果老把机器放着不运转，它更会白白的使资本闲着）。不，不但不能或不肯缩小生产，并且还会扩张生产规模（如像加夜工之类），好利用薄利多卖的道理，去打倒他的竞争者；因此，所以资本的固定化，也会促成生产过剩现象。

当然，这里所谓生产过剩，是指在资本经济制下的生产和消费比较，生产量超过消费量时的现象说的，换句话说，是指销售不出去的生产品的堆滞说的，不是指社会上的需要已经十分饱满，不能再销的状况说的。谁也知道，在事实上，我们只看见，资本经济下面常常有一部分人吃不饱，穿不暖，并没有看见什么万民温饱，仓粟腐满。

有了资本经济制下的生产过剩的时候，因为货不销行，资本周转不灵的缘故，金融就停滞了，结局，牵一发动全身，经济界全体的破绽，都一时发露出来：无数的工场歇了火，无数的商店闭了门，农业品也无销场了，劳动者也失业了；总而言之，繁荣的梦，一变而为悲惨的现实，弄得到处都是倾向破产失业流离的现象。这种现象就是经济学上所谓的恐慌（Crisis）。

这种恐慌和普通灾荒不同：灾荒是在资本经济以前就常有的，一些因饥馑，战争，地震，瘟疫，海啸，蝗灾等等原因而来的，是偶然性的灾害；恐慌是只有在资本经济时代才有的，不因特殊的天灾地变人怪而因上述的生产过剩而生的，带有循环性的灾害。恐慌这种东西的最大特色，在它带有循环性，即按照下面那样：

好市况→恐慌→坏市况→好市况→恐慌→坏市况……

由好市况（繁荣期）而恐慌，由恐慌而坏市况（沉滞期），由坏市况而好市况，更由好市况而恐慌，照样推下去的性质。更具体的说：在有了恐慌之后，一般生产人都不敢放胆去行生产竞争，金融界也不敢轻易放资出去，在破产和失业的当中，当然更不会有许多生意买卖，所以全社会上便发生一种沉滞现象即坏市况现象。但是，在这沉滞期间，疗痛渐平，社会购买力渐渐恢复转来，原先剩下的商品也在破产和清算的痛苦当中，逐渐销了出去，所以，依着需要供给的法则，一般物价又渐渐涨起来了。一般生产人看见有利可图，又开始行生产竞争了，商业又盛了，劳动者的工资也因为雇主争雇的关系，渐渐加多了，因此他们的购买力也加大了，因此市场更旺了。所谓繁荣期即好市况又到来了。当然，跟着这种繁荣期而来的，依上面所述生产过剩的道理，又应该是上述的恐慌，恐慌之后，又到沉滞期，沉滞期之后，又是繁荣期……像这样一直循环下去。

这种循环是统计事实上所证明的，如举先进国的主要的恐慌（即那种范围较宽，影响到多数有力国家的恐慌）说，可以举出下面：

1586　1596　1603　1620　1630　1640　1646　1664　1672
1686　1696　1704　1720

以上都是英国的恐慌统计。

1796　1810　1815　1825　1836—1839　1847　1857　1866
1873　1882　1890　1900　1907　1920　1929—1930

以上是影响多数国的恐慌。

种种恐慌出来。这些大恐慌和大恐慌之间的间隔，大抵是十年左右。关于这种循环恐慌的说明，有许许多多的异说，现在且不述它。

恐慌既是循环的，所以除了随恐慌而来的资本集中（见第八讲）之外，跟着恐慌而来的两种祸害即资本家的破产和劳动者的失业，当然也是循环的。这里所谓失业，不是指那种包含废病人，流氓等等无业人在内的失业，而是指已有劳动能力而找不着工作，或已有工作而中途失去了的人们的无业状况，说的。这种失业，在资本经济制下，原本是常常增加着的：因为，一则随着机器的发明改良的进行，一面因劳动力的生产性增加的缘故，减少了劳动的需要，一面因不需高深和熟练的技艺的缘故，打开了妇孺进工场和成年男子竞争工作的路途，弄得许多工人都被挤得失业；二则随着资本集中的进行，大资本毫不客气的打倒并吞并了许多中小资本，所以农村和城市的小资本家，一天一天的破产倾家，流入劳动者的队伍里去，或变成失业者，或挤得原有的劳动者失业。原来已经有不少的失业者，现在更加上由恐慌而来的，循环到来的失业者，所以失业便变成资本经济下的永久的现象，并且，从全体说来，失业者数量还是一天一天的增大的。下面载的失业的统计，可以窥见这种现象的一斑：

各国失业工人对于全体工人的比例（据 Varga《世界经济年报》）

	1913	1923	1924	1925	1926
英国	4.1	10.7	10.7	10.5	11.9
丹麦	8.3	19.6	13.2	31.1	23.1
德国	4.8	28.2	8.1	19.4	14.2
荷兰	9.1	17.3	12.3	16.0	7.8
挪威		14.0	12.5	33.7	24.4
瑞典		14.1	15.5	19.4	13.0

1927 年以后的，各国工会工人的失业率（每年一月）如下：（据 Varga《世界经济年报》日本版）（％）

	1927	1928	1929	1930
德国	16.5	11.2	19.4	22.0
英国	12.1	10.7	12.3	12.6
丹麦	31.6	30.3	27.9	20.2

续表

	1927	1928	1929	1930
荷兰	15.7	16.3	19.1	12.7
挪威	30.2	25.9	22.2	19.0
瑞典	16.3	14.5	15.0	13.9
加拿大	6.4	6.8	6.3	10.8

至于1930年1月的各国失业者实数，据 Varga，有下面那样多：（单位：人）

（一）美洲

美国　5,000,000

加拿大　200,000

墨西哥　500,000

南美　1,000,000

（二）欧洲

德　3,500,000

英　2,000,000

意　800,000

奥　400,000

波　400,000

捷　400,000

匈　300,000

勃　200,000

由　200,000

罗　150,000

　　希　100,000

　　西　150,000

　　挪威瑞典等　150,000

　　其他　100,000

（三）澳洲　200,000

（四）非洲　100,000

（五）亚洲

　　日本　1,000,000

共计　16,850,000①

　　当然上面这个数目，到 1930 年之末，还有增加，据国际劳动局的推测，大致在 20,000,000 到 25,000,000 人之间。

　　据以上所述，可知恐慌和失业现象是一种毫不容疑的事实。这种现象是好现象是坏现象？这一种价值判断问题，自然可以随着各人的主观的差异，发生不同的判断，现在且不说它。不过，如果专从客观的立场去考察，我们却可以说，恐慌这东西，对于资本经济，实行着一种放血作用或清血作用，遇着自由竞争引起了生产过剩，使生产消费均衡方法发生停滞的时候，它就发现出来，把淤血或种种积滞，洗涮了去。单单这样说来，好像恐慌也不是无益的破坏似的，不过，如果我们把恐慌和恐慌背后的倾家破产失业流离，连贯起来看看，我们可以感觉，这种清血作用只是一种会把病症拖缓下去，越拖越重的苟延残喘的作用。

　　85. 资本经济下的辅助的生产消费均衡方法和它的作用的限度

---

　　①　实际共计 15,950,000 人，可能有四舍五入的原因等。——编者

资本经济下的主要的生产消费均衡方法，照上节所述，已经发生了循环的恐慌和失业的现象，所以为求达到扩大的再生产的目的起见，就于上述的自动的方法之外，更发生了一些补助的，人为的生产消费均衡方法：（一）营业并企业形态上的方法，（二）金融上的方法，（三）对外贸易上的方法，（四）公共经营上的方法。这些方法发现出来时，就成了普通所谓国民经济政策的重要部分。

（一）营业并企业形态上的方法

这又可以分为三种：（A）保险事业，这是用种种保险的办法，去减少资本家和劳动者所受的因恐慌，破产，失业等等而来的损失。保险事业这东西，从经济上说来，本是一种使感着同样危险的人们，结成团体，在平时各纳特定数量的保险金，遇有哪种危险（如像死亡，损害，疾病，失业等等）对于团体员的某个人实行发生的时候，就从总保险金当中，照预定的规则，提出若干赔偿金，给与遇险的人或其家族，以减轻本人的损失分量的，巧妙的办法。所以，保险事业对于恐慌，破产，失业等等，也是一种减轻负担的办法。世上所谓（甲）人寿保险［包含（1）死亡保险，如终身保险，定期保险之类，（2）牛存保险，如教育资金保险，结婚资金保险，征兵保险，年金保险之类，（3）混合保险，如养老保险等等］，（乙）损害保险［包含（1）火灾保险，（2）海上保险，（3）运送保险，（4）信用保险，（5）收获保险，（6）盗难保险等等］，（丙）社会保险［包含（1）失业保险，（2）伤害保险，（3）疾病保险，（4）老废保险，（5）出产及育儿保险，（6）丧偶保险，（7）死亡保险等等］，种种保险当中，大部分都是为预防恐慌，破产，失业而存在的。不过，从事实上看来，这种保险的补救作用是极有限的，当恐慌到来时，正所谓杯水车薪，无济于事。（B）联合企业，这是用种种联合企业的形态（看 52 节），去独占生产，把持原料，垄断市场，一句话说完，去把各不相谋的混乱的竞争，变为较有组织的有计划的协力，以便阻止过剩生产现象的发生。这种方法的效用也是有限的，因为一则难于在国际上实行，二则完全的联合在事实上是极难的。（C）协作社经营，这虽然也可以算是联合企业的一种，但是，它的目的在自救，和普通其他的联合企业不同，所以在目前的问题上也可以说是另外一种方法。不过，这种退婴①的方法，在资本经济制下面，是违反历史进行的大势的，当然不会发生很大的效果。

（二）金融上的方法

这更可以分为三种：（A）金利政策，这是由中央银行（因为通常中央银行的利率可以支配一般银行的利率）在放款的时候，斟酌物价的情形，提高或减低利息：在物价高的时候，提高利息，免得一般生产人看见物价高涨，有利可图，更去借入款项，扩张生产；在物价低的时候，减低利息，好让一般生产人在比较有利的条件下面，去借入款项，维持生产的继续。当然，在存款方面，中央银行也可以用提高或减低利息的办法，去吸收或分散现款，使生产界发生同样的影响。（B）货币膨胀及货币收缩政策，这是由中央银行或是限制担保放款的种类，去抑制或奖进生产（从大体说，以公债票，公司债票，股票等等东西为担保品的放款，都是生产投资放款，以期票，汇票，短期国库券等等东西为担保品的放款，都是商业放款），或是在非常紧急的时候，不论担保品的种类和有无，放

---

① 语出《老子》，谓像婴儿一样柔弱无争，含贬义。——编者

出大宗款项，以抑止恐慌的实现。（C）银行统制政策，这是由中央银行监督其他一切银行的营业，以便充分的调查，整理并节制全国金融的状况（这种监督和普通的，由财政部派到各银行去的银行监理官的监督，性质是不同的：监理官的监督目的，在保护一般存款人及社会的利益，中央银行的监督的目的却在金融的调剂）。以上三种金融的方法，也只能救济一时，往往不能抵御那种向全国袭来的，像暴风雨一样的恐慌的大势。并且，拿住中央银行实权的人，大抵就是所谓大金融资本家，他们往往可以在恐慌当中，攫取大利（因为在恐慌当中破产的，只是一些中小资本家），实行更大的资本集中，所以他们口里只管说防止恐慌，内心里却往往不愿意防止，因此，在事实上也不肯尽力实行上述种种金融上的方法。

（三）对外贸易上的办法

这也可以更分为三种：（A）操纵对外汇兑的行市，这是利用国际汇兑行市的变动而行生产和消费的均衡的方法。国际汇兑行市会沿着平价而为上下，这是 77 节已经说过的。汇兑行市的涨落，在货物输出入关系上，自然会发生影响：甲国货币汇兑价格涨高的时候，在事实上就等于乙国货币价格的下落，所以，由乙国输入甲国的货物，从甲国说，就变得比较廉贱，所以输入就会加多；同时从甲国到乙国货物，从乙国说，就变得比较昂贵，所以甲国的输出就会减少。反过来说，在甲国货币汇兑价格低落的时候，结论也就恰恰相反：由甲国到乙国的输出会增加，由乙国来的输入会减少。因为这个缘故，所以可以利用汇兑价格的操纵，去奖励或抑止一国货物的输出输入；换句话说，就是利用兑汇关系，去调剂一国内的生产和消费的均衡关系，以避免恐慌的发生。（B）国境关税政策，这是利用国境关税的第三种（看 76 节），去调剂生产和消费的均衡关系的办法。这种调节关税，是欧战以后各国常常利用的手段，如像想阻止米麦出口时，特别设立米麦输出税，或想招致米麦入口时，特特临时减轻或撤废米麦输入税之类，就是明例。（3）禁止进口出口，这是各国在非常的时候，常常采用的手段，如像在欧洲大战时，各国禁止铁的出口和不急用品（如玩具，奢侈品）的入口，就是顶好的例子。以上三种对外贸易上的方法，很明显的不会发生顶大的效力，因为一则国际的手段往往容易招致对方国的报复，不能轻易实行；二则纵能实行，而对于恐慌的原因的生产过剩，恐怕也只是缓不济急的间接的办法。

（四）公共经营上的方法

这可以分为两种：（A）实行公营业或公企业的办法，如像把铁路收为国有，把对外贸易收为国营，把全部银行收为国营或公营之类。既归公营，从理论上说来，自然就不应该有生产过剩的弊病。（B）政府暂时管理的方法，这是欧战时各国争着实行的方法，如像欧战时各国所行的食粮国家管理，煤炭业国家管理，铁路业国家管理等等，就是明显的例子。从理论上说来，把全国某种产业，放在国家管理的下面，实行着一种通盘合算的调查，整理和处分，当然也就不应该发生所谓"生产过剩"的弊病了。但是，公共经营的方法，在事实上却不容易发生理想上的效果，因为，一则照第 56 节所说，公共营业往往有假公济私的毛病，二则欲达到通盘合算的调查整理并处分的目的，就非将社会上大部分营业和企业，都收归公营或国家管理不可，然而，如果把大部分营业和企业都收归公营或国家管理，那已经不是在普通的资本经济制下的所能做到的，即使偶然做到，也不过暂时的变态罢了。

总起来说，以上四种辅助的生产消费均衡方法，从理论上说，并不能把恐慌和失业现象，完全消灭或阻止，例只能在相当的程度内，减少恐慌的频繁程度，只不过把急性的恐慌和失业，改变为更深刻的慢性的恐慌和失业（如像 1929—1930 年的恐慌和失业，就是带有慢性的，更深刻的恐慌和失业）；而在事实上，它们却已经把资本经济的性质，加上很大的变化，如像第一种方法把竞争变成了独占，第二种方法把金融势力弄成一个压倒一切的专横势力，第三种第四种方法，明明把个人资本经济的基础，换成了国家资本经济的基础，差不多要走到资本经济的反对物——社会主义经济——去了。所以，它们还未救得资本经济的恐慌现象和失业现象，倒先替资本经济挖了一些坟墓。从资本经济说来，幸而它们还未能充分实行起来，如果充分实行起来，恐怕资本经济的恐慌现象和失业现象，并未全去，而资本经济就会变成非资本经济了。

86. 从过去的资本经济全体看来的再生产的性质问题

据以上各节的说明，我们虽然已经知道资本经济下的生产消费均衡的方法，是一些不完全的，会时时发生恐慌现象和失业现象的方法，但是，我们却还不能够因此就当然的断定资本经济下的再生产是一种什么样的再生产。为什么？因为恐慌现象是循环的，并且大抵是十年上下才发现一次的，所以也许每次恐慌所引起的祸害，还不及它在好市况期间所造的结果之大，所以也许从全体看来的资本经济的再生产的性质是一种扩大的性质。在事实上，我们也看见两种议论：有一部分人看见资本经济社会上集中了空前的资本，造成了空前的大规模的生产事业，建设了空前的大工程（如铁路，近代的大都市等等），一句话说完，就是看见它产出了空前的物质文明，所以就绝对的讴歌资本经济，说资本经济是向着兴盛方面走，说资本经济的再生产是一种扩大的再生产。另外有一部分人，看见在资本经济社会下面，发生了空前的循环恐慌，空前的倾家破产失业流离，空前的贫苦的毫无生产手段的大众，看见发生了空前的大战争，空前的大破坏，大杀戮，大悲剧，所以就绝对的痛恨资本经济，就说资本经济是向着衰亡的路上走的，说资本经济下的再生产在实际的全体上是一种缩小的再生产（这就是说，从小的观点上看来，资本经济社会是兴盛了，但是，从大的观点看来，资本经济社会却向着衰亡方面走着）。

以上两种说法，都是错误的：他们只看见部分而没有看见全体，只看见静止着的资本主义经济，而没有看见变化着的资本主义经济。从科学的眼光看来，资本经济制下的再生产，在资本经济的初期是扩大的再生产，到了资本经济的成熟期，却变成了缩小的再生产。为什么在初期是扩大的再生产呢？因为资本经济的再生产，当那时候，在依靠自由竞争为中心的生产消费均衡方法下面，从行着资本经济的国家说来，的确可以把那些在封建下被桎梏了的生产力发挥出来，增加生产的数量，所以，纵然在一方面发生无数的无产者，并灭亡了奴属了许多后进民族，然而在另一方面却集中了并蓄积了空前的财富。所以，在这时代，从各个资本经济社会说来，实在不能不说它是行着了扩大的再生产。但是，这种扩大的再生产为什么到后来又变成缩小的再生产呢？因为到了资本经济成熟时代，社会生产力的扩张，已经因着下面三种原因，变成不可能了：

（一）在国内自由竞争的弊病发展到了极端，弄出循环不断的生产

过剩现象及循环不断的恐慌失业，这是在第 84 节说明过的。（二）
和在国外平和的经济侵略已经变成了武装的经济侵略，在平时就得
用巨额的军备费，使多量生产结果消耗于不生产的用途。关于这一
层，我们只看现今一切国家的岁出上的军事费，在表面上要占全岁
出的三分之一，在实际上要占全岁出的五分之二一事，就明白了。
拿现今的六大强国说，在 1930 年度，它们的年度总产出如下：（单
位：百万）

	本国货币额	和日金相当额
英	781 磅	7,810 日金
美	2,830 美金	7,660
意	20,000 利拉	5,000
法	48,665 法郎	12,121
俄	11,390 卢布	11,390
日	1,603 元	1,603
共计		46,583①

　　六大强国的年度岁出总计 46,583 百万日金，所以它的五分之
二就应该是 18,632② 百万日金，所以军备费的损失，从生产经济看
来，实在是一个大大的损失。（三）战时的死伤损失，非常巨大，
间接的因壮年的死亡，直接的因物资的消耗，都使资本经济的生产
消费均衡上发生巨大的生产不足。试看 1914—1918 年的世界大战
的损失结果：

---

　　① 　实际共计 45,583 日金，可能有四舍五入的原因等。——编者
　　② 　因之前数字误，此数字随之而误。——编者

人的损失（百万人）		物的损失（百万元）	
积极的	消极的	直接损失	间接损失
战死者　9.0 废人　　3.5 负伤　　19.0 共计　　31.5 （约与全世界三万万男壮丁的十分之一相当）	脱离生产的壮丁 　　70.0（约与全世界男壮丁的十分之二强相当）	战费　500,000 （约与各交战国的国富 1,134,000 百万元的二分之一相当，并和它们的每年国民所得总数114,000 百万元的五年分相当）	无数

就可以知道生产上的如何巨大了。因为这三种缘故，或是弄得全社会的生产，在表面上超过了消费（恐慌时的生产过剩），在实际上发生生产停滞或缩小的现象，或是弄得消费过度，使生产手段的积蓄无从增加，不能填补即成生产手段的磨损，或是弄得积极的减少生产手段和生产能力，使消费超过了生产，所以，这时代的再生产就不能不是一种缩小的再生产。

以上所述，还是过去的话，如果再把欧战以后的现象看看，我们更可以看见资本经济制下的再生产还有更加缩小的危险。为什么呢？因为一则因着国内自由竞争变成独占，在独占价格下面，生产人纵不改良生产技术，也可以自由的抬高价格，获得利益，所以，从生产方面说，生产力的发展就慢慢停滞了；二则国内的自由竞争虽因变成独占而减少了，然国际间的竞争却因独占价格的缘故，比从前更加激烈，所以因这种国际竞争而来的生产过剩也比从前更加深刻，所招致的恐慌虽然由急性变成慢性，而深刻的程度也比从前更加厉害（如 1929 年的美国恐慌，在一星期当中，因有价证券，如电股票由 402 到 250，车汽股票由 97 到 45，全国股票由 261 到

185，跌价的缘故，突然减少了由 25,000 百万美金到 40,000 百万美金的价值，使三四百万的饱食之家突然变得贫穷，就是一例），加以国际武力竞争的准备越发变得规模宏大，所费也越更加多，如果一旦大战爆发起来，它的损失当然应该比上次世界大战的损失还更巨大，所以，从蓄积和消费方面说来，以后生产力的向前发展，是没有多大希望的。像这样，一方面有了巨大的消耗，在另一方面又有生产力发展的停顿，所以资本经济末期的再生产，是一种缩小的再生产一件事，就可推想可知了。

二十二、 从主要的各营业部门看来的相互关系（农业对商工业问题及商工业对金融业问题）

87. 生产诸力对于主要的各营业部门的配布的标准

我们在上段已经研究了第一种相互关系即从国民经济全体看来的相互关系，现在应该研究第二种相互关系即从主要的各营业部门看来的相互关系。

资本经济是一种商品交换经济即以分业为基础的经济，所以在资本经济制下面，会发生一种在自给经济时代所无的特别问题；生产诸力怎样被配布到各种不同的营业部门去的问题。这里所谓生产诸力是指那一切对于财货的生产发生用处的，被特定社会所有的种种力量，其中包含着：（一）被人类占有了的天然力，如像水力，风力等等（天然的未被人力所利用或占有的天然力，当然不在此限）；（二）人类本身，即（A）当作天然物看的人类本身的数量，体质等等，并（B）当作社会力看的人类的社会组织，如等级，阶

级，家族，国民等等；（三）人类的生产物即（A）除开劳动对象
以外的生产手段即劳动手段，资本，（B）科学技术；等等。这些生
产力自然可以随着不同的目的，配布到各种不同的营业部门，如像
农业部门，工业部门等等里面去。

生产诸力的配布的标准，从历史上看来，是经过种种变迁的。
在最初，是应能的配布，就是说，在生产诸力尚未发展的时候，只
不过在尽可能的范围内，去配布生产力，如像在经济非常落后的地
方，只能尽力去做那地方当时的生产技术上可能的畜牧业，就是明
例。到后来，经济稍稍发达，生产诸力比较进步的时候，才由应能
的配布，变成应需的配布，如像在封建经济时代，常常由政治团
体，斟酌当时的需要，或是劝农，或是保商，或是劝工之类，就是
例子。到了生产诸力更向前发展，由封建经济变为资本经济的时
候，应能的配布，又随着自由竞争的原则的实行，变为应利润率的
配布了。更详细说，就是资本经济制下的生产力对于各营业部门的
配布，是按着各部门的利润率的多寡而自动的变更着的。在资本经
济制下，各营业部门的利润虽然照后面第九讲所述，在客观上是受
平均利润率的原则所支配的，但是，从个个的营业部门主体看来，
在主观上他们的利润率却是有高低的，所以，他们自然会依照自由
竞争的原则，把他们的生产力，向着他们认为更有大利润的营业部
门，移转过去，因此，在客观上，就变成了这种现象：生产诸力的
配布，跟着较高利润率所在的营业部门为转移，即是说，生产诸力
的配布，是按利润而定的。

现在我们根据这种应利润率的配布，把资本经济制下的生产诸
力的主要的配布情形，考察考察，看一看：第一，农业部门与商工

业部门之间的关系；第二，商业部门和工业部门之间的关系；第三，商工业部门与金融业部门之间的关系。

88．农业的发展和它对于商工业的隶属化

在一切营业部门当中，最基础的，最和人类消费生活有关的，第一要数农业。因为在目前的经济生活下面，植物性食物及植物纤维织物实在占着最主要的成分，换句话说，农产品有压倒其他一切产品的倾向，纵然工业品的数目也不算少，但是，工业品的原料的大部分却还得依靠农业所产的农产品。所以，重农学派所谓农业为一切生产的根本，那种主张，从纯粹生产的眼光看来（即是说，不管消费的内容的多寡和利润获得并利润积蓄的多寡，只论生产的本身），本是不错的。但是，农业部门所具有的重要性，在资本经济制度下面，却因自由竞争并上节所述的应利润率的配布的缘故，在实际上并未发挥出来，倒反随着资本经济的进行，越发有日益隶属于商工业部门的倾向。要明白这个关系，我们先得略述农业发展的历史。

农业发展历史，可以用下面的图式的表示出来：

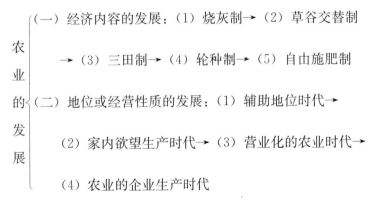

农业的发展
（一）经济内容的发展：（1）烧灰制→（2）草谷交替制→（3）三田制→（4）轮种制→（5）自由施肥制

（二）地位或经营性质的发展：（1）辅助地位时代→（2）家内欲望生产时代→（3）营业化的农业时代→（4）农业的企业生产时代

说明：（一）从农业经营的内容的发展说，可以分为五个段落（1）最初当地旷人稀的时代，大抵将特定田土上面的草，放火烧去，利用烧灰为肥料，去种谷物，直到地方已尽时为止，才另去烧别的草原为田圃。这叫做烧灰制（Brandwirtschaft）。（2）到了人口稍多的时候，为节省田土起见，才将可耕田土，分为两部，一部任它生草去供给牧草和培养地方，一部拿来种谷物，这两三年后，再把原先种谷的部分，任它生草，把原先生草的部分，改种谷物。这叫做草谷交替制（Feldgraswirtschaft）。（3）到了人口更多的时候，为节省生草的部分的分量起见，把耕地分为三部分，一部分生草，一部分种冬收的谷物，一部分种夏收的谷物，每年轮流交替，三年轮完，叫做三田制（Felder System）。但也有分为四部分，四年轮完的，那就叫做四田制。（4）到了人多地少的时候，为节省草地起见，才把牧地和耕地截然分开，更把耕地分为四部分，一种冬收谷物，一种蔬菜，一种夏收谷物，一种豆类，每年轮种，四年轮完，叫做轮种制（Feruchtwechselwirtschaft）。（5）到现代，人口越密，土地越感缺乏，才不用轮种的方法，只利用农艺化学或经验的结果，自由施用肥料，去补地方的不足，这叫做自由施肥制（Frei-wirtschaft）。用前三种经营样式的农业，叫做粗放的农业（Extensive Agriculture），用后二种经营样式的农业，叫做集约的农业（Intensive Agriculture）。为明白谷草交替制，三田制，轮种式的区别，且把 Suhr 所展示的图，转载于下：

农业经营样式图

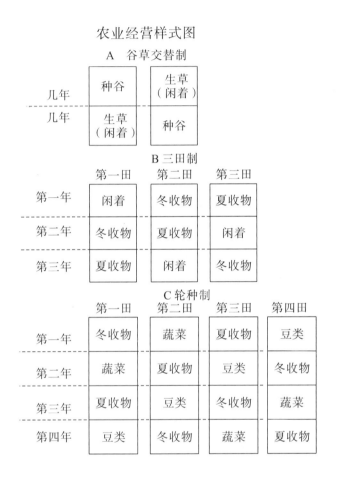

A 谷草交替制

几年	种谷	生草（闲着）
几年	生草（闲着）	种谷

B 三田制

	第一田	第二田	第三田
第一年	闲着	冬收物	夏收物
第二年	冬收物	夏收物	闲着
第三年	夏收物	闲着	冬收物

C 轮种制

	第一田	第二田	第三田	第四田
第一年	冬收物	蔬菜	夏收物	豆类
第二年	蔬菜	夏收物	豆类	冬收物
第三年	夏收物	豆类	冬收物	蔬菜
第四年	豆类	冬收物	蔬菜	夏收物

　　（二）从农业的地位看来，（1）最初的农耕，只是拿来补助渔猎和牲畜的不足，并且大抵是妇人用烧灰制或谷草交替制去从事耕种，所以，农耕的地位，只是一种辅助地位，这叫做辅助地位时代。（2）后来经济进步，游牧状态变成定住，三田式盛行起来，农耕才成为经济活动中的主要部分，占着重要地位。因为这时还是自给经济时代，一切生产都以家内自给为主要的目的，所以可以叫做家内欲望生产时代。（3）更后一点，农耕剩余品逐渐加多，交换现

象渐盛，独立的手工业和原始商业也发生了，所以农业才变成交换经济中的一种营业，失掉了它的整个的自主的地位，而化为整个经济活动当中的一个机能，即是说，化为一个营业，所以叫做营业化的农业时代。在这时代的主要经济制是轮种制，方法越变越集约，农产品种类和数量越加越多，然而同时却发生两种不利于农耕的现象：第一，是一切加工的工作都移到都市去了，农业只做野外的最原始的工作，因此人口渐渐集中到都市去的现象，使农业上的劳动力不足起来；第二，农业渐渐由供给家内需要的目的，变为供给市场的目的，因此，农人不得不投入市场的漩涡，因此就不能不在卖的价格上和买的价格上受城市商工业的的支配了。（4）到了经济更进步的时代，不但农业生产的主要目的，已经变成不是自给而是交换，并且，经营农业的主体还渐渐变成不自己劳动而雇别人劳动，换句话说，就是渐渐有由营业的农业，变成企业的农业的倾向了，这叫做农业的企业生产时代。在现今世界，从一般说来，已经到这个时代的农业，恐怕只有美洲的美国和加拿大。

照上面所说，在营业化的农业时代，已经有都市集中和农业经济商品化两种不利于农业的倾向，到了农业的企业生产时代，更发生一种倾向：农业内部的分化，即大农，中农，小农及农业劳动者四种农民的显然的分化。大农是所谓地主（自己不做农业劳动，专把自己所有的土地租给农业企业家或佃户耕种的人们）及农业企业家（雇用农业劳动者去耕种自己的或别人租来的土地的人们），中农是一面自己耕种，一面雇人耕种自己的土地的农民，小农是自己耕种自己的土地或由别人佃租来的土地的农民，农业劳动者是拿别人的工资，去替别人做农业劳动的无产者。这种分化的结果，依自由竞争的原则说，当然是大的并吞小的，强的并吞弱的，所以农村上的失业者当然就越多，农村的经济当然也就越发窘迫。这种情形反映到都市集中和农业经济商品化两种现象上去，一方面越发促进农民逃村（Landflucht），向都市集中，如像下面的统计所示：

英国		1851		1901		1911
	都市住居者	50.2%		77.0%		78.1%
	农村住居者	49.8%		23.0%		21.9%
德国		1882		1895		1909
	农业人口在总人口中的百分比例	42.5%		35.8%		28.6%
美国		1880	1890	1900	1910	1920
	城市人口	29.5%	36.1%	40.5%	46.3%	51.9%
	农村人口	70.4%	63.9%	59.5%	53.7%	48.1%
日本		1898	1908	1920		1929
	都市人口	11.7%	16.0%	18.0%		24.4%
	农村人口	88.3%	84.0%	82.0%		75.6%

在另一方面，越发促进农业经济的商品化，因此就断然形成了所谓农村衰落问题。越是在资本主义经济发达的国家，这个问题越发巨大，因为资本主义经济越发达，农村经济受都市经济的支配的程度越厉害，农业受商工业的隶属的程度也越加高。这是农业的性质使然，莫可如何的。为什么？因为农业的生产原是所谓有机的生产（即动植物等有机物的生产），在生产期间上受天然力及时间的限制太厉害，所以对于农业的投资，非在长期间的经过之后，不能收回，因此弄得资本的周转期间非常缓慢，又不能适合市场的状况

而行伸缩，所以，结局不但当作独立的企业看时不能和商工业抗衡，并且，恰恰因为资本周转太慢，运用不灵的缘故，在资金的借贷上，生产品贩卖上，并必需品购买上，都市受城市商工业者的欺骗和剥削，所以归根结柢，就不能不凑成一个农村衰落的大问题了。

现今各国虽然对于农村衰落的问题，行着种种农业政策，如像（A）土地分配政策，即土地国有政策，自耕农创设政策，土地兼并防止政策等等；（B）农业经济政策，即农业规模扩大政策，农产品价格维持政策，协作社经济政策，农业信用政策，农业保险政策，农业关税政策等等；（C）农民负担减轻政策；（D）农村文化政策，即农业工业化政策，农村电化政策，农村教育普及及提高政策等等。但是，都市的商工业，假借金融业的威力，在最近不但未能救济农村的衰落，并且，为挽回 1929—1930 年的商工业恐慌的损失起见，倒反有取偿于农业的趋势，如像故意跌落农产品价格（如美国商工业家最初宣传苏联对美行谷物的"Dumping"，使谷物价格暴落，到后来等到他们已经行了廉价的大批定期交易之后，忽又宣传苏联并无行"Dumping"的事实；又如，日本正米交易所起初宣传 1930 年产米如何之多，使米价暴落后，又宣传米生产的超过量并不甚多之类），利用国内的独占并保护关税去提高工业品的价格，紧缩通货去提高金利等等，都是最近的情形。所以，总结起来说，农村衰退现象，在资本经济的自由竞争下面，似乎还没有什么顶完全的解决方法。

89. 商业部门和工业部门的相互依存关系

从纯理说来，商业部门和工业部门，原是站在互相依存的关系上的：工业家若不依靠商业家的活动，就难实现他的工业上的已经造成的利润（不是说工业家不能自己去贩卖生产品，只是说他自己贩卖生产品时所花的费用，因不熟行市的缘故，比委托商业家时还贵）；商业家若不依靠工业家，也无从产出他的商业利润（详见第九讲）。所以商业家和工业家的利害，从大体的理论说，本是一致的。不过，因为工业家和商业家的利润，在实际上并不是已经截然分开的，倒是要从商品的卖买价格上去实现的，所以工业家和商业家，还可以利用各时代的市场情况和他们自己的经济地位的强弱如何，各图分享较多的利润，去形成所谓超过利润（Surplus Profit，见第九讲）。从资本主义的发达史看来，在商业资本时代，因为海外市场新开，商业家比较更详悉需要供给的关系，并且所谓收买商行制度，原是商业家主持着的，工业家开始就站在商业家的上风，所以这时的商业部门是支配着工业部门的（看 30 节）。到了工业资本经济朝代，销路已经大开，商品的生产量的增加却反迟迟，只愁生产不加，不愁销路没有，因此，发生了生产组织的改良和生产力方法的革新，即是说，招致了产业革命，弄得生产规模越大，生产资本越见增加，使社会上的主要的生产力都被配布到工业部门去了，所以经济界的势力也随着生产力的移转，移到工业部门里面（看 31 节）。这种状况一直继续到工业部门和商业部门同时被金融业部门所支配时为止。在最近，商业部门受着所谓全部工业，联合生产业，消费协作社运动（看 46，52 各节）等等东西的影响，似乎它的地位，比从前更差一点。

90. 金融业部门独霸和逐末

以上说的农业商业工业三部门，到了金融资本经济时代，都要被金融业部门所支配，所操纵，这是第 32 节已经说过的。金融资本原是融合商业资本，产业资本，银行资本三者而成的资本，它的目的只在利润的取得，确保和增加，所以它是不拘哪一门营业，只要有利润可图，它都可以下手。但是，同时也只因为它注重利润的取得，确保和增加，所以金融资本虽然拥着独占的势力，站在独霸的地位，然而却不肯做那些调节全社会的金融，整顿各营业部门的生产诸力的平均配布，解决生产过剩的原因，防止恐慌的发生，消减失业的现象等等根本要图，倒只是舍本逐末，做种种剥削，压抑，破坏国民经济，浪费等等的行为，如像：

（一）为行对国际的竞争或 Dumping 政策的缘故，而用高率保证关税及独占价格，剥削一般消费人及各营业部门（如各国现行政策）。

（二）为确保金融资本的高率金利的缘故而拒绝一般营业部门的要求，不肯放低利率，扩充正货（如日本在现时慢性恐慌之下，金融业部门倒反因保持高率金利的缘故而合并了许多产业和银行）。

（三）为获得创办人利益的缘故，而多造虚拟资本，以剥削一般吃利息的人们（如 86 节所说美国的各种 Rentiers 当中约有三四百万人因 1929 年秋天股票落价的缘故，在一星期中，由天堂堕入地狱）。

（四）为获得卖空买空的差额利益起见，故意使农产物始而跌落，继而涨高，结果使全国农民大受痛苦（如 88 节所述）。

（五）为获得高率金利的缘故，把一国的国民经济上必需的资本移到外国（如三年前欧洲各国金融资本家为贪高利而把资本移入美国，现在为贪高利而把资本移向法国）。

（六）为对外经济竞争的胜利的缘故，不择手段，利用政府去扩张巨大的军备，使一般商工业及农业及劳动者负担重税（如第86节所述）。

总而言之，在资本经济制下，从农业起，到独霸的金融业止，所有一切营业部门通看起来，所谓生产诸力对各营业部门的配布，并不均衡，越近现代，越有头重脚轻的现象——这是确实无疑的。

二十三、从国民经济内的各各人看来的相互关系（分配问题及社会问题）

91. 当作分配现象看的所得

我们已经把各种经济活动的相互关系，从国民经济全体的观点上并从主要的各营业部门的观点上，考察过了，现在应该考察第三种相互关系，即从国民经济的个人看来的相互关系，但是，因为国民经济内的个人，在生产关系上靠着交换的媒介，大家共同生产的，我们已经在营业及企业并市场组织的各项下说过，用不着再说，其次其各人消费上，只有和自己的所得发生关系，不会和别人发生关系，也用不着说（全社会的消费和生产问题是另一问题，并且在二十一段说过），所以，结局从个人看来的各经济活动间的相互关系，就是各个人对于生产结果的分配关系。

分配的活动这种东西，我们在第3节已经说过，在交换经济时代，是附属交换在里面的。我们在交换的时候所收得的代价，在表面看起来，虽然是全体归自己所有，但是，在事实上所得的代价当中的一部分是要归别人的，如像在西服店和我交易，卖了一套西服给我，得了四十块钱的时候，这四十块钱并不是他一个人得的，他还得返四十块钱当中的大部分，作为呢绒的代价，工人的工钱等等，付给别人，并且他交给卖呢绒的人的材料代价也不是呢绒店独得的，其中的大部分是要付给由外国输入呢绒的商人的。所以我们看见交换行为和分配行为是两种可以区别的行为：当西服店和我做交易，拿一套西服换四十块钱时，从整个的行为说来，他行着一种交换行为，从一部分说来，即从他在四十块钱当中赚取一小部分的行为说来，他却行着一种分配行为。因此，所以我们可以说，分配行为就是各人因为直接或间接参加了某种财货的生产进程的缘故，在那个财货的交换关系上领受一种报酬时的行为。一个人在行这种分配行为时所领受的报酬，在经济上，叫做所得。所得这个词在日常用语上常常和收入及收益相混用，但是，从经济学上说来，三者是不相同的。三者的范围可以用下面的式子表示出来：

收入＞所得＞收益。

就是说，（一）收入（Revenue，Einnahm）的范围大过所得（Income，Einkommen），因为收入是指一个经济主体的所有一切进项（不管他是经常的，临时的，计划得来的，偶然无意得来的）说的；所得却只是指他从营业关系得来的收入，即职业上的收入。（二）所得的范围大过收益（Gains，Ertrag），因为收益只是指一个企业上收进来的东西说的，但是在事实上，一个人可以不做企业而过生活，并且还可以兼做营业和企业或几个企业，所以所得和收益的范围不能相同。收益又有总收益和纯收益的区别：总收益是全企业上所收进的东西的总数，纯收益是从总收益当中，扣除了生产费（即在那企业上所花去的全体费用）之后所剩的结果。（关于收

入，所得，收益三者的区别，在一般经济学上，并无十分统一的用法）

所得这东西，也可以拿来和消费的对照起来，把它当作消费基础看，也可以拿来和分配关联起来，当作分配现象看。当作消费基础看的所得，我们在第 43 节已经说过了，现在只研究当作分配现象看的所得。在研究这种当作分配现象看的所得时，首先要分别清楚的，就是总所得和纯所得的区别。

总所得和纯所得的区别，可以简单的这样表示出来：

$$
\text{年年生产物}
\begin{cases}
1.\ \text{不变资本的填补部分} \\
2.\ \text{可变的资本的填补部分} \\
3.\ \text{剩余价值……（纯所得）}
\end{cases}
\left.\begin{array}{c}\\\\\end{array}\right\}\text{总所得}
$$

即是说，在年年生产物的价值当中，除去那种应该拿去填补不变资本的消耗的部分之外（不变资本只会随着生产的进行，照原有分量移转到新生产物当中，不会在途中增加分量），所剩的（一）拿来填补原先的可变资本（即和工资部分相当部分）的部分和（二）在生产进程当中新产生出来的价值即剩余价值，两者就是总所得。在总所得当中除去原先的可变资本的填补部分之外所剩下的部分，就是纯所得，即利润，地租，利息等等。纯所得是国民全体的真正的新的获得物，它的分量和有无足以表示全国民经济活动的结果的好坏；总所得当中包含一部分旧有资本，所以不能表示全国民的经济活动的结果的真相。通例，资本主义经济学只注重所得，不注重纯所得，社会主义经济学只注重纯所得，不注重总所得——这自然是因为在以总所得为所得时，可以掩饰工资未尝参与剩余价值部分那种事实，而在以纯所得为所得的时候，却可以暴露那种事实的缘故。

现在拿总所得为标准，看一看所包含的内容，我们就可以看见，在种种由职业的区别而来的所得之中，可以有五大种类：（一）利润，（二）利息，（三）地租，（四）劳动所得，（五）工资（第43节所谓转来的所得及公共的所得，在这个观点上，当然是用不着的）。

（一）利润（Profit）是一种靠企业的经营得来的所得。凡是一个企业主体，不管它用自己的资本，或是和别人的资本，也不管它是经营工业，是经营农业，或是经营商业金融业，一句话说完，凡是它由企业的经济上面，除本钱以外，赚得来的所得，都叫做利润。因此，利润这东西，又可以依照企业的种类的不同，分为工业利润，商业利润，农业利润等等之类。

（二）利息（Interest）是一种在借款给别人的时候取得的所得，这是谁都知道的。不过，在发达了的资本经济下面，所谓借款的形态，变得非常复杂，有普通的私人贷借，银行的存款放款，公债票及股票的购买形式下面的放款等等形态，所以利息也可以分为许多种类，如像普通日息，月利，年利，由股票分得的红利，由公私债票取得的利息，等等。

（三）地租（Rent）是一种靠土地所有权得来的所得。在资本经济制的私有财产制下面，一切土地都是有了主的。除开所谓公所，公地，公共道路，公共河流，湖，海等等之外，要想利用尺寸的土地，通例都非出代价不可。但是，从另一方面看来，人类的生活，又是离不开土地的：不但在所谓生产上面，土地是一种经济基础，并且就是在消费方面，也是离不开土地。因为这个缘故，所以那些占着土地所有权的人，便可以靠着把土地租给别人这件事，取得一种所得即地租。地租自然也可以依种种标准，分为许多种类，如像耕地地租，宅地地租，工业地租，森林地租等等之类。

（四）勤劳所得（Earned Income）是一种靠着自己的经济（不靠着剥削别人的劳动结果）或自己的技能得来的所得，换句话说，就是由单纯的营业而来的所得。这当中也可以更分为种种，如像靠自己的经营而得的经济所得，靠自己的技能，自由挣来的技能所得，靠自己的技能，以月薪等等的形式得来的准技能所得（参见第74节），等等。

（五）工资（Wages）是一种靠着出卖劳动力得来的所得，前面在第73节里面已经说过，这里不赘说了。

92. 各种所得间的相互关系和阶级的分化

关于上节说的五种所得的详细性质的说明，且让到第九讲，目前只把它们当作种种现象，去考察它们相互间的关系和那些关系的结果。

从各种所得的关系看来，可以分为六种说明：（一）利润和利息的关系。近代的利息必须靠着利润，必须由种种企业家（商业家及工业家等）手里分出来，这件事，是很明显的。因为，照第72节所述，在资本经济制下面，为消费而行的借贷只是例外，为企业而行的借贷才是原则，所以，利息的出处纵然不是全部在利润，至少也是大部分在利润，小部分在勤劳所得。所以，从一般说来，在同一期间当中，同一分量的资本所生的平均利息和利润，互相比较起来时，利息的比率总要低些。特别是在金融资本时代，这种倾向最为显著。（二）利息和地租的关系。利息和地租不直接发生关系，但是，土地的卖买价格，却是要靠地租的高低，按特定时候的一般平均利息比率，换算出来，如像在某块土地的地租是每年三百元的时候，如果那时的平均利率是年利五分，即百分之五，那末，那块土地的价格就是六千元之类。因为这个缘故，所以利息和地租的利害可以说是一致的。（三）利润和地租的关系。这个关系是很密切的：第一，因为各种企业都得以土地为基础，特别是在农业企业里面，这种情形最为显著。第二，因为土地的数量有限，所以随着经济的发展，人口的增加，工业规模的扩大等等情形的变动，土地越发变为奇货可居，因此，地租这东西也就随着需要供给的原理，增加起来，使企业家的生产费加重。因为这两种缘故，所以，到了资本经济成熟的时候，地主和企业家，特别是和工业企业家及农业企业家，就发生利害上的冲突：工业家为要得着廉价的原料的缘故，常常主张自由贸易政策及土地国有政策（在这一层上面，工业企业家自然也和农业企业家冲突），地主为防止农产品的跌价（在这一层上面，地主和农业企业家的利害是一致的）和土地私有权起见，常常主张保护贸易政策，并反对土地国有政策。不过，到了近代，一面有金融资本的统治，一面发生了联合生产业的缘故，地租和利润的冲突，比较和缓了。（四）勤劳所得和利润，地租，利息三种东西的关系。这种关系虽不是直接，然而却是很密切的。为什么？因为，照前面第八第九两段所述，随着资本经济的进行，大资本会吞并小资本，大经营会压倒小经营，所以普通营业人的勤劳所得，在竞争关系上，常常会被大的企业所掠夺，弄得倾家破产，流为无产者。所以，勤劳所得和利润，地租，利息三种东西的利害，是相反的。（五）勤劳所得和工资的关系。勤劳所得和工资之间，没有什么直接的关系，它们间的利害，是要随着实际的情势而定的。

（六）工资和利润，地租，利息三者的关系这是非常密切的：因为一则一切剩余价值都是由劳动者的劳动造出来的，而照前节所述，利润，地租，利息三者就是剩余价值，所以没有劳动者就同时会没有利润，地租，利息三者；二则工资在纯理上本只是前节所述可变资本的填补部分，如果工资增加，那就会侵到剩余价值的部分去，换句话说，工资的增加就是等于利润，地租，利息三者的减少，所以工资和三者的关系，可以说，既是相成的，又是相反的。因为这个缘故，所以劳动者和资本家（地主和货币资本家虽不直接和劳动者发生关系，但是，他们的所得却是由剩余价值内分出来的，所以在客观上可以说是间接的站在一种和企业资本家相等的地位上），才会因工资制度的缘故，发生许多争执（看73节）。

各种所得之间既然有上述种种不同的关系，所以，结果就随着资本经济的发达，在社会上，发生一种新的社会团结体和原有的民族，国民，等级，职业团体，家庭等等社会团结体相并列。这种新的，以所得的异同为基础的社会团结体，就是阶级。如果我们说，民族是以言语，血统，传统，思想风习，经验主义利益等等的同一为基础的，国民是以民族的基础和政权的同一的合计为基础的，等级是以经济上的地位和政治上的地位两者的同一为基础的，职业团体是以职业上的种类的同一为基础的，家庭是以生产经济和消费经济上的单位的同一为基础，那末，阶级就是只以所得的同一为基础的，只以经济上的分配地位的同一为基础的社会团结体。所以，纵然阶级这名词，有时也被人拿去指等级，然而，从学问上说来，资本经济以前所谓阶级实在都只是等级，因为那时所谓阶级或等级，除了经济的异同之外，还含着一种政治上的身分的差别在内，如像奴隶和主人，农奴和封建诸侯等等，就是除了经济上的不平等关系之外，还主要的以一种公认的政治身分或社会上的位分的不平等为基础的团结体。资本经济下所谓阶级是根据资本的意义，根据雇用劳动，根据自由竞争而来的社会团结体，它只有经济上的所得的差别，它的区别的基础只在经济上被别人剥削着的地位和经济上剥削着别人的地位两者。当然，在事实上，阶级的区分不是能够很明显的。因为，一则照前面所述，所得的种类各有不同，也有直接由剥削别人得来的所得，也有间接剥削的所得，也有由勤劳得来的所得，也有从被剥削关系上得来的所得；二则各个人的实际所得也可以随着他的经济活动的种类的变动而有变动；三则各个人的主观的阶级又是随着经济发展的程度及个人自觉的程度而有不同的；四则阶级这种社会的团结团体的活动往往和职业团体，国民，民族等等的团结体的活动相揉合。所以阶级的实际，只有在经济十分发达，阶级的利害超过其他观点上的利害的时候和地方，才能充分明白的被一般人认识出来。

从纯理上说，资本经济下面的阶级现象，可以照下面的图式表示出来：

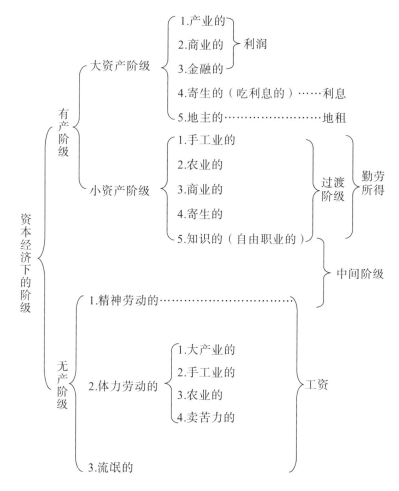

说明：图中许多名词都是在前面已经说过的，这里不再说明了，只说：（一）卖苦力的无产阶级是指家族的使用人，街上的苦力，其他一切不需特殊手艺，只卖力气的人们。（二）流氓无产阶级是指流氓，痞子，盗贼，其他等等说的。真正说时，这并算不得是阶级，因为他们根本上就没有普通所谓职业，当然也没有普通所谓所得。（三）过渡阶级的过渡，含着两种意思：第一是由封建经济过渡到资本经济去的意思，第二是或升上大资本阶级去，或落下无产阶级去，常常动摇不定，只在过渡的状态下面的意思。（四）中间阶级是介乎有产阶级和无产阶级之间，从客观的经济地位看，多半是无产阶级，从主观的性格和思想看，却多半和有产阶级相近的阶级。

93. 分配的不均和资本集中及社会运动

上节已经说过，阶级的实际，只有在经济十分发达，阶级的利害超过其他观点上的利害的时候和地方，才能充分明白的被一般人认识出来。这个意思，换别句话说，就是，客观的阶级（Klasse an sich）虽然是随资本经济以俱来的，而主观的阶级（Klasse für sich）却是在资本经济充分发达以后才发生的。现在要问：为什么阶级的利害会一天一天的高起来呢？这只因为阶级本是以所得的分配为基础的东西，而资本经济下的所得的分配却是极不平均的，所以，随着资本经济的发展，就会发生资本集中，贫富悬隔，阶级斗争，社会运动，种种现象出来。

分配行为，原是在交换关系上被决定着的，但是，因为资本经济下的交换是以自由竞争为基础的，并且，卖气力的人们在这个自由竞争里面，名为是行自由竞争，实则是为了他们要靠卖气力糊口的缘故，并没有站在真正的平等的竞争关系上面，倒只常常站在买劳动力的人们的下风（看73节），所以他们的所得的分配，在被产生出来的财货的总价值上所占的比例，从全体说来，不单是一个很少的部分，是一个只足以维持最低的生活的部分，把所有的剩余价值部分，都归给有产阶级；并且，纵然有时他们所得的分配稍有增加，然而从增加的比率上的实质上说来（从相对工资和实质工资的观点说来），实在等于没有增加。而在另一方面，购买劳力的人方面的所得，却一天一天变成资本，一天一天的更把所得越发增加起来，所以就不能不一天一天的发生所谓资本集中的现象（看 28 节），如像据 Voytinsky 的调查：

德国：（小中大各经营中的工人数的百分比）（％）

	小经营	中经营	大经营
	1～5 工人	6～50 工人	50 以上工人
1882	55.1	18.7	26.2
1895	39.8	24.7	35.5
1907	29.4	25.0	45.6
1925	22.4	22.5	55.1

美国：（同）

	小经营	中经营	大经营
	1～5 工人	6～100 工人	100 以上工人
1909	4.8	33.0	2.4
1917	3.4	25.8	26.3
1923	2.4	26.3	71.8

就可以知道资本集中的倾向了。

资本集中的结果，照 84 节所述，更可以引起恐慌和失业，而恐慌和失业又可以引起更大的资本集中，互相为因，互相为果，结局就一定引起贫富悬隔现象，即多数的贫苦和少数的富逸的现象。因此，在事实上，贫苦的多数和富逸的少数，就不能不各为保持自己的利益的缘故，自发的起来行种种经济的并政治的斗争。即有自发的斗争，当然就不会不有解释这种斗争的理论上的斗争，所以，对于贫苦和富逸两方面的对峙，就发生两种对峙的议论：（A）为资产阶级辩护的人们说，"苦劳和富逸的对峙是因为（甲）能力大小，（乙）努力不努力，（丙）节俭不节俭三种关系而来的结果。能力大，挣钱挣得多的，肯拼命努力工作的，肯节食节用的人，才能变成富而逸的人，才能够把自己和自己的子孙享富而逸的生活。那些能力又小，又不肯努力，又不肯节俭的人，自然在自由竞争场里，会打败仗，会变成贫而苦的人。"（B）一些为无产阶级张目的人却说，"贫苦阶级和富逸阶级的对峙，只是由于生产手段的独占，并不是由于能力的大小，努力不努力和节俭不节俭。从能力一层说，如果把资产阶级的资产除去，叫他和一般无产阶级同样靠能力去行生产的竞争，即刻就可以发见他的能力的薄弱的。试看，偶然因恐慌或灾害失了资产的人，大抵都毫无生活能力，立刻就堕入流氓队伍去，就是一个明白的根据。其次说努力。努力是什么？不是劳动吗？世人谁还比终日劳动，一天不劳动就得饿肚皮的无产阶级，还更劳动，还更努力呢？至于节俭一层，更不成问题。无产阶级刚刚过着吊命糊口的生活，还算不节俭吗？资产阶级的节俭又在哪里呢？所有奢侈淫佚，不是资产阶级的专有物吗？说到这里，是不是可以说，现在的资产阶级纵然没有能力，也不努力，也不节俭，至少他的祖先总是有能力的，肯努力的，肯节俭的人，所以现在的资产阶级应该是富而逸的呢？当然不能够这样说。因为一则在大体上事实并不是那样，最初的所谓原始的资本聚积，实在是靠着剥削，劫掠，吞并等等原因而成的，二则纵然有少数的资产阶级的祖先果然是有能力的，肯努力，肯节俭的，然而，他有什么理由可以叫他的后人永远享受富逸生活，更有什么理由能够因此在事实上剥剥夺了无产阶级同样享受富逸生活的权利，叫他永远贫苦呢?"这两种争论，是从资本经济刚要成熟的时候起，就在种种形态的下面，始终争论着，至今还未了结。结局，争论只管争论，事实还是事实，贫苦阶级和富逸阶级的对峙，随着资本主义经济的进行，只是一天一天的加紧，并没有丝毫放松。

在这种一天紧过一天的对峙状态的进行当中，一方面在理论上发生了社会主义经济学和社会主义的理论，一方面在事实发生了种种有意义的有组织的社会运动，因此，在资本经济成熟期以后，全社会便依照上节所述阶级的大分类，从大体上发生了一个显明的阶级分化和理想分化：一方面是有产阶级，固守着资本主义经济的理想，去维持资本经济下面原有的一切的经济权利，政治制度，社会风习等等东西；一方面是无产阶级，抱着一个社会主义的理想，行着社会运动，去谋推翻原有的一切的经济权利，政治制度，社会风习等等东西。既然在社会的全体都有了理想上和行动上的两种分化对抗，旧来所有一切敷衍门面的东西，自然会慢慢的全部被揭穿了去，变成毫无顾忌，毫不放松的压迫，剥削，反抗，冲突，残杀。所以，原先由各个人的所得的分配不均而来的资本集中，恐慌，失业，阶级斗争，社会运动，种种东西，不但没有解决的希望，并且越发扩大起来了，直到了下段所述的国际斗争起了变态时，才一时有了一个停顿。

二十四、 从各国民经济看来的相互关系 （帝国主义竞争问题）

94. 国际经济的发展与国际斗争及社会运动的变态

我们现在应该再进一步，去叙述各种经济活动的相互关系的最后一种，即第四种，从各国民经济看来的相互关系。

国民经济这东西，从它的主体说，本是指一个国家里面的个人经济，私团体经济，公共经济等等东西合起来对付外国时的经济，并且，从交换的范围说，一到国民经济刚要成熟的时候，便形成了国家市场，发生了重商主义的政策，在国内行自由的交换，在国际行保护干涉，虽然到后来到了世界市场的第一期，先进国也曾暂时主张了自由贸易政策，然而到了世界市场的第二期，却又回到了攻势的保护政策上面去（看65节）。所以，国民经济这东西，根本上就是一种不能脱离国际方面的关系的东西，因此，在研究国民经济现象的全体的时候，也当然不能不考察它的国际竞争情形的变迁。

在金融资本经济成熟以前，国际经济的竞争，从大体说来，都是商品输出的竞争。详细说，这时的国际经济竞争的目的，只在由先进国输出完成的工业品到后进国去，再由后进国输进金银或原料回先进国来。这时先进国看后进国，只看成一个商品的销场和原料的产地，所以，它们对后进国的最大要求，就是让后进国开放门户，结约通商；只要达到了通商的目的，它们关于后进国的政治上的统治，通例是不大过问的。英法等国在非洲和亚洲的殖民地上，常常叫本地人维持原有的政治组织（印度内部至今还有大小两百多个王国，安南国王还在每三年开科取状元一次），保存旧有的社会习惯，就是因为这个缘故。

但是，到了金融资本开始成立的时代，情形却大不相同了。在这时，因为在一方面机器发达，劳动的生产性大增，资本的有机构成的程度加高（看第七讲），在另一方面劳动者的阶级意识渐渐扩大起来，劳资对抗的斗争越发厉害的缘故，弄得资本家在国内的利润渐渐比较减少起来，所以他们不得不另想办法。他们除了扩大生产规模，实行联合企业，开始运用金融资本等等方法之外，还发见着，他们平常用的办法，即由外国输入原料，用本国的较昂劳动力，把原料变成制造品，再输出到后进国去，那种办法的不合算了。他们想出直接把资本（即货币资本并生产手段如机器之类）输出到后进国去的办法了。他们知道，如果用这种办法时，他们在生产上可以得到四层利益：第一，可以减少商品生产费里面的运送费；第二，可以直接剥削后进国的廉价的劳动力（因为后进国的劳动者的生活程度大抵很低）；第三，可以免得受国内的劳资斗争上的无益的损失；第四，可以使国内的重工业更加繁盛起来。这种利益，都是在国内生产时得不到的利益，所以，如果得到这三种利益，他们的利润率，自然是要大大的增加的了。固然，他们在轻工业方面，也许因后进国工业发达的缘故，发生损失，但是，重工业的利益却反会增加，可以相偿。像这样的理论，本是极明显的理论，所以那时的金融资本家，便努力把货币资本输出到后进国，同时把后进国所最需要的机器，也当作资本之一种，大量的输出到后进国去。关于资本的输出的逐渐增加的情形，我们看一看下列统计，就可以知道它的大要：

A. 在欧战前，各重要国的资本输出（单位：十万万法朗）

年度	英	法	德
1862	3.6	——	——
1872	15.0	10（1869）	——
1882	22.0	15（1880）	?
1893	42.0	20（1890）	?
1902	62.0	27—37	12.5
1914	75—100	60	44.0

B. 最近英美资本输出的比较（据 Varga）

年度	英（单位：百万镑）	美	
		比例数（1920 年的输出为 100）	实数（单位：百万美金）
1908	146.0		
1909	182.2		
1910	289.0		
1920	52.3	100	
1921	115.7	137.6	
1922	135.2	168.2	
1923	136.2	68.7	267
1924	134.2	250.9	997
1925	87.8	273.2	1,086
1926	122.0	288.3	1,145
1927	153.0	391.0	1,567
1928		330.7	1,500

此外，关于机器的输出，据有泽氏转载 Survey of Metal Industries 1928 的统计，大致情形如下：（单位：千磅）

目的地		年度	由英国	由美国	由德国
			来的输机器		
英领土	澳洲	1913	2,182	1,487	193
		1924	3,080	2,813	100
		1925	3,196	2,690	134
	新西兰	1913	524	197	21
		1924	955	522	11
		1925	1,304	683	16
	印度	1913	5,103	244	267
		1924	8,948	1,011	299
		1925	9,285	953	572
	南非联邦	1,913	1,445	652	292
		1924	2,095	1,205	170
		1925	2,182	1,328	274
	加拿大	1913	236	5,620	104
		1924	725	7,894	14
		1925	1,023	9,137	40
南美	阿尔然丁	1913	1,733	1,892	1,125
		1924	1,205	5,483	1,162
		1925	1,599	5,646	1,572
	巴西	1913	1,297	912	1,250
		1924	1,464	1,446	1,356
		1925	1993	2,058	2,228
	智利	1913	588	389	470
		1924	504	919	359
		1925	480	1,348	404

续表

目的地		年度	由英国	由美国	由德国
			来的输机器		
中美	古巴	1913	190	1,042	135
		1024	152	3,106	91
		1925	53	3,101	93
	墨西哥	1913	327	796	212
		1924	191	3,186	230
		1925	277	3,287	318
极东	中国	1913	341	203	201
		1924	864	534	424
		1925	694	414	417

但是，在他们输出了资本之后，他们唯一忧虑的，就是放在外国的资本的不安全，因为万一有国际战争的时候，就难免碰着全部丧失的危险。因此，所以在这时候，先进国对于后进国的办法，又更进了一步：它们努力在后进国新设政治的和经济的势力范围了，在可能的范围内去攫取殖民地了。关于它们猛烈的攫取殖民地的情形，可以从下面的统计看出来：

从 1884—1900 年间各国所加的殖民地（据 Hobson）：

	土地（单位：百万平方里）	人口（单位：百万人）
英	3.7	57.0（但英国在 1860—1880 年间已获殖民地 5.2 百万平方里）
法	3.6	36.0
德	1.0	14.7
比	0.9	30.0
葡	0.8	9.0

据 Spann 的计算，列强在各洲的殖民地和各洲非殖民地的百分比率的增加如下（％）：

	1867 年	1900 年	增加率①
非洲	10.8	90.4	79.6
南洋群岛	56.8	98.9	42.1
亚洲	51.5	56.6	5.1
澳洲	100.0	100.0	—
美洲	27.5	27.2	−0.3

又据 Morris 的调查，英法德三国殖民地的增加状况如下：（单位：土地/百万平方公里，人口/百万）

	英　国		法　国		德　国	
	土地	人口	土地	人口	土地	人口
1815−1830	?	126.4	0.02	0.5	—	—
1860	2.5	145.1	0.2	3.4	—	—
1880	7.7	267.9	0.7	3.5	—	—
1899	9.3	309.0	3.7	56.4	1.0	14.7

所以欧洲大战前，列强本国和殖民地，在面积和人口上都有很大的悬隔，如下表（据《帝国主义论》）：

列强本国及殖民地比较表如下（单位：土地/百万平方公里，人口/百万人）

---

① 原文如此，但实际上此列数字当为增加额，而非增加率。——编者

	殖 民 地				本 国		合 计	
	1876 年		1914 年		1914 年		1914 年	
	土 地	人 口	土 地	人 口	土 地	人 口	土 地	人 口
英国	22.5	251.9	33.5	393.5	0.3	46.5	33.8	440.0
俄国	17.0	15.9	17.4	33.2	5.4	136.2	22.8	169.4
法国	0.9	6.0	10.6	55.5	0.5	39.6	11.1	95.1
德国	—	—	2.9	12.3	0.5	64.9	3.4	77.2
美国	—	—	0.3	9.7	9.4	97.0	9.7	106.7
日本	—	—	0.3	19.2	0.4	53.0	0.7	72.7
六大强共计	40.4	273.8	65.0	523.4	16.3	437.2	81.5	960.6
其余诸国	（比利时，荷兰等等）				—		9.9	45.3
半殖民地	（波斯，中国，土耳其）				—		14.5	361.2
其余诸国	—				—		28.0	289.0
全球总计	—				—		133.9	1,657.0

这样一来，先进国的主要的经济舞台，便完全由一国内变到全世界内了。所谓世界市场，从此确立起来，所谓世界经济也把基础打稳固了。所谓世界的分业，如像美国和印度的棉花业，英国的机器业，日本和中国的丝业，德国的化学工业之类，也差不多要完全成为事实了。但是，从大体说，这时的国民经济，一方面虽然在市场关系上已经进到世界经济，然而在全体性质上却并不是和原先的性质（即未走到世界市场时的性质）完全相反的，它只不过是一种变态，只不过是不以国内的无政府式的自由竞争为主，而以国际的无政府式的自由竞争为主的经济罢了。所以，在国民经济进到世界经济以后，国民经济内部的主要产业的竞争虽然大减，然而各个国民经济间的竞争，却反变得比从前更加激烈，更呈现一种变态了。

国际经济竞争这时的变态，可以从两点看出来：（一）由单独竞争变到联合竞争。在从前，国际间的竞争，都是由各个国民经济单独出马去干。到现在，所谓国际的企业联合，如像 1884 年由英德比三国的铁轨公司联合成立的国际铁轨企业协定，分割全世界的销场为两区域的 A. E. G. 电气机械托拉斯（德国方面的）和 G. E. C. 电气机械托拉斯（美国方面的）（欧战后的美国摩尔根钢铁托拉斯和德法比等国所组成的国际钢铁企业协定是一个最近的例）等等东西，都跳上舞台了。这种联合竞争的发生原因，一方面固然在他们受了国内的联合企业的成功的暗示，一方面自然也在竞争太过于激烈，太过于规模宏大，在实际上发生了联合利害略同的竞争者，去共同奋斗的必要。（二）由和平竞争回到武装竞争。自资本经济初期的海贼政策停止以后，各国的经济竞争在原则上是以和平竞争为主的，虽然有时也免不了有在竞争场里武装相见的事，但是，从一般说，那种武装竞争，大抵是先进国对后进国的争斗，力量本来悬殊，所以战争的规模也不很大，如像中英鸦片战争，中法战争，中日战争之类，就是明例。到了国民经济走到世界经济去了的时代，在竞争场里的角逐者，都是在经济上势均力敌的先进国，所以，要想获得胜利，就不能不回到海贼政策时代的方法去，用政治的力量即武力作后盾。因此，在一方面，各先进国都拼命扩张海陆的军备，一方面还恐怕独力难支，又暗暗的联结了一些攻守同盟的团体，如像欧战前的德，奥，意三国同盟和英，法，俄三国协商，就是明显的例子。这样一来，全世界就变成一个武装和平的世界了。

　　在上述的变态的国际经济竞争下面，各先进国国内的情形自然也不能不发生一些变态。在这时，各先进国国内已经形成了金融资本的独占经济，所谓竞争价格，在主要产业上已经变成了独占价格，所以他们不但用不着在国内行激烈的竞争，并且，（一）还可以在国内经济上行相当的有计划的统制（看第 85 节），把无政府式的生产组织稍加限制。（二）还可以利用那些从殖民剥削得来的利润，分给国内的中小商工业者及劳动者（用增加国内销场和放松国内剥削的办法），把贫富悬隔的趋势，稍加掩饰，唱出全国民的生活内容都全部向上的舆论。（三）还可以利用股份公司的方法，一方面收集中小营业者的剩余以增加资本，一方面唱出每个穷人都有变富的机会及中小产者并未没落，倒反势力日增的舆论，以便衬出资本集中的道理的不对。所以，在这时候，所谓社会主义的思想上，也发生了一种变态，在原有的社会主义经济学之外，新有一种社会改良主义经济学即中间派经济学，为满足各先进国的金融资本家那种举全国的经济政治的力量去行国际的斗争的需要，特别唱出所谓社会政策，提出了举国一致防御外敌，劳资协调共同发展等等口号。接着，所谓劳动保护法，工场法，劳动保险法等等法制，以及累进的所得税，国营小额保险等等财政上的社会政策，都实行起来了。

95. 金融资本主义的帝国主义化和社会运动的国际化

但是，可供殖民用的土地，是有限的，殖民地民众的被剥削的程度也是有一定限度的，所以靠着殖民地的特别的高率利润而来的变态，结局还是不能持久，而不得不有更进一步的转变。

在一国内的金融资本经济，像上节所述，跑到国际上来行联合的并武装的竞争的时候，无论从竞争的规模的庞大说，从所关系的利害的巨大说，他们所干的都是空前的事，所以他们不能不尽他们的全力，利用政治上和经济上的独占势力，把全国民都驱到对外武装竞争的状态下面去。到这时，所谓帝国主义就成立了：金融资本的经济势力和国家的武装的政治势力，结合起来，凑成了一个不讲信义，只图实益，不讲人道，只认武力，不讲法律，只重强权的东西——帝国主义——了。在这个帝国主义下面，当然，主要的被牺牲者是后进国的民族，即殖民地和半殖民地的民族，但是，同时，先进国里面的被压迫的民众，也因帝国主义者的实际需要的缘故，在经济负担上，身体精力上，政治权力上，都不得不受巨大的损失；原有的变态都消散了，资本经济的特色重显了，剥削还是紧迫，生活还是困苦，资本还是集中，被压迫的民众还是被压迫的民众。

并且，在帝国主义已经成立了之后，帝国主义战争，在理论上就变成不可避免的东西。为什么呢？因为在帝国主义的武装和平下面，几乎一切生产力量都用在徒归消耗的军备上面，一国的社会的再生产已经变成缩小的再生产，弄得消费超过生产，入不敷出，所以，从帝国主义本身看来，只有一条路可走：使用武力去重分殖民地，以便增加特别利润，把弱小民族的膏血，填帝国主义的自己的漏空。所以，在这时候，他们就使用最原始最野蛮的办法，拿武力为解决问题的工具，希望重新划分战败国的殖民地。这不但理论上是这样，并且 1914—1918 年间的世界大战的发生和经过，已经在事实上给了证明。

帝国主义战争的结果如何呢？果能达到他们的主观的目的吗？当然不能。纵然在形式上达到了重分殖民地的目的，而在实际上却没有达到增加特别利润的目的。为什么？因为一则他们在这种战争上无论胜败都有巨大的消耗，结果不能不招致空前的恐慌；二则殖民地和半殖民地在这种战争当中可以乘机恢复政治上经济上并民族精神上的利益，所以帝国主义者纵然重分得一些殖民地，也不能像从前一样，安稳的获得高率的利润。我们从事实上看看：（一）帝国主义战争的损失。帝国主义的军备本是空前的大军备，并且还是联合作战，所以，帝国主义的战争自然也是空前的大战争。不但在交战国里面，死伤了几千万的最强壮的，有生产能力的男子，白白消耗了几百年间积蓄下来几千万万的财富（看第 86 节），并且，因为在世界经济下面，全世界的经济关系非常密切的缘故，一切中立国家也都受了影响，所以一到战争终了的时候，不管它是战败国（如像德国）也好，是战胜国（如像英国）也好，是战胜而在经济上赚钱的国（如像美国和日本）也好，都发生了恐慌（1920 年的恐慌），各处的恐慌合起来，就凑成了一个空前的世界大恐慌。在这个世界的大恐慌里面发生了的倾家，破产，失业，流离等等损失，据说，还要比战争期间的损失高过几倍。（三）殖民地并半殖民的自主运动。这是欧战终结以来到现今止，始终还未停止的运动，并且还是一种不达目的不止的运动，如像埃及独立运动，摩罗哥独立运动，印度独立运动，朝鲜独立运动，中国革命运动，南美中美各国的革命运动，都是极好的例子。在这种独立运动或革命运动当中，各帝国主义者得不着他们预想的高率并巨额的利润，是殖民地半殖民地的统计所明示的。（目前只有片断的统计材料，没有整个的材料，所以统计的例示姑从略）

上述的世界的大恐慌既然是一个空前的大恐慌，所以由这个恐慌产生出来的社会问题，也就成了一个空前的社会问题：不单是在程度上是一个极深刻的社会问题，并且在范围上也是一个极宽泛的世界的社会问题。因此，那种常常随着社会问题而来的社会运动，也就变成一个空前的，真正国际了的社会运动。只看自 1917 年的俄国大革命以来，各国的社会运动犹如风起潮涌一般，勃发起来，变成了一个至今还无根本解决方法的运动，在旧有的第二国际社会运动组织之外，还发生了第二半国际，第三国际等等的社会运动组织，并且在国际联盟里面也成立了一个国际劳动机关即国际劳动会议及国际劳动事务局，种种事实，就可以知道社会运动的国际化的意义了。

第一次世界大战后的世界大恐慌发生了它的放血作用之后，各国国民经济又在较有统制的经济合理化运动之下，驱逐了数年间的市况萧条，恢复了昔时的繁华。但是，所谓自由竞争和资本集中的大原则，却还是依然进行，所以到了 1929 年的下半年，又由美国的交易所恐慌发端，发生了一种虽缓慢而性极深刻的世界恐慌（看 86 节）。在这个新的恐慌当中，各帝国主义者拼命挣扎，还是没有什么比重分殖民地更好的出路。所以，第二次帝国主义世界大战，又有勃发的倾向了。

二十五、　中国经济和各种经济活动间的相互关系

96. 中国经济全体上的生产消费均衡问题

我们在以上各段，已经把资本经济制下的各种经济活动的关系的大意，说述过了，现在要根据上述的理路，简单看一看，构成着世界经济的一部分的中国国民经济上的各种经济活动有什么样的相互关系。

第一，先说生产消费均衡问题。中国全体经济正在资本经济的初期，旧时封建经济的残余还存留不少，所以全社会经济上的生产消费均衡方法，也还有一部分适用着旧时的方法，如像各省食粮的出境的禁令及常平仓的设备，就是明证。但是，在另一方面，中国处在半殖民地的地位，在金融上受着帝国主义者的事实上的支配（看80节），所以资本经济成熟期的人为的生产消费均衡方法，在实际上又有很大的作用（虽然不是主动的），如像外国金融资本家用预付代价的办法收买东三省的大豆，山东河南河北各省的烟叶，从中操纵价格及生产额之类，就是一例。因为有两种特色的缘故，所以中国的恐慌，一部分还是资本经济以前的恐慌，即不是由资本经济上的生产过剩而来的恐慌，而是由天灾地变等招致的生产不足而来的恐慌（如像1930年河南，陕西，甘肃等省的恐慌），另一部分却又是由金融关系而来的最新式的慢性恐慌（如像1930年因银价大跌及世界经济恐慌而来的全国的慢性的萧条和失业）。因此，所以中国的恐慌的结果，也和一般资本经济下的恐慌不同，不是一部分的贫苦化和失业化，而是社会全般的贫苦化和失业化；换句话说，就是，在资本经济下面，那种在恐慌之后必定随着大众失业而来的资本集中现象，在中国的恐慌之后，却不显著。

其次，从全体看来，中国现代的再生产的性质如何？这是一个很难解决的问题。如果说中国经济是行着缩小的再生产的经济，那就请问：为什么中国的对外贸易，从全体看来，有一年一年的向上增加的趋势呢？（通例，对外贸易的兴盛可以表示再生产的顺调）如果说中国行着扩大的再生产，似乎又不能解释一般中国人所感觉的一般贫苦化和失业化的理由，并且，海关统计上的棉布输入和粮食输入又明明表示着中国消费品不能自给。走进资本经济的路上的中国（自和外国结约通商之时起），到底行着扩大的再生产呢？还是行着缩小的再生产呢？从大多数中国人的意见说，似乎都说是一天一天的民穷财尽了。但是，在事实上不是各人的生活程度比从前加高几十倍了吗？中国的人口不是一年一年的增加着吗？纵然说各铁路还负着外债，但是，在事实上不是行了大大的积聚吗？并且，照通例说来，资本经济初期的再生产应该是一种扩大的再生产（看第86节），何以中国会是一个例外呢？这种种问题，都是尚待研究解决的问题。

97. 中国生产诸力的配布

因为中国的封建经济的残余还存留不少，所以中国的生产诸力的配布方法还有一部分用着应需的配布法（如历来的政府的奖农政策，这自然还因中国农村还实行着半自给半交换的经济的缘故），而不是完全用着应利润的配布法（看87节），所以各营业部门的基础还很稳固，经了欧洲资本主义经济威力的八十余年的冲击，尚未完全动摇。中国的基础产业的农业具有顽强的抵抗力，可以长久抵抗欧洲的大量生产的商品，这件事，在二三十年前，还被欧洲经济家惊讶不置；但是，到现在，中国经济上具有这种矜夸，却渐渐要变得不存在了：因为，自从农村经济开始商品化以后，所谓农业隶属于工商业，农民逃村，农村凋敝，种种现象也逐渐逼迫而来了。不过，因为中国的农业在地位上说虽然还正在营业化的农业时代，而在经营内容上却早已行着集约的农耕，达到轮种制并施肥制的时代，比起欧美各国，它的生产性比较大些，它的发展的经过比较不同些，所以中国农业衰退的现象，也比较来得缓一点。然而，从全体说，恐怕也未必能够抵抗全世界一般的农业衰退的大势罢。

中国的都市，随着商品经济的发展，也渐渐大起来了，商工业支配农业，都市支配农村，住城不住乡的高利业及不在地主支配一般自耕农及佃户，种种情形，似乎都逐渐变得显著了。不过，因为中国是一个半殖民地，所以一般本地商工业，除了当然受本地的近代化了的金融业的支配之外，还要间接的受外国的商工业者的大资本的打击和大量生产品的压迫及外国的金融业在价格上并信用市场上的剥削，因此，中国的商工业在实际上并没有占着决定的支配农业的地位。

中国本国的银行业，在北伐统一以前，在事实上只是以剥削政府，做外国金融业的捐客，所以它们在中国经济的各营业部门，并未具有若何巨大的支配力。但是，在北伐统一以后，一方面因为它们自己渐有觉悟，一方面因为有客观的需要的缘故，它们渐有起来支配商工业，和外国金融业抗衡的动向了。

从全体说来，中国经济上各营业部门，在生产力配布上虽然尚未有头重足轻的弊病，然而却还免不了外重内轻的毛病。

98. 中国经济上的个人所得的分配

因为中国全体经济还未达到成熟的资本经济的程度，封建经济的残余很多，所以从全体说来，中国还是营业多而企业少，因此，在中国经济的个人的所得上，也发生一种显著的特色：勤劳所得和地租占国民所得的重要部分，工资和利润反倒比较不大重要。这个特色，恰恰和现今资本经济先进国的所得分配状况相反，因为在那里，勤劳和地租是沉没在工资和利润的斗争之下的。地租这种东西，虽然也和利润一样，是剥削别人的劳动而得的，但是，在这种剥削的时候，被剥削者是独立的佃户，剥削的分量是极明显的，剥削的形式带着一种强取的色彩（资本经济以前的高利贷和商人的利得，大致也和这种地租相同），所以这种剥削比较不能达到太高的程度，过高就要立刻引起被剥削者的反抗而招致农民暴动，它和资本经济下的利润的剥削，完全立于相反的地位：利润的剥削是直接而不明显的，只在平等的卖买（劳动力的卖买）之中实行着，毫未带有强取的性质，所以往往可以达到极高的（自然是和工资相比时的说话：一个企业的生产物的总价值当中归给劳动者的部分和归于企业主体的部分可以相差到几百倍几千倍，而封建制下的地租和勤劳所得在总生产物价值当中的比例的相差，无论如何，恐怕总不能超过三与二之比罢）程度。因为这个缘故，所以在地租和勤劳所得占着重要地位的地方，所得的分配的不均要比较小些，当然因所得分配的不均而来的资本集中的趋势，也比较进行得慢些，所以，在中国经济上，所谓所得分配不均问题及资本集中问题，还没有在欧美先进国里面那样迫切，因此，由分配不均和资本集中而来的阶级分化问题，当然也还没有带着在欧美先进国里面那样重要的意义。不消说，经济这东西是时时刻刻变动着的，是约莫向着一定的顺路走的（由封建经济而资本经济，由商业资本经济，而产业资本经济，而金融资本经济之类），并且，还是越近现代，越走得快的（看35节），所以，中国经济上这种东西，也一天一天的变得更迫切，更重要起来，这件事，从近十年的中国经济史看来，是毫不容疑的。然而，从纯粹客观的观点看来，我们却不能不说，从目前的中国社会全部说，只发生了所谓客观的阶级，而所谓主观的阶级却还没有成熟。这本是中国资本经济还未成熟，那件事的当然的结论，如果一面认定中国资本经济还未成熟，一面又说中国已经有了先进国里面那样的主观的阶级，那倒会成为论理上的矛盾了。

中国的阶级，将来会由客观的阶级的存在进而到主观的阶级的存在，这也是理所当然，无容致疑的，不过，它的进行的迟缓和进行的样式如何，却还是不能速断的问题。照各国先例看来，在民族利益（指政治的自主权利和对外经济上的独立地位）被侵害着的时候，阶级的利益毕竟会在民族的利益之下。如像在印度，纵然客观的阶级分化已达到很高的程度几乎和先进国相等，而民族革命的口号始终还高出于社会革命的口号之上；又如战后的德国，哪怕主观的阶级早已存在，而只因在政治上和经济上已经殖民地化了的缘故，弄得民族党的势力一天一天的大起来，竟至发生今日的 Hitler 所领导的法西斯主义的民族党等等，都是明例。所以，如果照通例判断，中国的社会革命运动，在民族革命成功以前，恐怕不会有踏实的迅速的发展。

99. 中国国民经济和国际经济

从主观的观点看来，虽然中国资本经济还未成熟，还断然不上由国民经济向国际经济去的进展，然而，从被动的观点看来，中国却已当作先进国的商品销场，原料产地并投资地域，投入了国际经济的漩涡之中。这种情形，自然是根据中国所处的半殖民地的地位而来的，和一般自主独立的国家下的国民经济情形决不相同的情形。中国经济处在这种情形下面，所得的利益（如像农产品的出口和农民经济上所得的利益）和所受的损失（如像在进出口的卖买价格上的特殊剥削，外国资本所办工场里的剩余价值的直接剥削），比较起来时，当然是害多而利少。中国经济在国际经济上所以未立刻发现国际贷借上的不均衡（看 77 节），只不过因外国人所获的剩余价值的大部分都当作投资，仍然搁在中国的缘故罢了。因此，所以中国目前的国际经济竞争场中，也非行一种斗争，一种和先进国普通的侵略斗争不同的，防御的或自己解放的斗争不可。

这个斗争的结果如何，自然要看自己的努力如何和对手的力量如何来决定，谁也不能下决然的判断。不过，如果照前述的国际竞争形势（看 95 节）和中国阶级分化的趋势（看 98 节）看来，我们似乎可以推测：（一）中国经济在国际竞争上会呈现一种一时的变态，即不取独立斗争的普通形式，而取一种和国际竞争场中的某一方面联合起来斗争的形式。（二）中国国内的经济斗争力量的结合会不取普通的自由竞争上以大资本统制中小资本的形式，而取一种强制的形式，即用国家的权力，在民族全体利益的口号之下，以真正的国家资本或假相的国家资本（指外国资本家的特别投资）统制私人的大小资本的形式。不消说，如果在实际上发生这种变态，当然同时会在社会运动方面也发生一种变态，大致和前面 94 节所述的变态相等的变态。不过，变态终归是变态，在经过相当时期之后，仍得归回常态；到那时，中国或竟实现一个成熟的普通产业资本经济，进而走到金融资本经济，或只实现一个成熟的国家资本经济，那都是未来的事，现在且不说它。

商品的价值

附言：此文本系尚未发表的拙著《经济学原理十讲》下卷①中的一段，因为是一年以前写的，所以从今日看来，有许多地方，如像价值的说明的顺序，用语，对于反对论者的批判的方式，甚至于价值实体的本身，连我自己都觉得有应该修改的。但只因课忙体病，竟在未能彻底修改以前就交与大学年刊编辑处，甚为歉然。不过，从文章本身，前后却是自成条理的。

作者

一、 劳动， 价值和商品

1. 有意识的劳动的种类

人类在不自觉的本能的劳动和自觉的意识的存在两种互相矛盾的东西当中，自然不能不找一条出路：在未实行劳动以前，先在意识上形成那种劳动，在意识了那种劳动的进程和目的之后再实行劳

---

① 下册最终未见出版，故将《商品的价值》附于《经济原理十讲（上册）》之后。——编者

动，换句话说，就是，实行一种具有目的意识的劳动。为人类所特有的，有意识的劳动就这样发生了。有意识的劳动虽然为人类所特有的，但是，它的内容却还可以依观点和时代等等的不同而有变动，所以，为彻底的知道它的内容，以便拿它去说明劳动价值说起见，我们还得研究它的种类。

有意识的劳动的种类，可以用五种标准区分如下：

（一）具体的劳动和抽象的劳动

这是从人类劳动的被观察的观点如何而来的区别。人类的劳动（以后单说劳动时所指的都是有意识的劳动）虽然尽是人类和自然间所行的进程，但是，它被观察的观点却有两个：一是它的表面的种种不同的形态上的观点，一是它的实质的内容上的观点。从前一观点看来，人类的劳动的形态是随劳动的目的的变动而有种种不同的，如像耕种劳动有耕种上的特别的形态，如以锄挖地，弯腰播种，渔捞劳动有打捞上的特别的形态，如投网，拉网等，织布劳动有机织上的特别的形态，如上线，接线，转机，加油等。像这样，从这种形态上的观点看来的，种种不同形态的劳动，叫做具体的劳动。从后一观点看来，人类一切劳动的实质，却不外乎是人类的精力（包含手力，脚力，脑，筋力等）的支出；不管它的形态如何差异，它在实质上总是无差别的，均一的，抽象上的，生理上的精力的支出，因为，如果没有精力的支出，就会没有劳动本身的存在，而精力的支出在分量上虽有多寡，在实质上却是没有区别的。从这种观点而来的劳动，叫做抽象的劳动。不消说，具体的劳动和抽象的劳动只是观点上的区别，在实际上它们常常是混在一起的：在一方面无论什么劳动都不能不采一种特殊的形态，所以无论什么劳动

都不能不是具体的劳动，同时在另一方面无论什么劳动都不能不是
实质上的精力的支出，所以无论什么劳动也都不能不同时是抽象的
劳动；换句话说，具体的劳动和抽象的劳动是同一的东西的两方
面，所以两者一方面是不能不有区别的东西，同时又是不能截然具
有独立的存在的东西。同一人类劳动的这两种又有区别又不能分离
的性质，叫做劳动的二重性。

（二）单纯的劳动和复杂的劳动

这是从劳动内容的繁简难易而来的区别。在人类的各种劳动
中，也有不须学习或只须极短时间的学习就可以立刻实行的劳动，
也有须有长期间的学习才能去实行的劳动：前者的例是所谓苦力的
劳动，后者的例是机器修理工的劳动或火车开车人的劳动。前一种
劳动叫做单纯的劳动，后一种劳动叫做复杂的劳动。单纯的劳动不
但不须长期的学习就可以实行，并且在实行时因为内容单纯不须高
度的注意力的缘故，通常可以在特定的劳动时间当中支出较少量的
精力；复杂的劳动恰恰相反，不但须在长期的学习之后才能够实
行，并且，还因为内容复杂须用高度的注意力的缘故，通常在特定
的劳动时间当中须得支出较多量的精力；复杂的劳动虽然和单纯的
劳动大有区别，但是，它并不是绝对不能在计算上化为单纯劳动的
东西：恰恰和全部可以被分解为种种的部分一样，一切杂的东西都
是可以还元①或分解为比较单纯的东西的，所以复杂劳动当然也不
是一个例外，它同样可以被还元或被分解为特定量的单纯劳动，如
像某种分量的复杂劳动被换算为和某种分量的单纯劳动相当之类。

---

① 今多作"还原"。下同。——编者

至于怎样还元为单纯的劳动，下面第 4 节还有说明，这里且不赘说。

（三）个人的劳动和社会的劳动

这是从劳动的目的而来的区别，照前节所述，人类的有意识的劳动，原是靠着社会生活才发生出来的，所以人类的一切有意识的劳动当然都是在社会里面，通过社会的关系的，所以人类的一切有意识的劳动在这种意义上都应该是社会的劳动。不过，这种意义上的劳动却不必都有同一的目的：各种劳动的大部分虽然以供社会的利用为目的，但是，其中一小部分却也可以供劳动者个人的利用为目的，如像古代的共同团体的时候，各个人为磨练自己使用的武器或装饰品的时候所行的劳动，在近代各个人为满足自己的特殊的嗜好所行的劳动（如种花自娱，造特殊茅亭自住等），就是例子。前一种是和社会一般的需要发生关系的，所以叫做社会的劳动，后一种是和社会一般无关，只供自己个人的需要的，所以叫做个人的劳动。不过，同时是要注意，在这种意义——目的上的意义——上的社会的劳动，又可以依社会构造的变动而分为两种：一是在古昔尚无交换的共同社会内的社会劳动，一是在有交换的商品社会内社会的劳动，前者是直接满足社会需要的劳动，后者是间接的经过商品的交换去满足社会需要的劳动，普通所谓社会的劳动照例是指后者。

（四）单一的劳动和合计的劳动

这是从劳动生产物所含的劳动量的计算方法而来的区别。劳动原是古人类和天然间所行的过程上的人类精力的支出，所以劳动本身虽是一种无形的活动，然而它的结果却可以用形态的增大，形态的改变，所在地点的变动等等样式，发见在天然上面，即是说，发见在所谓劳动生产物上面。但是，从另一方面看，劳动生产物却不必一定为单一的同时的劳动的结果，举例说，如像我们穿的衣服，固然最近是裁缝劳动的产物，但是，裁缝劳动上所用的布还是裁缝劳动以前的机织劳动，棉花的种植收获劳动，土地的耕耘劳动等等的产物，同样，裁缝劳动上所用的纽扣子，缝衣机器，缝工的技艺等等，也是裁缝劳动以前的种种劳动的产物。因此，所以在我们在计算劳动生产物所含的劳动量的时候，可以有两种计算方法：一是只计算最近的劳动量的方法，一是兼计算以前各阶段上的劳动量的方法。由前一方法计算时的劳动叫做单一的劳动，用后一方法计算时的劳动，叫做合计的劳动。

（五）过去投下的劳动和未来必需的劳动

这是从测计特定种类的劳动生产物的劳动分量时所用的不同的标准而来的区别。表现在劳动生产物上面的劳动分量，不但在种类不同的劳动生产物之间会各不相同，并且在同一种类的劳动生产物当中，也会因劳动时的种种条件，如像精神的张弛，工具的良否，劳动对象（劳动材料）的精粗等等，而有区别。因此，所以在我们测计特定种类的劳动生产物的劳动分量时，我们可以有两种方法：第一是测定在每个单位的劳动生产物内的，已经被投下的劳动量的方法，第二是测定在每个单位的劳动生产物的再生产时，在特定社会的通常的生产条件下面，即在通常的平均的生产工具，技术，勤度，对象等等下面，将来应该需要的劳动分量的方法。用第一方法测计着的劳动叫做过去投下的劳动，用第二个方法测计着的劳动叫做未来必需的劳动。不消说，在上述两种方法当中，比较可靠的方法是第二种方法。为什么？因为劳动原是一种精力的支出，一种无形的活动，时间一过，便难捉摸，所以表现在劳动生产物上的劳动分量是无从去行精确的测定的，所以过去劳动量的多寡这句话，表面上似乎很明显确定，其实是千差万别，无从确定的。第二种方法是一种取大同，弃小异的，统计学上适用于大量现象上的方法，本是最合于社会现象之用的（因为社会现象就是一种大量现象，即极小处看来虽然每个单位各有不同，然从大处看来却都见有同一的主要特性的现象）。所以在测计劳动生产物的分量时，倒反容易得着一般的，大体的，近确的数字，换句话说，倒反容易得着一种可以代表多数的数字。关于为什么可以得着代表的数字，后面 4 节还有说明。

2. 商品的来历

照上节所述，有意识的劳动是可以表现在天然方面而把那个天然变为劳动生产物的。不过，要知道随着社会生活的发展变动，这个劳动生产物也可以分化起来，变为两种：一种是为直接供生产人或所有人自己之使用而生产了的劳动生产物，一种是不为直接供生产人或所有人之用，而为拿去和别的生产人或所有人的生产品相交换的缘故而生产了的劳动生产物；前者叫做直接供用的劳动生产物，后者叫做商品。直接劳动生产物和商品在物理的关系上完全是一样的：如像织布劳动所产生的布匹，在被织布人自己拿去做衣穿的时候，虽是直接供用的劳动生产物，如果被织布人拿去和别人所生产的米谷交换的时候，就会成为商品——这就是一个例子。所以商品之所以为商品，不是因为它本身上具所不同的物材上的特性的缘故，倒只是因为它在社会关系上即人和人的关系上行着不同的作用的缘故，因此，所以我们可以知道商品只是一种历史的产物，它不是随人类的劳动以俱来的，倒只是在人类的劳动的进程中产生出来的，换句话说，就是，它只是在直接供用的劳动生产物发生甚久之后，才依量变质的法则慢慢由直接供给的劳动生产物当中转化出来的。

那末，商品这东西是怎样发生的呢？是怎样慢慢转化出来的呢？简单说来，商品的发生经过是这样：人类的有意识的劳动一旦发生了之后，人类在一方面会利用新获得的目的意识去制造工具（因此，所以才说人类是制造工具的动物），一方面又会利用这种目的意识去改良生产的方法和组织，结果当然会使劳动的生产性或生产能率（即是说，特定时间中的劳动所生产出的生产物的比率）增加起来，发生生产团体（这时的生产是团体的生产）直接使用不完的剩余品。在当时原始的人类团体到处并存，各团体所占据的天然当然不一定全然相同，因此他们的剩余品也不必全然一致。在两团体剩余品不一致而缺乏品恰和别团体的剩余品相同的时候，如像甲团体的剩余品是食物，乙团体的剩余品是工具或武器，同时甲团体所缺乏的是工具或武器，乙团体所缺乏的是食物的时候，他们之间，自然会依人类的目的意识的驱使，相互交换其剩余品，以满足其相互的缺乏，这样一来，商品的萌芽便发生了，直接供用的生产物就开始变为供别人之用的东西了。在没有这种剩余生产品的交换以前，一个团体的生产量是按这团体本身的需要来决定的，因为，纵然他们利用奴隶的劳动（生产力发达到剩余品的时候，奴隶自然也发生了，看第二讲），去尽量发挥他们的生产力，所得的超过了需要的剩余的生产物，对他们也毫无用处，只是一种赘物，所以他们为目的意识所支配，不会常常做那种笨事。但是，到了一旦发生剩余品的交换之后，情形却大不相同了；他们发见着剩余品也是一种对他们间接有用的东西了，因此，他们的生产量的决定，就不会单按需要的多寡，而兼看交换的可能与否，因此，他们的生产能力就不会为需要所限制，倒会利用奴隶的劳动，尽量的发挥起来，结果，生产技术生产方法就会在这种过程当中更加发达起来，弄得剩余越多，交换越频，最后就会发生团体间的分业，就会发生一种以团体间的常川交换为存在基础的分业。这种团体间分业一旦发生之后，当然更会发展团体全体的生产力，更会增加已经由奴隶的存在而发生了的私有财产，更会冲破团体原有的共产组织那种桎梏，而在团体内建设广泛的私有财产制，结果就必然的更会发生团体内的各家族或个人间的分业，发生一种以经常的多数商品的交换为基础的分业。这样一来，商品就完全成熟了，所谓商品生产（看 26 节）也就因为占了社会上的生产形态的支配地位的缘故，而完全成立了。

这样看来，可知商品这东西，并不是一种物理性的，有永久性的产物，倒只是一种有社会性的，历史上的必然的产物了，同时当然可以知道商品既随着社会和历史的进展而发生，就会随着社会和历史的进展而消灭了。不过，我们还要知道，商品本身虽然是靠社会关系而生的，带有社会性的东西，但是，一旦到了商品生产的时代即商品生产形态在社会上占着主要的生产形态的时代之后，商品的社会性却会因为商品的频繁的复杂的交换的缘故而隐藏下去，在表面上倒会使人觉得商品本身是一种离开人和人的关系而独立着的东西，觉得商品的交换不是人和人的关系而是商品本身的自己运动，因此就会使人更进一步因为生活有靠于商品那件事实的压迫的缘故迷信商品本身的存在，魔力，神秘，使人更进一步去崇拜商品，恰恰和野蛮人崇拜他自己所刻的木像为神圣即物神崇拜（Fetishism）一样。所以商品所具的这种魔术性，神秘性，叫做商品的物神崇拜性。不消说，经济学的任务就在破除商品所具的这种物神崇拜性，使它的真实的本质显露出来。

3. 商品的使用价值，价格，交换价值及价值

在我们明白了商品的表面的意义和商品的来历之后，我们还应该更进一步去考察商品的本质即商品的构成分子如何。为什么？因为，如果我们不懂得商品的本质，我们就不会懂得商品何以会被交换，商品何以会在特定比率上行着交换，商品何以会在某种范围以内变更它的交换比率，商品何以会有贵贱，有价值等等重要问题的答复。

关于商品的本质，我们可以分为五层观察：

（一）商品在人类生活上的一般的价值（意义）

宇宙上一切事物的存在，从人类生活的一般看来，都可以发生一种评价，即发生一种对于人生有意义无意义的判断——一种人生观上的，哲学的判断。这种哲学的判断，在通俗用语上，常常拿"有价值，无价值"等语，表示出来，如像说"教育对人生是有价值的"或"战争对人类是无价值的"等等，就是例子。商品这东西是宇宙上的存在之一，当然可以成为这种人生观上的判断的对象，所以当然也就可以发生商品对于人生的一般的价值如何的问题。不过，商品这种在人生观上的价值，当然应该归价值哲学即所谓人生哲学去研究，不应该放在经济学上讨论，所以我们现在可以完全置诸不论之列。我们只要知道关于商品还可以发生这样的人生观上的

价值问题，就行了。

（二）商品的使用价值

这是从人类的物质生活或经济生活方面观察而来的价值。商品的使用价值，就是商品所具有的，可供人类之用的，物理的，化学的，天然的有用性。照普通经济学的用话说来，就是所谓效用。照前面所述，商品原是有意识的劳动的结果，而有意识的劳动又必定是伴着一种供人类使用的目的的，所以商品必定有使用价值，这件事，原是论理的必然的结果。一切商品都有使用价值，或更确切的说，一切商品本身都是一种使用价值；商品如果不是使用价值，它就不能成为商品。为什么？因为，照前几节所述，商品原是为供别人的使用而生产了的东西，所以它必须有可以供别人使用的性质即使用价值。商品虽然必定有使用价值，但是，有使用价值的，却不一定是商品，因为，一则照前面所述，除了为供别人的使用而生产着的劳动生产物即商品之外，还有为供自己的使用而生产了的劳动生产物即直接供用的劳动生产物，二则还有一些非劳动生产物的天然品，如像空气，日光，河水，野生的树木等等，也可以单因它们的天然的物理化学的性质而对人类发生效用即使用价值。

这样看来，商品的使用价值这种东西，原来是一种依靠商品的物理化学的天然的性质的东西，和商品本身的社会的经历是毫无关系的；因此，所以使用价值本身如何的问题，即商品的物理化学的性质如何的问题，是经济学——以人类和人类关系经济的关系即社会关系为研究对象的经济学——所不过问的。

（三）商品的价格

这是从买卖关系上看来的观察结果。卖就是拿商品换进货币，买就是拿货币换商品。买卖关系原是商品交换有了相当发达之后的关系；在最初时代的交换是物物交换即直接交换，到后才在交换的扩大和交换对于寻找的困难两者的矛盾当中，发生间接交换即以货币为媒介的卖买式的交换（关于这一层，第七讲还有详细的说明）。所以照通常的顺序说来，本应先说明直接交换关系，再说明卖买关系的。这里为求理解的容易，姑把顺序颠倒过来，先从卖买关系观察，然后再从直接交换关系观察，因为在我们今日所处的社会内，在实际上卖买是一种占着极大的支配力的原则，直接交换只是一种极少极少的例外。

在卖买关系上，一般商品都各有价格，即有一种和货币若干相交换的比例，这件事，是我们在 63 节已经说过的，并且也是我们日常看见的事实：我们在市场上走走，我们就可以发见，在那里的商品都是一定的价钱（即价格），并且因为在那里的卖者都想以较高的价钱卖出商品，在那里的买者都想以较低的价钱买进商品的缘故，而在那里不断的"讲价钱"即争执卖买价格。因为这种讲价钱是一种极频繁极日常的事，所以我们在习惯上就把价格这东西看成一种自明的东西，对于它的本质不加思索，只注重价格的变动即价钱的涨高和低落。

其实，如果仔细观察一下，我们在"讲价钱"这种日常现象当中，却可以发见两个很难解决的疑问：A 价格何以只在特定的范围内动摇涨落？B 买者何以会有买贵了或买着便宜了的感想？

在市场上的实际的卖买价格，虽然因讲价的缘故，是或多或少，高低不一的，但是，在特定地点和特定时间上，特定商品的价格，从大体的平均看来，总有一个相差不远的最高限和最低限，价格只在这限度内有多有少，决不会特别高出这个限度，或特别低过这个限度。即从异地异时看来，情形也大抵相同：虽然异时异地的同一商品的价格的最高最低限的相差要大一点，然而倒底是有一个限度的，绝不会非常高出这个限度或非常低出这个限度。这是什么缘故呢？当然不能说这是出于偶然，因为这种现象太常有，太不偶然了，乍看起来，似乎可以拿需要供给法则去说明，以为在价涨高的时候，卖者以为有利可图，所以卖者加多，买者以为太贵，所以买者减少，结果卖者因为卖不出去的缘故，只得跌价，所以价格自然就变落了；在价落的时候，卖者以为无利可图所以渐渐卖者减少，买者以为价钱便宜，所以买者加多，结果因为买者多，而卖者少的缘故，价钱就涨起来了。因此，所以价钱的涨落只会在特定限度之内，不会特别超过这个限度或特别低过这个限度。这种说法似乎是很对的，其实仔细一想，立刻可以发见它毫未解决着问题。因为这种需要供给说只能说明特定限度内的价格变动的原因，不能说明为什么各种特定商品价格会各在特定的限度内发生变动，如像为什么一支自来水笔的价格只在五元与七元之间涨落而一支铅笔却只在三角与五角之间涨落之类。所以决定各商品的特定的价格变动限度的，显然不是需要供给关系，而是另外一种东西。这另外的东西到底是什么？

其次，我们在买商品的时候常常经验着一种买贵了或买了便宜的感想，或从朋友们接受一种买贵了或买便宜的批评。这种买贵了或买便宜的判断的根据，到底在什么地方呢？是因为最后决定的价钱比卖者最初开口的价钱相差不相差的缘故吗？当然不是，因为我们在下这种判断的并未顾虑到卖者所开的价，特别在朋友们批评的时候是这样。那末，是因为商品本身不好，值不得那个价钱的缘故吗？也不是，因为单单说商品的好不好，值不值得那是漫无标准的，而我们平常下买贵或便宜的判断的时候，在我们心目中却是暗暗有一种确定标准的，那末，是因为买的价钱比一般市价或平常市价还大或较小的缘故吗？这仿佛对了，其实，还是不对，因为所谓一般市价或平常市价结局也是漫无标准的，结果，会变成一种和上述的特定商品的价格变动的限度一样的，更待另外的东西去决定的未定物，而在我们下判断时的心目中却是暗暗有一种确定标准的。这种确定的标准是什么？

如果我们更仔细观察观察，我们还可以发见，第一问题内在决定特定商品的价格变动的限度时的，所谓另外的东西和第二问题内在下买贵或买便宜的判断时的，所谓确定的标准，二者原是一物。为什么？因为这两种东西，都是一种站在价格之外的，离开卖者和买者双方的主观的，可以使卖者买者和价格都绕着回旋，脱离不开（买贵买便宜的反面，当然含着以后再买不再买的意思，所以买贵和买便宜的标准结局是买不买的标准，所以从需要供给关系看来，也就是价格涨落的限度）的，属于商品本身的某种特性或能力或某种存在物。

这种特性或能力或存在物，到底是什么？我们仔细审查交换发展的经过，我们应该可以发见，这种特色就是存于商品本身上的交换力，一种能够拿自己的某种分量和别种商品的某种分量相交换的能力。这种交换力，叫做商品的交换价值。决定着商品价格变动的范围的是交换价值，成为判断买贵或买便宜时的确定标准的，也是这个交换价值。何以见得呢？因为，从商品交换的发展史看来，用货币的间接交换原是由物物交换即直接交换转变而来的，所以凡是在用货币的间接交换上不能发现的，为货币这种媒介物所掩蔽的真相，可以在间接交换的前身即直接的物物交换中去寻找，而从物物交换时代的交换物本身看来，的确每种交换物在特定时候和特定地点上，有一种客观的，为一般人所承认的，离开各交换物的使用价值而独立着的特定比例或特定交换能力，如像两匹布和一件衣服交换，或两匹布和五斗米交换的时候的比例之类；并且，这种比例虽然可以随需要供给的关系如何而有若干的变动，但是，它决不是因需要供给的关系的缘故才发生出来的东西，因为在最初的没有多数人在需要供给两方面竞争的时候即在原始的一团体和团体相交其剩余品的时候，早已存在了。它在用货币为交换媒介的时代所以不易被人知道，只不过因为受货币这种媒介物的掩蔽的缘故罢了。所以如果我们把货币的本质认识清楚，知道货币本身原来也不过是一种商品，只不过因为谋交换便利的缘故，才变为一般交易媒介物即所谓流通手段（关于货币的发达史，请看第七讲），我们就不会被货币价值并复杂的需要供给关系所蒙蔽，我们就可以发见，决定商品价格变动范围的及成为判断买贵或买便宜时的确定标准的，都是这个交换比例或交换能力或交换价值。

（四）商品的交换价值

上述的交换价值是从商品的直接交换的立场观察得来的结果，所以，如果我们要知道这种交换价值的本质，我们还得拿直接交换时代的实际情形为根据，去行更进一步的检讨。在直接交换时代，无论什么商品都可以和其他多数的别种商品的特定量相交换，如像两匹布可以和一件衣服，五斗米，三斛小麦等等东西相交换之类。

因此，所以我们可以知道，一个商品的交换价值，是可以随着所交换的商品的种类的差异而有种种不同的表现的，换别句话说，就是，特定商品的交换价值，从表现形态上说，是多数的，不是单个的。

从数理上说来，两个和特定量相等的量本身也是相等的，如像在 B 和 C 都等于 A 的时候，B 和 C 也是相等的之类。所以，如果两匹布的交换价值既等于一件衣服，又等于五斗米，又等于三斛小麦，那末，一件衣服的交换价值，五斗米的交换价值，三斛小麦的交换价值等等，当然也应该是相等的了。但是，在表面上，我们却明明看见两匹布，一件衣服，五斗米，三斛小麦等等东西，并没有一点可以相信的相等性的存在。既然在表面上没有什么相等性而在交换上却认它们的量都是相等的，那就可见得在它的内部，都含着一种和它们的表面迥不相同的具有同一性的某种东西了。为什么说具有同一性的某种东西呢？因为，如果性质不相同，就不能比较，同时也就不能相等；反过来说，它们既然相等，那末，在它们之间就应该有一种同一性的东西的存在。这种情形恰恰和中国的六斤四两的某种物品，既等于日本的一贯另一物品，又等于法国的 3.75 公斤更一物品，又等于英国的 8.2673 磅再一物品，那种情形一样：在那里，表面上虽有六斤四两，一贯，3.75 公斤，8.2673 磅等等的不同，在实际上却尽都表示着同一性质的东西即那个物品的重量。如果没有同一性质的重量，上面那种表示就会变毫无意义。因此，所以我们根据上述两匹布等于一件衣服，五斛米，三斛小麦等等东西，那种事实，就可抽出下面两个结论：第一，同一商品的各种交换价值是表现着某一个第三的在实质上相等的同一物的；第二，从一般说，交换价值这种东西，只能是一种别的和交换价值本身有区别的某种存在（或内容）的表现形态。

这样看来，商品的交换价值虽是一种可以决定商品价格的变动限度的东西，但是，它自己本身都不是本质的存在，倒是某种存在的现象形态，所以，如果要想认识商品的本质，就得更进一步去进求这个被交换价值表现着的本质的存在了。（上述的一番理论，也可以用 $x\mathrm{AW}＝y\mathrm{BW}$ 那个公式，说明出来，关于那个公式的详细解释，请看河上肇《经济学大纲》第一章）

（五）商品的价值

上述的那个被交换价值表现着的本质的存在，到底是什么东西呢？这是我们现在应该研究的问题。在我们还没有明白这东西的本质以前，我们为说明的便利起见，姑且照一般的例，给它一个名称，叫它做价值。在这里要注意：我们现在研究的商品的交换比率，所指的当然是经济上的价值，是从商品本质的观点考察而得的价值，所以虽然我们叫它做"价值"，也不怕和上述的从人生观上看来的价值相混。

从上面关于交换价值的说明看来，我们已经知道被交换价值表现着的本质的存在即价值这种东西，是一种和物体的重量样，在各种物体即商品当中都存在着的，为各种商品所共通具有的，同一性质的共通物。所以，在目前我们想研究价值的本质的时候，我们只消在上述各商品当中去搜索出各种为各商品所同具的共通性，加以检讨，就应该可以认识价值的本质了。不消说，这种共通性当然不能够是各商品的几何学的，物理学的，化学的，以及其他天然的性质，因为这种几何学的，物理学的，化学的，以及其他等等天然的性质的差异，原本就是各商品的使用价值的差异（如像布与衣服，衣服与米麦等等，都是具有几何学的或物理学的等差异的，即是说，都是具有形状上，色度上，味道上，材料上，构成分子上等等的差异的），而使用价值的差异又是商品交换的先决条件，使用价值相同的东西交换从交换的本质说来是一种不合理的概念。所以商品的天然的性质虽是商品交换的成立条件，但是，充当这个成立条件的天然性质，必须是相异的天然性质，决不能够是相同的性质，因此，所以我们可以断定，在决定价值的本质的时候，商品的几何学的，理化学的等等天然性质必须放在考虑之外。

现在我们要看一看，存在各商品当中的共通性，共有几种：

（A）商品的一般使用性或效用性

各商品除开它所具有的种种不同的特殊的使用性（如像衣服可以供穿用，米麦可以供食用之类）之外，还可以在它对人类发生效用一层上面，具有一种一般的使用性即被人类所使用那种共通的性质。一切商品都是因为它可以供人类之用的缘故才被生产被交换着的。不足供人类使用的商品这个概念，根本上就是一个矛盾。所以一切商品具有一般的使用性，这是毫无可疑的。那末，这个一般的使用性是不是价值的本质，是不是那种决定着价值的共通物呢？如果是的，那末，就应该说，凡是有一般使用性的，就应该有价值，并且，价值的大小还应该看这种一般使用性的大小以为定了。但是，第一，在事实上我们看见许多具有一般使用性而并未见有什么价值的东西，如像空气，日光等等，就是明例；这些东西的使用性之大和它们对于人类的不可缺重要性并不要于普通所谓有价值的粮食，但是，在事实上它们却一点价值也没有；所以一般使用性并不是那种可以决定着价值的共通物。第二，在理论上，一般使用性这个概念太过于抽象空漠，无法决定它的大小，所以，纵然把上述事实上的不符合置之不顾，我们也不能说在理论上价值的大小是要随一般性的大小以为定的：如果那样主张，结果必会因为没有什么确定的标准去行价值多寡的判断的缘故，而使那个主张变为没有内容。所以，一般使用性这种东西，就是一切商品都具有的共通物，但是，它却不是价值的本质。

（B）商品的经久性

从时间上说，宇宙上一切事物都是不断的生灭和无穷的变化当中的，并且，这种生灭变化快慢还是随着各事物本身的构造如何而有不同的，所以，从事物的某种形态的存续期间的长短看来，一切事物都可以成为经久性如何这个问题的对象；换句话说，就是，一切事物都具有经久性。商品是宇宙上的事物之一，所以从时间的观点看来，当然一切商品也都具有经久性这种共通的性质。现在要看看，经久性这种共通性是不是价值的本质。如果经久性是价值的本性，经久性的长短是决定价值多寡的东西，那末，第一，在一般商品人中具有较大的经久性的矿物性商品，就得一般的比植物性商品多有价值了，但是，在事实上我们却明明看见许多铁制的器具的价值远不及丝织物的价值之大。第二，即在种类相同的商品当中，价值较大的未必比较经久，比较经久的也未必价值较大，如像拿普通商品中所谓实用品和高贵品（例如实用的皮鞋和着礼服时用的皮鞋）两种东西比较起来，实用品常常是较经久而价较贱，高贵品却大抵是价较贵较不结实，就是明白的证明。第三，一切物品都应该有经久性，所以当然一切物品都应该有价值，但是，在事实上我们都看见许多有经久性而无价值的东西的存在。所以经久性这种为一切商品所同具的共通性，也不能够是价值的本质，经久性的长短也不能够决定价值的大小。

（C）商品的容积性

从空间上说，宇宙上的一切物质都是不能不占着特定部分的空间的；它们所占的空间部分虽有大小的区别，但是，在占有一部分空间一层上面，都是共通的。商品是一种物质，所以一切商品也应该具有容积性这个共通性。不过，一切商品所具有这个容积性都不是价值的本质，这个容积性的大小，并不能决定价值的大小。这是很显然的：第一，一切物质都有容积性，所以，如果容积性是价值的本质，同时就应该没有无价值的物品，但是，事实却明明告诉我们，世上存有许多只有容积性的而无价值的东西。第二，如果容积性的大小可以决定价值的大小，那末种类相异的商品间的容积性大小和价值大小的差异，如像棉花和铜铁，布匹和米麦等等东西的容积和价值的不一致，即容积较大的价值反较小，容积较小的价值反较大，种种事实就无从去说明。

（D）商品的稀少性或供求关系的对象性

宇宙上一切东西的存在都要受质和量方面的规定；如果没有质和量两方面的规定，一个东西就不能表示它自己的存在，它不能和别的东西发生区别。从量的规定方面看来，宇宙上一切东西的数量都是有定的，所以在这一层上面，就可以说一切东西都有共通的数量性。商品是宇宙上事物之一，所以商品也具有数量性这种共通性。一个商品的数量不是多量便是少量：在特定时点和地点上决没有数量不定的商品，所以在经济学上就有一派人因此发生谬想，以这种数量性就是价值的本质，以为数量越少的商品，价值越大；数量越多的商品，价值越小，数量多到特定程度的时候，那东西就会变得没有价值，就会不成商品，即不成交换的对象。这种说法，叫做稀少性价值说。这种说法的谬误是不待多言的；第一，多寡是一个比较的话，内容并不确定，所以，纵然假定这说是对的，我们也会感觉它的空漠不定，也会无从决定多到什么程度才会没有价值，少到什么程度才会发生若干定量的价值等等问题。第二，如果数量的多寡是决定商品价值大小的原因，那末，商品的价值，结局就会变成时而多，时而少，常常在动摇不定的状况之下的东西，为什么呢？因为商品这东西在交换经济制下面，原是时时刻刻被生产着，时时刻刻被消费着的，并且它的生产和消费还是没有统制的，所以它的存在量当然也就是不能确定的，因此，所以照稀少量价值说推论起来，商品的价值就会因商品存量的多寡，时而低，时而高，但是，在事实上，商品的价值却不是这样一种时而高时而低的东西；这只看前面所述在我们判断买贵了或买了便宜时所抱的确定的标准，就可以知道的。第三，如果只把商品的稀少性作为商品价值的来源，不把商品的使用性同时在考虑之中；那末，在结果上必定会把数量少而使用性小的东西（如像普通的奇花异木）和数量多而使用性也大的东西（如像米麦）二者间的价值的差异的细微（即是说，在数量上前者的存在量虽然比后者少得厉害，然而它们的价值间的差异却往往是不大的，和它们的存在量上的巨大的差异，不能一致），一件事的解释，弄成不可能。因为上述第三种反驳非常有力，所以又有人把绝对的稀少性价值说，改为相对的稀少性价值说，即是说，把使用性如何一层也加入考虑之内，把绝对的稀少性改为和商品的需要的多寡相对应时的稀少性。换句话说，就是把稀少性说改为需要供给关系说，以为价值的本质就是需要供给的关系，需要比供给多的时候，价值较大，需要比供给少的时候，价值较小，如果供给变得比需要更多，价值就落；如果供给变得比需要更少，价值就涨。但是，这种说法自然也是不对的；第一，市场上商品种类何止千百，各种商品的需要供给关系，当然是许多是相同的，如像金刚石的需要供给关系和棉布的需要供给关系难免同是10与3之比，在这时候，金刚石的价值和棉布的价值，如照需要供给关系说推论起来，当然应该相同的了；但是，这当然是绝不会有的事。第二，如果这说是对的，那末，在某种需要供给恰恰相会的时候，价值会有多少呢？如照需要供给说推论起来，似乎这时候的价值就会等于零了。这在事实上也是绝不会有的事。第三，在事实上，一个商品的需要往往要看价值的大小以为变动：价值大的，大抵被需要的分量较少，价值小的，大抵被需要的分量较多，所以，不是需要供给关系决定价值，倒是价值决定着需要供给关系。所谓需要供给关系说，明明把因果弄颠倒了。

（E）商品的生产费用

在商品交换经济时代，因为行着私有财产制的缘故，一切商品的原料及制造时所用的工具等等都必须用钱购买，甚至于连劳动力本身也完全的必须相当代价才可以得到（在雇工时须出工资，在自己为自己劳动时，须有生活资料），所以可以说，一切商品在需要特定费用去行生产一层上面是具有共通性的。现在我们要看看这种共通性是不是价值的本质。为达这个目的，我们先看看所谓生产费用到底是一些什么东西。试拿西服为例罢，它的生产费明明包含着

（1）主要原料即呢布，（2）助成材料如扣子，线，粗麻布里子等，（3）生产工具如缝衣机器，房屋，针等，（4）杂费如电灯费，炉火费，租税等，（5）工资或与工资相当的生活资料。从普通的情形看来，一套西服的价值，的确是大抵是和这些费用相当的，纵然因为需要供给关系或其他卖买条件的缘故，多少有一些变动，但是，那种变动像不能十分高出或低过那个和生产费用相当的价值。所以乍看起来时，似乎商品的价值就是商品的生产费用的合计，并且这个合计又是非常确定，非常明显的，所以可以算得比较带有客观性。不过，仔细看来，这个生产费用说仍然不能说明商品的价值的本质。为什么？因为，如果以生产费用解释商品价值，结果就会等于以价值解释价值，等于以原料品等的价值，解释原料品等合计物的价值，结果就会陷于循环论，等于没有结果；如像在上述西服的例当中，西服的价值等于由呢布，扣子，缝衣机器，杂费，工资等等合计而成的东西，而呢布扣子，缝衣机器等等又等于由种种原料，助成料，生产工具，杂费，工资等等合计而成的它们自己的生产费用，这些生产费用又等于它们自己的生产费用，照样可以一直推下去。所以，所谓生产费用说，表面上虽似乎比较显明确定，而其实只是一个循环论，并不能说明价值的本质。

（F）商品本身所含有的被支出的劳动量

上述生产费用说虽是一个空漠的循环论，但是，它的本身却含有一部分真理：这不是别的，就是生产费用中含有劳动的代价即工资一层。为什么说这一层是真理呢？因为，一则无论什么原料，助成料或机器，工具等等东西，都非到有劳动去结合它们时不能变成商品，所以可以说商品的价值的主因只在劳动，只在所包含的劳动的分量；二则这种劳动量是可以商品的本身，原料等等，追寻下去，一直追到最后的，如系拿上述西服的例说，西服的价值当中含有裁缝劳动量，买呢布的费用当中含有机织劳动量，呢布原料的羊毛含有剪毛劳动量，羊毛当中含有饲羊劳动量，饲羊的牧草当中更含有极少量的牧场维持劳动量，这样一直追到天然的土地为止，就可以把所谓各生产费用的内容，化为一种明确的，不带循环性的，被支出的劳动量；三则这些劳动量虽然在劳动的形式上各有不同，如像裁缝劳动的重要部分是缝，机织劳动的重要部分是织之类，但是，它们在同是人类的精力如像脑力，筋力，眼力，耳力，气力等等的支出一层上面，却是相同的，所以可以说是具抽象的人类的劳动这种共通性的。所以我们可以总结起来说，在上面这六种共通性当中，只有被支出的抽象的人类的劳动量这种共通物，才是比较又明确，又带客观性和合理的共通物，所以我们可以说在把商品的各种共通性推敲比较之后，我们发见只有这种被支出的，抽象的人类劳动才是价值的本质，只有这种抽象的人类的劳动量的多寡，才能决定价值的大小。

4. 价值的本质和劳动的种类

根据上一节的研究的结果，我们已经知道价值的本质就是劳动。但是，照 1 节所述，人类的有意识的劳动，却有许许多多的种类，所以我们还得更进一步的研究，哪几种劳动是构成价值本质的劳动。

第一，依上节所述，价值的本质，只能够是各商品内所共通见的某种共通性，所以当然也就只能够是抽象的劳动，而不能够是具体的劳动，因为一切具体的种种形态下的劳动，本是构成使用价值的因子，并且是随着商品的种类的不同而各各相异的，当然没有俱备具着上述的共通性的条件。不过，还要知道，构成商品价值的本质的，虽是抽象的劳动，但是，这个抽象的劳动在实际上却并不是能够离开具体的劳动而完全独立的。为什么呢？因为劳动这东西，从具体的及抽象的两方面看来，原是具有二重性质的东西，原是两种对立物的一个统一：无论什么劳动，从实质的方面看来，都是生理的意义上的人类精力的支出，而从另一方面即形式的方面看来，它却不能不具有特定的形态。具体的劳动不能离开抽象的劳动，抽象的劳动也不能离开具体的劳动，二者原是一物的两面，这件事，恰恰和商品的使用价值不能离开商品的价值（请注意商品的使用价值几个字！非商品如像天然的空气，处女地，以及为供自己之用的而生产了的生产物等等的使用价值，当然可以离开价值），商品的价值也不能离开商品的使用价值，二者原是一物的两面，那件事，是一样的，这只因为劳动具有二重性，商品也具有二重性的缘故。

第二，商品的生产通例不是一次的劳动可以完成的，倒是要经过原料，半原料，3/4 原料，完成品等等的程序的，所以构成商品的价值的，也应该是商品的生产各段阶①上的会计的劳动，而不能够只是某一个段阶上的单一的劳动。如像在上一节所述的西服的例当中，构成西服这种商品的价值的劳动，不能够只是西服的裁缝劳动，倒应该在这种劳动以外，加上呢布的机织劳动，羊毛的剪取劳动，羊子的饲养劳动，牧场的维持劳动以及扣子的琢磨劳动，兽骨的剥取劳动，牛的饲养劳动或鹿的捕获劳动；并机器的制造劳动，铁的炼冶劳动，铁矿的探掘劳动，搬运劳动等等——只有这些劳动

---

① "段阶"多用于日语，意为"阶段"。下同。——编者

的合计才是构成西服这种商品的价值的劳动。不但西服这种商品的价值的本质是合计的劳动，并且一切商品的价值的本质都是合计的劳动。懂得这一层之后，我们就可以知道，为什么同是抽象的人类的精力的支出，而在原料或半原料的段阶上的劳动生产物的价值，如像农产物或矿产物的价值，照例要比 3/4 原料或完成品段阶上的劳动生产物的价值如像工业品的价值为低，那个道理了。

第三，劳动当中有个人的劳动和社会的劳动的区别，后者当中更有直接的社会的劳动和间接的社会的劳动的差异，这是我们在 105 节[①]中已经说过的。在目前这里，能够构成商品价值的本质的劳动，自然只是社会的劳动及间接的社会的劳动：因为商品原不是为供生产人自己的使用而生产的，倒是为着在生产出来之后，由生产人拿去交换，以供别的购买商品的人们的使用而被生产的，所以它的生产时的劳动，照前面所述，关于个人的劳动并社会的劳动的定义说来，根本上就不能够是个人的劳动，而只能够是直接的社会的劳动。个人的劳动无论有多少分量，如果这劳动的生产物或因只是供生产人自己的使用的缘故而不是商品，或因生产人以外其他的人们不愿拿它去供使用的缘故而不能成为商品（因为无人需要它的缘故而不能成为商品），那些劳动量也是和商品价值的构成无关系的。所以，从这一层说来，构成商品的价值的劳动，不单是生产者主观上不能够是个人的劳动，并且在生产人以外的一般的客观上还不能不是一种在实际上生产出特定社会所需的生产物的劳动，即合

---

① 因《经济学原理十讲（上册）》只有 99 节，疑指作者计划中的下册的 105 节。后文同类情况不再另注。——编者

乎社会需要的劳动。不在社会需要的劳动生产物的生产上所支出的劳动量，只算是白费了。

第四，构成商品的价值的本质的劳动，既不是个人的劳动而是社会所需要的劳动，所以它同时就应该不是过去投下的劳动而只是未来必需的劳动。为什么？因为如果单社会所需要的劳动这个概念，就不能够说明同种类而不同巧拙的劳动的生产物的价值问题，即是说，不能说明同种类的熟练劳动和不熟练劳动或同种类的生产性较大的劳动和生产性较小的劳动何以能够有合理的价值构成的问题。谁也知道，在同一种类的劳动当中：如像在机织劳动当中，也有由熟练工用新式机器极热心的做完了的劳动，也有由不熟练工用旧式笨拙织机极懒惰的做完了的劳动，也有介乎二者之间，或虽用新机器而不熟练，或虽熟练而极懒惰，或虽熟练并热心而所用工具却是极笨的旧机器的等等不同的劳动。谁也知道，工作的熟练不熟练，生产工具的新旧巧笨，工作时的热心不热心等等东西，都可以在劳动生产物的结果上发生大大的差异：熟练的，热心的，使用新巧工具的劳动可以在特定时间内产出较多的生产物；不熟练的，不热心的，使用旧笨工具的劳动，在同一劳动时间中却只能产生较少的生产物。从反面说来，就是，熟练的，热心的，使用新巧工具的劳动，为生产特定量的生产物，只消花费较少的劳动时间，而不熟练的，不热心的，使用旧笨工具的劳动，为生产同一分量的生产物，却须花费较大的时间。劳动时间原是在测定劳动分量多寡那件事上的唯一的可能方法，而商品的价值的本质又是劳动的分量，所以，如果我们认过去投下劳动是构成价值的本质的劳动，那末，依上述关于熟练的，热心的，使用新巧工具的劳动和不熟练的，不热心的，使用旧笨工具的劳动二者间所发生的劳动生产性上的差异的理论，我们就应该得着下面这个结论：越熟练的，越热心的，使用越新巧工具的劳动，因为在生产同一物品上所花费的劳动量越较少的缘故，只能产生一些具有越小的价值的生产物；而越不熟练的，越不热心的，使用越旧笨的工具的劳动，因为在生产同一物品上所花费的劳动量越较多的缘故，倒能产生一些具有越大的价值的生产物了。这样的结论，当然是不合事理的：如果越不熟练的，越不热心的，使用越旧笨的工具的劳动，可以发生一些具有越大的价值的生产物，那末，依人类的根本的经济本能说来，谁还肯磨练技术，谁还肯热心做工，谁还肯改良工具呢？并且，在事实上，我们还可以看见，在特定的地点时间并特定的种种条件下面，不熟练的，不热心的，使用旧笨工具的劳动的生产物的特定分量的价值和熟练的，热心的，使用新巧工具的劳动的生产物的特定分量的价值，二者之间，平均说来，并没很大的差别，而且这种不大的差别还不一定是前者大于后者，有时反是后者大于前者。所以，从种种方面说来，构成商品价值的本质的，决不能够是过去投下的劳动，而只能是一种和过去投下劳动有关而又异于过去投下劳动的劳动。这种劳动就是未来必需劳动。为什么说未来必需劳动就是一种和过去投下劳动有关而又异于过去投下劳动的东西呢？因为，照前面 1 节所述，未来必需劳动原是一种为估量再生产时应需的劳动的缘故，把过去各种投下的劳动，平均计算而得的劳动，所以，从它所据为计算基础的各个投下劳动看来，虽是和过去劳动有关系的，然而从它经过平均计算之后所得的结果全体说来，却又是和过去的投下劳动相异的。现在要研究的，有两个问题：（1）怎样从过去的各个投下劳动去平均计算未来的必需劳动？（2）为什么可以并且不能不行这样的平均计算？对于头一问题，我们可以答复：这是依靠需要供给的法则，自然的在特定的时间地点并特定的条件下面，会发生一种含着计量平均的未来必需的劳动，一种可以构成商品的价值的未来必需劳动。理由是这样：在特定地点时间及特定条件下，为生产同种类的商品计所投下的各种劳动，虽因熟练程度，热心与否，工具良恶等等而有不同，即是说，虽因上述种种原因而使在坏条件下面的生产物的特定量，比在好条件下面的生产物的特定量，含有较多的劳动，但是，因为这些含着或多或少的劳动量的生产物是在商品生产制下面当作商品生产着的缘故，所以，从一般说来，一般商品都受着需要供给法则的支配，卖者虽然想尽量的贵卖，但同时总希望比他的竞争者先卖出去，买者虽然想尽量的贱买，但同时总希望比他的竞争者先买到手，卖者和买者两方都以价格为中心而行着的竞争，结果，就会弄成这样：未来的必需劳动也不会决定于生产性最小的，在最坏条件下面的劳动，也不会决定于生产性最大的，在最好条件下面的劳动，倒只决定于生产性不大不小的，在通常的不顶坏不顶好的条件下面的劳动。为什么不会决定于生产性最小的劳动？因为这种生产性最小的劳动的生产物，在卖出时一定受生产性较大的劳动的生产物的压迫（这种生产性较大的劳动的生产物的价值是比较小的，所以纵然在比生产性较大的劳动生产物的价值较小，比自己原有的价值较大的买卖价格，还是可以获利，所以当然在出卖上可以生产性较小的），而不能不因比自己原有价值较小的价值卖出去。那末，为什么不会决定于生产性最大的劳动？因为，在特定时间和地点上，所谓生产性较大的劳动大抵都少数用最新工具的，又熟练又热心的劳动，所以单靠这种劳动的生产物的供给去满足社会的需要，是不够用的，所以它的生产人在一般还可以用较高的价钱出卖的时候，断不会用自己的原有价值出卖的。既然一方面不能决定于生产性最小的劳动，一方面又不能决定于生产性最大的劳动，所以未来必需的劳动只能决定于生产性最小的劳动和生产性最大的劳动之间的一个特定点上，详细说，即决定于一种在一方面可以使一些生产性比最大者较小的劳动包含在内以满足全社会需要者的需要，一方面又可以使一些生产性比最小者较大的也被除外，以便供给能够和重要均衡的特定点上面，更换句话说，就是，决定于一种经过需要供给的关系之后才决定的，生产性不顶大不顶小的，有计量平均性的劳动上面。为什么说有计量平均性的劳动呢？因为这种平均，是经过需要供给的关系的，不是纯粹的算术平均的缘故。举例说（据 Lapidus and Ostrovityanov），如像假定在有110 的袜匠以下述的生产性和生产量生产着袜子的时候：

（1）20 人每人 20 双袜子，每双 2 小时劳动，共 400 双袜，800 小时劳动；

（2）30 人每人 10 双袜子，每双 4 小时，共 300 双袜，1200 小时劳动；

（3）60 人每人 5 双袜子，每双 6 小时，共 300 双袜，1800 小时劳动。

共计：1000 双袜，3800 小时劳动

如果照上述，认定上述生产量是在需要和供给的平衡状况下面的必需数量，把它加进平均计算之中，那末，以 1000 双总袜子除 3800 总时间，所得的 3.8 小时，便是带有计量平均性的必要劳动，

如果每一时间的劳动的价值是代表两角，那末，每一双袜子的再生产时的必要劳动的价值就应该是 7 角 6 分。反过来，如果只用算术平均，把 2 小时，4 小时及 6 小时加起来，以 3 除之，就会得着 4 小时，这个算术平均，这个算术平均虽然和计量平均差不远，但是，那算术平均是没有根据的，不能有决定的意义。因为每双袜子的未来必要劳动是要靠整个社会所生产出来的一切袜子的个别劳动的数的平均数去决定的，如像，照上述的例，如果生产出来的每双六小时的袜子的数量不是 300 双，而是 600 双，那末，平均的未来必需劳动就会增加起来，变为 $4\frac{4}{13}$ 小时 $\left(\frac{5600\ 小时}{1300\ 双}=4\frac{4}{13}\right)$ 就是明例，所以，不把劳动总量即需要供给关系加在之内的平均，是靠不住的。

以上是对于头一个问题的答复。对于后一个问题的第一部分即为什么可以行未来的必需劳动的计算，这个问题，现在我们用不着答复了，因为在答复头一问题的时候所述关于需要供给的关系和计量平均的算出等等的话，已经附带的答复了后一个问题的第一部分：关于怎样去行计算的说明，从可能性方面说来，自然也就是为什么可以实行那种计算的说明。对于后一问题的第二部分那为什么不能不行未来必需劳动量的计算，这个问题，我们可以简单的答复：这只因为劳动原是一种社会的大量现象的缘故，即是说，只因为劳动这种大量现象，原和其他一切大量现象一样，是一种论其异则每一现象单位俱有小异，不能完全齐一，论其同则每个现象单位俱属大同，仍可以于不齐一的当中发见各现象间所存的通则即社会的法则的现象，所以不能不用大量现象最能适用的统计的方法中的计量平均的方法，去在种种不齐一的劳动当中，求出一个可以代表它们的劳动。

第五，同种类的商品在生产期间所花费的劳动虽可以因熟练程度，热心与否，工具良否等等的不同而有多寡，然而它们的价值却明明是统一的，这个表面上的矛盾，可以说是，靠未来的必需劳动的理论而被解除了。但是，如果现在我们更进一步去考察异种类的商品之间的劳动问题，我们还会遇着一个同样的矛盾：异种类的商品的劳动当中明明有简单而容易的劳动和复杂而困难的劳动（如像制造汽车的劳动和制造洋车的劳动，或开汽车的劳动和拉洋车的劳动）的差别，明明这些不同的劳动的代价（工资）是不相等的，而在理论上却不能不要求这些劳动的本质和代价的整齐画一。因为，如果异种类的商品的劳动的本质是不相等的，就似乎各商品间的交换比率会变得毫无标准，变得不能够以劳动时间为价值的测定单位。但是，如果说异种类的商品的本质是相同的，就似乎不应该发生复杂的劳动和简单的劳动之间的代价不相等的事实；并且，如果没有这些事实，就恐怕社会上会没有人去做复杂而困难的劳动即社会上大家都只去做简单而容易的劳动。换句话说，在异种类的商品的劳动中，明明有复杂的劳动和简单的劳动的区别，到底应该以哪一种劳动为标准去决定异种类的商品的价值呢？不过，在我们明白了各段阶的合计的劳动的意义及上述未来必需劳动和需要供给法则的关系之后，这个表面上甚为困难的问题，却是比较易于解决的。为什么呢？因为所谓复杂而困难的劳动的本质和简单的劳动比较起来时，结局不外乎它在实行劳动以前需要长期的学习，研究，准备罢了，这种情形恰恰 3/4 的原料品所含的劳动和真正的原料品所含的劳动之间的差一样，只不过前者含着较多的合计的劳动，后者含着较少的合计的劳动罢了。所以在决定异种类的商品的价值时，我们还是应该以简单的劳动为基础。至于复杂劳动的因子的参加决定，那是可以用需要供给的法则，去化为简单的劳动的：社会上有复杂劳动的需要，而复杂劳动却须得有较长期间的学习研究和准备，它的一个单位应该依合计的劳动的原理，分解为许多单位的简单劳动和同量的简单劳动相当，它的垫付的成本较大，所以复杂劳动的代价不能不较大；因此，所以复杂劳动虽较困难，然因预先垫付的成本较大，结局代价也较大的缘故，却不会使一般供给者都不肯做复杂劳动；反过来说，简单的劳动虽较容易，然因它只是较单一的劳动，结局它的代价也较小的缘故，并不会因此使一般供给者都趋于简单的劳动。

现在把以上五个论点总结起来，我们就可以说：构成商品价值的本质的劳动，只是抽象的人类的劳动，各段阶的合计的劳动，为社会所需要的劳动，在未来再生产时所必需的带计量平均性的劳动，一律单纯化了的劳动。我们当然从这个结论，同时可以看见，商品价值这种东西是带有历史性的，它只是商品经济时代的产物（因为它是要经过交换时代的需要供给的法则才能发见的东西），只是一种为使商品经济圆满进行的缘故而出现的调节器，它只是和商品生产制共同存在期间的东西。

5. 价值和劳动，使用价值，交换价值及价格等等东西的区别

我们在以上 3，4 两节当中，虽然积极的努力说明了商品价值的本质，但是，在大体上都只是注重价值本身的说明，没有注重价值和劳动，使用价值，交换价值及价格等等东西的比较和区别。这在劳动价值说明解说上当然还不得充分，因为，从一般说，只有在

明白懂得某一个的事物和其他事物的明了的界限的时候，我们才算得真正懂得这一个事物的本质。因此，所以我们还得进一步研究价值和劳动，使用价值，交换价值，价格等等东西的区别，特别是须得从价值的动的方面即价值的变动方面，去研究它们间的区别。（因为它们间的区别只有在价值的动的方面去观察时最为显著）

照上节所述，构成价值的本质的，就是抽象的，各段阶合计的，社会的，为未来同种商品再生产时所必需的，简单化了的劳动，所以，商品的价值的大小，在这种为未来的再生产时所必需的劳动量（当然在测定上就是劳动时间数）没有变化时，是不会有什么变化的。有时纵然价值的表现形态上有了变态，如像在改革币制时把从前一时间劳动值多少两多少分银子改为值多少元多少角银铸币单位，或像在实行通货膨胀政策时把从来价值一元的一个劳动时间改为价值两元之类，那也只不过是名目上的价值变动，实际上的商品价值都是依然不变的。反过来说，如果这种为未来的再生产时所必需的劳动量有了变化，如像在从需要二时间劳动的现在变为需要三时间或一时间半之类，那末，商品的价值，自然也会随着而有增减。但是，为未来再生产时所必需的劳动时间的变化，又是随着劳动的生产性或生产能率的变化而有变化的，并且，这个劳动生产性的变化还是靠着种种情形，特别是劳动者的平均熟练程度，科学及它在工艺上的应用的发达程度，生产进程的社会的结合，生产工具的范围及作用的改良，诸种天然事情的变化等等而被决着的。如像拿呢制帽子为例，如果制呢帽的机器有了改良，劳动的生产能率大大的增加，从前平均每制造一顶帽子须花费两时间劳动，现在却变为平均每制造一顶呢帽，只须花费一时间劳动就够了，那末每一顶呢帽子的价值必定会变得比从前减少二分之一（注意，这里所说，劳动本应该是指各段阶的合计的劳动说的，所以单是在制帽段阶上的制帽机器的改良，未必一定能够正确的把价值减少二分之一，也许因为别的段阶上的变动把这个价值减得更多或加得更多；这里只不过为说明便利，姑且假定这制帽段阶上的劳动可以代表各段阶上的劳动罢了），更拿农产品为例，如像特定量的小麦的价值，在丰年和在荒年各不相同：如果在丰年时特定的劳动量因为用力少收成多的缘故，须用八石麦子去代表，而在荒年同一的劳动量因为用力多收成少的缘故，须用四石麦子去代表，那末，荒年的每石麦子的价值，就应该比丰年的每石麦子的价值高两倍。此外，如像人造染料的发明会使蓝靛的价值大落，铜铁的制练的进步使钢铁的价值大跌，铝（Aluminium）自从电气分解法实行了之后，把十九世纪中叶的比银价贵八倍到十倍的铝价，变为一个比铜的价值还低的东西，等等，都是顶好的例子。总之，劳动的生产性越大，一个商品的生产上所必需的劳动时间越小，结晶或体现在那商品内的劳动量就越少（注意：这里所谓结晶，自然是指应该被结晶或体现说的，不可拘泥外国语的文法，认它为"实际的结晶或体现"），因此，那商品的价值也就越小，反过来说，劳动的生产性越小，则一个商品的生产上所必需的时间就越大，结晶在那商品内的劳动量就越多，因此那商品的价值也就越大。所以，一个商品的价值一方面是和结晶或体现在商品内的劳动量为正比例而变化的，他方面是和劳动的生产性为逆比例而变化的。

我们懂得了商品的价值和它的变动法则之后，我们就很容易发见价值和劳动，使用价值，交换价值，价格等等东西的区别。

（一）价值和劳动的区别

第一，构成价值的本质的，虽是一种劳动，但是，因为这种劳动只是许多种类的劳动当中的一种，所以一切劳动不尽是价值：所谓个人的劳动和具体的劳动，在它们的生产物不成为交换的目的即不成为商品时或纵然以交换为目的，而因它们的生产性太低，弄得所花劳动量太多，因此，使所生产的结果不能交换出去时，都不但不是价值，并且还和商品不发生什么关系。第二，即从那些成为商品并能实行当作商品被交换出去的个人劳动和具体劳动说，它们本身也只是和价值的构成有密切重大的关系，也只是价值的一个构成因子，它们自己本身却不就是价值。为什么呢？因为所谓抽象的，各段阶合计的，社会的，为未来同种商品再生产时所必需的，简单化了的劳动，原是经过需要供给的法则而后决定的劳动（看上节），它的分量原是一种用大量观察法得来的分量，所以这种未来必需的劳动有这样的特性：它虽是根据过去投下劳动而来的，但是，它自己本身都并不是过去投下劳动，也不能够是过去投下劳动（因为过去投下劳动的分量原是因种种原因而不同的，所以我们无法从各种过去投下劳动中，选择种过去投下劳动去代表同种类的而不同分量的别的许多过去投下劳动），所以它在实际上和无论哪一个过去都难相符合一致；它虽是未来的再生产时的必要的劳动，但是，它都不是由凭空的想像上生出来的劳动，倒是根据过去的被投下的各个同种类而不同分量的别的许多劳动，用大量观察法计算而得的劳动。换句话说，它在大量现象的观点上，是见有未来必需的性质的，是和过去投下劳动有异的；它在实际的主见存的实事根据的观点上是具有过去投下劳动的性质（虽不就是过去投下劳动）的，是和空想的未来的必需劳动有异的。因此，所以"商品价值就是被溶化到或结晶在商品里面的过去投下劳动"这句话和"商品价值就是商品的再生产时所必要的未来必需劳动"这句话，都不是完全正确的说话。真正说来，商品的价值就是过去投下的劳动和未来必需的劳动二者结合而成的，一种有机的构成物或辩证法的统一物。

（二）价值和使用价值的区别

前面已经说过，一切商品都是有使用价值的，同时一切商品又都是有价值的，前者是从商品的效用性的有无的观点看来的说话，后者是从商品的交换关系看来的说话；商品的使用价值和价值在观念上虽可以分开，在实际上它们只是一物的两方面，它们完全是常常存在一起的，并不是两种可以分开的，各自独立的物材的存在：使用价值是交换价值的（当然也就是价值的）物材的负担人，商品具有使用价值那件事，是商品具有价值这件事的必要前提，无论什么东西，如果没有使用价值，同时也就不能够有价值；因为，如果一个东西是无用的，那末，其中所含有的劳动量当然也就是无用的，当然不能够被认为那种可以构成价值的劳动，所以当然它就不能产生什么的价值。但是，我们还要知道，没有使用价值的东西虽然不能够有价值，然而没有价值的东西却可以有使用价值，如像那些不靠人类的劳动而自然存在的，对于人类具有效用的东西，即空气，日光，天然的牧场，处女地等等就是明例；并且，纵然又是劳动的生产物，又是有使用价值的东西，如果那个生产物只是为供自己的利用而生产的，并不是为供交换之用而生产的，那末，那东西也还是没有价值。这种事实的可能，当然就是表示使用价值和价值两种东西的存在性的差异，表示着商品虽是使用价值和价值两种东西的统一物，但是，使用价值和价值两种东西，却依然可以在商品的内部，保持互不相同的存在。使用价值和价值两种存在性的差异，不但可以靠上述的论理的推论，即因使用价值的商品内虽然和价值常常同时存在，但是，在商品以外的东西里面，却可以单独存在的缘故而判断使用价值和价值的相异性，那种理论，推论出来，并且，还可以从上述价值的大小随劳动的生产性的变化而变动，那种理论，明白的指批出来。为什么呢？因为，（A）从个个的商品看来，哪怕照刚才详细说过的商品价值变动的理论，一个商品的价值的大小，随着劳动的生产性的变动，而有了变动，那商品的使用价值都仍然不会有什么变化，举例说，如像在呢帽制造劳动的生产性，因机器改良的缘故有了增加，使从前的每呢帽一顶的制造所需的二时间的必要劳动，变成了一时间的必要劳动的时候，每顶帽子的价值就应该比从前跌落一倍，但是，每顶帽子的价值虽然跌落，它的天然的性质，它的效用性却不会有什么变化，所以它的使用价值也依然还和从前一样。（B）从劳动生产性增加时的生产物的总量看来，哪怕因劳动生产性有了变动的缘故，使同一的劳动量可以发生较多量的生产物即较多的使用价值，但是，因为应该被支出的必要劳动的总量没有变化的缘故，生产物的价值总量却不含有什么变化；举例说：如像照上述帽子制造的例子说来，在劳动的生产性增加了一倍，使同一量的劳动的生产物由五百顶帽子变为一千顶帽子，并且假定这一千顶帽子都是在供给需要的平衡状况之下的商品即都是应该被卖出去的商品的时候，那末，使用价值的总量虽然有了一倍的增加，但是，价值的总量，却因为应该被支出的劳动量没有变动的缘故，依然没有变化。（C）从劳动生产性减少时的生产物总量看来，哪怕因为劳动的条件变得非常不利的缘故，使加倍的劳动量仅仅获得比从前减半的生产物总量，但是，生产物的价值总量却会增加一倍，举例说，如像在地力已尽或田土被大水冲淹地力骤减的时候，如果为生产六千万石的米的缘故所投下的劳动总量纵然比从前增加了一倍，而所得的生产物却只是三千万石的米，那末，那三千万石的价值就会比从前六千万石的价值大一倍，所以，从全体说来，就是，使用价值的总量虽然减少了二分之一，但是，价值的总量却增加了一倍。这样看来，使用价值和价值不是两个完全相同的存在，这件事，是极其明白的事，用不着多说的了。

（三）价值与交换价值的区别

我们在 3 节已经说过，交换价值这东西，在形式上是一个商品和另一个商品相交换时的比例，是一个商品的交换力，换句话说，就是一种类的使用价值和另一种类的使用的互相交换的比率；在实质上是一种现象形态，一种和斤两钱分表现着重量一样的，表现着某种特定的同一物的现象形态，换句话说，交换价值就是价值的现象形态，就是那种抽象的，各段阶合计的，社会的，为未来的再生产所需的，单纯化了的劳动的现象形态。价值这种东西的绝对性，是不能靠它自己本身表示出来的，这自然是因为构成价值的本质的是劳动而劳动却是无形的东西，不能独立的把自己表现出来的缘故。劳动量的表现只有在体化于劳动生产物时才有可能，所以价值的大小，也只有靠着生产物这种劳动体化物才能把自己表示出来。在商品生产社会里面，劳动生产物是当作商品被交换着的，所以结局就等于说，价值的大小只有在商品的交换上才能够被表现出来。换句话说，一个商品的价值只有在它被拿去和另一个商品相交换时，只有在它被放在 $x\mathrm{AW}=y\mathrm{BW}$（$x$ 及 y 表示分量，W 表示商品，A 表示商品的种类）的关系上时，即被放在两匹布等于一件西服之类的关系上时，才能够把自己的绝对价值，相对的表现出来。因此，所以经济学上才把上述的式子中的 A 商品叫做相对的价值形态即用别的商品表现自己的价值形态，把 B 商品叫做等价形态即被拿去表现别的商品的价值时的形态（关于这个式子的详细说明，请看下一讲）。用这种形态表示出来的价值就是我们现在说着的交换价值。很显然的，在这个式子上，如果 A 商品或 B 商品的一方面的价值，有了变化，或两方面的价值都有了变化，A 商品的相对的价值即交换价值就会随着具体的情形的不同而有种种变化。详细说来，A 商品的交换价值的变动，在理论上有下述四种可能：

Ⅰ. A 商品的交换价值，在 B 商品的价值没有变化的范围内，总是和 A 商品本身的价值的变化为正比例而行变化的。即是说：如果西服方面没有变动，只是布匹的再生产上所应该需要的必需劳动加了一倍，布匹的价值就会加倍，因此，在上述式子上的两匹布等于一件西服那个关系就会变成两匹布等于两件西服；反过来，如布匹的再生产的必要劳动减少了一半，布匹的价值就会减半，因此，在上述式子上的两匹布等于一件西服那个关系就会变成两匹布等于二分之一件西服。

Ⅱ. 在 A 商品的价值没有什么变化的范围内，A 商品的交换价值是和 B 商品的价值的变化为反比例而行变化的。即是说：如果布匹方面没有变化，只是西服的再生产上的必要劳动倍加了，西服的价值就会加倍，因此，两匹布等于一件西服那种关系就会变得两匹布等于二分之一件西服；反过来，如果西服的再生产的必要劳动减少了一半，它的价值也就会减半，因此，两匹布等于一件西服那个关系就会成两匹布等于两件西服。

Ⅲ. 在 A 商品及 B 商品的再生产上的必要劳动如果同时向着同一方向，用同一的比例，发生变化，不管它们是加多或是减少，那末，虽然 A 的价值方面会有变化，但是，它的交换价值即靠 B 商品表示出来的相对价值却一点变化也不会发生。在这种时候，布匹和西服的价值的变动是可以和别的，第三的，价值没有变动的商品量，如像五斗米之类，表示出来的。如果一切商品都同时有了价值的增加或减少〔有一些经济学者否认价值的一般涨落说，那自然是错的，看 7 节（四）比率说〕，那末，它们之间的相对的价值即交换价值就会没有变动，但是，它们的变化了的价值，却可以从它们的生产量的减少或增加上考察出来：因为在特定的时点和地点上人类的劳动量这种大量现象，在大体上是有一定的，所以用一定的劳动量生产出来的一般生产物的数量的多寡，就可以表示那些生产物所包含的价值的多寡。

Ⅳ. 在 A 商品及 B 商品的再生产上的必要劳动的分量，如果同时向着不同的方向（即是说，一个向着增的方面，一个向着减的方面），或虽向着同一的方向，而用着不同的比例，发生了变化，那末，A 的交换价值，会随着这些变化而发生种种不同的变动，这件事，从上面Ⅰ，Ⅱ，Ⅲ各例看来，自然也是很明显的，并且是可以照例类推而得的。

总而言之，哪怕一个商品的价值毫不变化，它的交换价值（相对的价值）也是可以变化的；哪怕它的价值发生了变化，它的交换价也可以一点不变的；并且，纵然在价值和交换价值两方面都发生了变化，它们的变化也不必一定是一致的。所以，总结起来说，就是：在劳动的生产性有了变化的时候，布匹的价值的大小，不一定是正确可信的靠着它的相对价值来表示着的。因此，所以我们可以断言，价值虽然靠交换价值表现出来，但是价值却不就是交换价值；交换价值虽然是价值的现象形态，但是，交换价值却也不就是价值；价值和交换价值是两种一面有密切的关联，一面又有显著的区别的东西。价值和交换价值的区别，是所谓事物本质和它的现象形态的区别的一种，从经济学的研究目的上说来，是必须特别认识清楚的：如果不认识清楚这种区别，就难免一方面陷入所谓比率说的谬误，不能明了商品价值的本质，另一方面因交换价值和价格有密切关系的缘故，弄得不能理解货币的本质和价值论的真谛。

（四）价值和价格的区别

价格是什么？价格就是商品价值的货币形态，换句话说，用货币表现出来的价值，就是价格，更详细说，在上述 $x\mathrm{AW}=y\mathrm{BW}$ 的式子里面，如果这个 B 商品是一个一般等价物即货币，A 商品的交换价值就变成了 A 商品的价格。价格和交换价值的差别既然在性质上只在 B 商品是普通商品或是一般等价物一层上面，所以关于价值和交换价值的差别说明，当然也可以适用于价值和价格的差别的说明；这就是说商品价格的变动不必一定随着商品价值的变动而有变动，它倒是可以照上面所述，随着价值变动在 A 及 B 的一方或两方并变动方向，变动比例等等的不同而有不同的结果的。所以，纵然从原则上说，商品的价格这东西，在商品价值即商品的再生产时所必需的劳动量没有变化的范围内，应该随着它的价值的大小而为高低，价值大的商品当然有较大的价格，价值小的商品只能有较小的价格；然而，在事实上，商品的价格却往往是和商品相离的，就是说：商品价格和商品价值二者应该有量的一致，往往会因种种原因，特别是因货币形态本身的原因（如像货币的物神崇拜性之类），变成不一致，使价格大于价值，或价格小于价值。这种情形恰恰和万有引力的法则在原则上虽是真的，但是，在事实上却因为空气，气流等的缘故，使许多东西向上方作远心式的飞扬一样。不消说，恰恰和一切向空中飞扬的东西终久必落下地来一样，一切价格也终久必定向着价值接近，不能远远的离而不及，前 3 节所述价格的变动有特定的最高限和最低限的存在，也就是因为这个缘故。

在资本经济制下面，不但因种种缘故，使个个商品的个个的卖买价格不能和它的价值符合一致，并且种种特殊商品的全体的卖买价格也往往大于它们的价值，如像劳动力这种商品就是一个显明的例子：它因为和资本家的利润多寡有密切的关系的缘故，它的价格即工资往往被减缩到最低的，减无可减的限度。此外，如金刚钻，如宝石，如精密的机器品等等的价格，却因为资本的有机的构成过高的缘故，受着平均率的原则的影响，常常都大于它们的价值；反过来说，如农产品，如手工业品等等商品的价格，又因为资本的有机的构成过低的缘故，也受着平均利润率的原则的影响，常常都小于它们的价值。凡此等等，都足以证明价格和价值两种虽然相关极密，同时却又大有区别，所以我们决不能随便把二者混而为一。

不但价值和价格两种东西是不能一致符合的，并且，在资本经济制度下面，还会因变质的原则，随着货币形态的发展，把一些在实质上没有商品价值的东西，弄成一些在形式上具有价值的东西，如像良心，名誉，贞操，未开垦的土地等等，就是明例。这些东西虽然本不是商品，但是，因为在商品社会里面，货币的物神崇拜性非常扩大的缘故，这些非商品竟以货币本身的获得为目的而成为卖买的对象，因此，在形式上就获得一种没有价值基础的价格。不消说，这种形式的，虚的，派生的价格的存在，并不足以破坏商品价格就是商品价值的货币表现，那个原则。为什么呢？因为，一则这种形式的，虚的，派生的价格，在全社会的总价格上只是少数，所以照大量现象的原理说来，它们只能被解消于全体之中，并不能扰乱全体的原则——这种情形恰恰和少数的富于生产性的新式机器的使用不足以变更一般的再生产时的必需劳动一样，所以可以把它置诸考虑之外，二则虚像的存在并不足否认实像的存在，如像在货币放在银行可以发生收入，土地放在地球上的特定地点上可以发生土地价格，正在饮食的人放在穿衣镜前可以形成镜中人的饮食，种种例子里面，决不能够因为不动的货币发生了收入，不动的土地发生了价格，没有实体的影像发生了饮食的行为的缘故，就否认了唯有靠劳动才能够有所缘，唯有价值才能形成真正价格，唯有活的人才能够饮食，那种根本的道理。这种形式的，虚的，派生的价格的存在，照下节所述，虽是一般反对必要劳动价值说的人们最致力反对的地方，但是，认真说来那些反对实在毫无根据：他们第一不能理解量能变质的道理，第二未能认识社会现象的本质原是所谓大量现象性，第三，派生物或反射物和因有物或被反射物之间的关联和区别。

二、 关于价值学说的主要议论

6. 对于劳动价值说的各种辩驳

商品价值就是抽象的，各段阶合计的，社会的，为未来的再生产上所必需的，简单化了的劳动，这个道理，照以上各节所述，是很明显的。不过，在事实上，却还有许许多多的学者，或因他们对于必要劳动价值说，不求甚解，而发生文不对题的，无的放矢式的驳论，或因他们别有用心，而故意截取必要劳动说的一部分，以做吹毛求疵的，拿错脚式的攻击。从主张必要劳动价值说的人看来，这些驳论或攻击虽无充分的理由，但是，却有一一加反批判的价值，因为，照前第二十六段所述，一切真理的最明白的表现，常常都在议论当中，所以对于驳论和攻击的反批判，这种东西，不但足以祛除反对者的疑惑，并且还可以更积极的明白的阐明必要劳动价值说的本质。因此，所以我们应该不惮重复的把所有一切关于必要劳动价值说的主要的驳论和攻击，一一胪列起来，加以简单的反批判。不消说，这些驳论和攻击往往不单是对于必要劳动价值说的驳论和攻击而是兼对于必要劳动价值说，剩余价值说，平均利润说三者的驳论和攻击，换句话说，它们在形式上往往不是一种单一的存在，而是一种复合的存在，所以，在我们行反批判时，要想做彻底的批判，就非从必要劳动价值说，剩余价值说，平均利润说三方面，同时下手不可。但是，这种同时的反驳，只是在高深的论文上才有可能，在我们这种初步的讲义上却似乎没有可能性：为什么呢？因为到现在为止，我们还没有说明什么是剩余价值，什么叫做平均利润，如果在这个段阶上连同必要劳动价值说，一起去详细说明剩余价值和平均利润，就明明有混线①的忧虑，如果不待详细说明剩余价值说和平均利润说，就连同那些对于劳动价值说的驳论和

①　"混线"多用于日语，意为混乱。——编者

攻击一起，把一些对于剩余价值说和平均利润说的驳论和攻击也加以反批判，那又恐怕有本末颠倒的忧虑。因为这个缘故，所以我们只好暂时把我们的议论的对象限在必要劳动价值说一层上面，暂时把那些具有复合的存在的驳论和攻击，单一化起来，暂时把它们看成一些只是对于必要劳动价值说的驳论和攻击。

对于必要劳动价值说的驳论和攻击，用汇大同弃小异的统计方法总计起来，大致可以依它们的论点的大小和近似，挨次排列如下：

（一）必要劳动价值说的方法错误说

这是 Bohm-Bawerk 所主张的，他说：必要劳动价值说所根据的方法是错误的，为什么呢？因为主张必要劳动价值说的人们也不用心理的方法，也不用经验的方法，倒只凭演绎法和空虚的所谓辩证法的缘故。但是，这种驳论却是没有根据的：第一，这种驳论认定心理的方法为一种必要的方法，这一层，只可以说 Bohm-Bawerk 的主观的偏见（因为他本是所谓奥国心理学派的大家），并没有什么客观的充足理由；第二，这种驳论认定主张必要劳动价值说的人不用经验的方法，这一层，也完全不合事实，因为主张必要劳动价值说的人们也是以事实为根据，从具体的事实当中去找抽象的法则的：如像上两段所述，由卖买那种事实而到价格涨落的限度那种事实，由价格涨落限度那种事实更到物物交换那种事实，由物物交换那种事实而到各交换物中的共通物那种事实，最后更由各交换物中的共通物那种事实而到价值即到未来必要劳动，等等的说明，就是明显的证据；第三，这种驳论认定主张必要劳动说的人们只凭演绎法和空虚的辩证法，这一层，也是毫无根据的话，这只看上述必要劳动价值说怎样根据事实而得到最后的结论，那种经过，就可以明白的；并且，老实说来，演绎法和辩证法原只是社会科学的研究上的必要方法的两种，决不能成为唯一的方法，也并未有人主张它们是唯一的方法，所以，说主张必要劳动价值说的人们只凭演绎法和辩证法，那真是无的放矢。

（二）抽象法或蒸溜法的不当或不可说

这是 Bohm-Bawerk 以下各派经济学的代表者所主张的（虽然他们的主张之间也还有大同小异），他们说：照主张必要劳动价值说的人们所述，把个别的使用性并具体的劳动抽去了（蒸溜了）之后，所剩下的沉淀物或渣子，不见得就是一种具有共通性的劳动实体即同是人类的劳动的生产物那种共通性质；因为，除开了这种人类劳动的生产物的共通性之外，还有一般使用性，一般稀少性（即成为需要供给的对象的共通性），被占有性，同是天然的产物那种共通性等等，所以单用蒸溜法去证明各商品中的个别的特殊的具体性被抽去了之后所残留的就是抽象的人类的一般劳动，那种方法是不当的。这种驳论在表面虽然似乎很有道理，似乎可以令许多不肯深思的人们首肯，但是，如果稍加考虑，我们立刻可以发见它的不当：第一，主张必要劳动价值说的人们，照 4 节所述，不但并未忽视一般使用性和一般稀少性，并且还在这质的规定和量的规定这两种东西之外，顾虑到空间的规定和时间的规定，所以这种驳论所述根本上就不合事实；第二，各商品之间虽然有种种共通的性质，但是，那些共通的性质却不必一定对于交换价值发生同样的关系——这个道理是和一切物品在它们都具有某种颜色一层上面虽是相同的，但是，这个共通的有色性对于一切物品的重量大小却没有必然的关系，那个道理，同样明白浅显的，所以，单单拿抽象后所剩下的不只是人类的劳动生产物那种共通性做理由，去反驳必要劳动价值说，那真是初步的形式论理的人滑稽的说法；第三，一般使用性和一般稀少性两种东西，不能决定交换价值的比率，这件事，是我们在 103 节详细说过的，这里用不着再说，至于被人类占有性和天然的生产物性那两种共通性，当然也是不能决定交换价值的。被人类占有性这句话，如果被解释成物品固有的性质，那末，被占有性就等于物质的不灭性，不可人性，物质的色素，物质的重量等等天然的共通性一样，不会和交换价值的大小发生关系；如果被解释成为被人类利用或使用的性质，那末，它就等于一般使用性，在这里当然更用不着赘说。一切商品从物理学上说来，都是一种物材，而一切物材的根本存在都是由于天然，不是人力所能左右的：人类只能采取天然（如渔猎业矿业），培养天然（如农业林业），变更天然的形态（如机械制造工业），变换天然的物质配合（如化学工业），变更天然的地点（如运输交通业），而不能创造天然；所以，从这一层看来，的确一切商品都是天然的生产物，这句话原是不错的。不过，商品所具有的，同是天然的生产物这种共通性，却不能决定交换价值的有无和大小。为什么？理由是简单的，因为那些没有交换价值，只有使用价值的东西，也同样具有这种共通性，因为在日常生活上我们经验着，越是近乎天然的东西，价格就越小，越是离开天然的东西，价格就越大。总结起来说，主张抽象法的人们，并没有说除开抽象的人类的劳动那种共通性以外，在各种商品之间就没有什么其他的共通性，倒只不过是说抽象的人类劳动生产物那种共通性以外的其他一切共通性，都不能够决定交换价值的比率，因此也都不是价值的本质罢了；所以那些说抽象法或蒸溜法的不当的人们，如果不是曲解了抽象法，就是根本上不懂得论理。

（三）抽象的人类劳动无意义说

这是 Solonimski 的主张。他说：如果照必要劳动说的抽象法去决定价值，结果，必会弄得，所谓劳动的概念，变成一种和它的本身的实行的目的必无关的东西，并且，所谓由劳动创造出来的价值也变成一种和商品的使用价值并交换价值无关的，内存于商品本身的独立的性质。不消说这种驳论根本上就没有看清楚什么是必要劳动说：第一，主张必要劳动说的人们所谓价值，原就是交换价值（交换价值是价值的现象形态，价值是交换价值的本质，看 5 节），并不是在使用价值和交换价值之外，更有什么独立的价值；第二，主张必要劳动说的人们并没有忘记劳动的目的和必要，倒是反对必要劳动说而主张心理说的人们忘记了劳动的目的和必要，因为，我们应该知道，商品这东西在被交换，被当作交换心理的对象以前，先要被生产出来，所以只有必要劳动说的人们所谓"商品为利润而被生产"才真能说明劳动的目的和必要，而那些反对必要劳动说的人们所谓"商品为满足各人的最大效用的缘故而被交换"，才真是忘记了劳动的目的和必要；第三，主张必要劳动说的人们并没有说交换价值是一种和使用价值无关的东西，倒明明说，使用价值是交换价值的（当然也就是价值的）基础，没有使用价值的东西就决不会有交换价值；第四，主张必要劳动说的人们并没有说交换价值是内存于商品内的东西，倒明明说交换价值是随着社会关系的变动而发生出来的东西，明明说，不但在没有交换时代的劳动生产物并没有交换价，即在已经有交换的时代，如果一个劳动生产物不被拿去交换而只归生产人自用，那个生产物也不会有交换价值即价值。

（四）必要劳动价值说只是一种信仰说

这是所谓不要价值论的经济学派的主张。他们说：主张必要劳动价值的人们一方面主张必要劳动量可以决定价值，价值可以决定价格，一方面又主张价值和价格的一致符合只限于：（1）交换现象已经变成经常的，非偶然的现象的时候，（2）供给和需要的关系恰恰相适会的时候，（3）没有天然的或人为的独占关系的存在的时候。但是，这三个条件当中的第一个过于难解，过于不能确定，第二个在事实上甚为难能，只有在特殊的时候才能存在，第三个更是在分发的交换社会里面更是不易实现的（因为各人的劳动的生产性的不均等就等于独占的常常存在），所以，主张必要劳动价值说的人们所谓必要劳动价值结局只是一种信仰，既难得事实上的纲明，又于价格论的解释和决定上没有补益，所以，所谓价值论结局只是无益的空谈。这种驳论全然是无谓的攻击，没有丝毫的道理：第一，它并不能驳倒必要劳动价值说的抽象法，所以它所谓必要劳动价值说难得事实上的证明一层，完全不对；第二，它不能说明何以价值和价格在事实上很难符合一致，这件事就足以证明劳动价值是一种信仰，不能说明为什么二者的事实上的难于符合一致这件事可以影响到价值的本质（要知道照上节所述，价格和价值的常常不一致，倒是必要劳动价值的本质使然，并不希奇难解）；第三，它不能提出什么在必要劳动价值说以外的，能够更充分的说明价格涨落具有定限那种现象的价格论，所以它对于必要劳动性价值说所加的，所谓于价格论解释和决定上没有补益一类的批评，完全是盲评——这是只看 109 节，就可以知道的。

（五）商品价值非劳动生产物说

这是 Gide 的主张。他说：主张劳动价值说的人们虽把价值认为劳动的生产物，但是实际却不是那样，价值决不是一种生产物；价值这东西并不存于物品内部，倒只是外在的，价值随我人对于物品所生的欲望如何而生灭增减，恰恰和一般物象随光线对于它所加探照的有无多寡而为显灭一样；所以，所谓劳动价值说，只是一种过重物的方面的，粗大的唯物论。仿这种驳论的人所持的价值论本是一种外在的，主观的价值（请看下节），用语的意义根本不同，所以在这里很难做周到详尽的反驳，现在姑且简单的指摘几点罢：第一，这说所攻击的只是普遍的劳动价值说，不是必要劳动价值说，所以它所谓粗大的唯物论那种驳论，只能对于那些初期的劳动价值说即所谓投下劳动说，发生效力；第二，这说所主张的价值非劳动生产物说，结果会把价值弄成一个在客观上毫无标准的，不合现存的事实的东西，结果会陷于简单的需要供给说的谬误（看 4 节及 7 节）；第三，这说所谓价值非内在说，比起纯粹的价值内在说即投下劳动说等，虽较有道理，但是，纯粹的外在说却也是一个错误：因为从商品价值是靠商品的再生产上附必要的劳动决定着的一层说，价值虽然是有外在性的，是随社会关系的变动而变动的，但是，如果从商品的再生产上所必要的劳动是从过去的劳动和数量当中求出来的一层说来，价值却又是具有内在性的（看 4 节）；因为价值这东西的确是一种又具有内在性，又具有外在性的东西。

（六）必要劳动价值论忽视一般使用性说

这是 Bohm-Bawerk 主张的。他说：在商品的交换关系上，被交换的商品的个别的使用性是没舍象着的，但是，被交换的商品的一般使用性，却是一般商品的必要不可缺的性质，怎样能够照主张必要劳动价值说的人所说，也被舍象了去呢？如果商品没有被人类使用的一般使用性，它怎么还能够是商品呢？如果在具体的劳动被舍象了之后可以剩下一般的抽象的劳动，那末，在具体的使用性被舍象了之后，同样不应该有一般的抽象的使用性的存在吗？为什么主张必要劳动说的人们只采用一般的抽象的劳动而忽视一般的抽象的使用性呢？这种驳论自然也是一种对于必要劳动价值说未加深思，或故意曲解的说法，它的错误的一部分，已经在本节（二）项下及4节说过，现在只举几个要点，反驳如下：第一，抽象的一般的使用性虽是一般商品的必要不可缺的性质，但是，这个性质却不是决定交换价值的性质，因为，在事实上要行交换，必先有生产，而生产人在生产时所考虑的，并不是这商品的一般使用性的多寡，倒只是利润的多寡，即所支出的一般劳动量的多寡，因此，在交换时它所考虑的也不是交换物所含的一般使用性的多寡，倒只是所含的一般劳动量的多寡；只要有利润可图或有利益可获，他是毫不顾到一般使用性如何的，哪怕是在经济意义上的完全无用物或有害物，他也不妨去生产或交换的；第二，从纯粹理论上说来，所谓一般使用性的量，是无从测定的，因此也就是无从拿来作为商品的价值的尺标的，这和一般的抽象的劳动可以拿劳动时间的长短去测定，那种情形，完全不同，所以在我们研究价值的本质时，只能拿一般的劳动为价值的原因和尺标，而不能拿一般的使用性和一般的劳动相提并论；第三，这说硬说主张必要劳动说的人们忽视了一般使用性，那是和事实不符的：主张必要劳动说的人们虽然不认一般使用性为商品价值的原因和尺标，但是，同时却也没有绝对忽视这种一般使用性，为什么呢？因为，在所谓未来必要劳动的概念内，本已含着一般的使用性（请看 4 节），一切不被一般人所需要商品的过去投下劳动，换句话说，就是没有一般使用性的商品的过去投下劳动是不能在未来必要劳动的决定，发生作用的，一切在一般的需要供给的均衡状况的范围的商品，换句话说，即一切具有一般使用性的商品的过去投下劳动，都是和未来的必要劳动的决定，发生作用的，所以可以说一般使用性对于交换价值具有很大的作用，可以说它是交换价值的限界，可以说，所谓"社会必要的劳动"就是那种在生产商品时所必要的，对于社会一般具有一般使用性的劳动。由此，我们就可以知道，主张必要劳动价值说的人们并没有不认一般使用是商品价值的一个因子了。还有一些人一方面骂主张必要劳动价值说的人们不承认一般使用性和价值的相关性为不对，一方面又骂主张必要劳动价值的人们所极力主张的未来的社会必要劳动说为不合，那真是滑稽极了，矛盾极了！

（七）必要劳动价值论忽视了天然物和天然力说

这也是 Bohm-Bawerk 所主张的。他说：主张必要劳动价值说的人们只偏于劳动生产物，而未及于天然物，因此，他们所主张的必要劳动价值说只能解释一些有交换价值的劳动生产物，而不能解释那些具有交换价值的天然物，如像土地等等；总之，主张必要劳动价值说的人们只顾到劳动在劳动价值决定上的作用，没有顾到天然力在价值决定上的作用，这一层，必要劳动价值说的一个根本的缺点。不消说，这种驳论只是一种完全不顾事实的，信口的瞎说，因为，只要是稍稍研究过社会主义经济学的人，谁也知道，第一，社会主义经济学的集大成者马克思在他的名著上关于土地和其他天然物，不但曾加调查，并且还写了二百多页；第二，他在分析商品的时候，虽然拿最模范的劳动生产物为对象，而把非劳动的生产物检开了去，但是，那只是抽象分析法的应用上的必然的结果，并不能因此就说他对于土地及其他天然物等未加分析，并且，在事实上，他在分析了模范的劳动生产物，得到了商品的一般原理之后，也曾分析了土地及其他天然物；第三，在事实上他不但并未忽视天然力在商品生产上的作用，并且还反对别人说劳动是一切财富的源泉：他曾明说，商品的本身只是天然物质和劳动的结合物；他曾引用 Petty 的话，说劳动是物质的财富的父亲，大地是它的母亲；他对于 1875 年的德国社会主义者的《Gotha 纲领》的第一句"劳动是一切财富和一切文化的源泉"，曾经明白的加以批评，说劳动并不是一切财富的源泉，天然也和劳动一样是使用价值（物质的财富就是靠这种使用价值构成的）的源泉，并且劳动也就是一种天然力即人类的劳动力的表现；换句话说，他只否认劳动以它的天然力参加价值（交换价值）的创造，他并不否认一般天然力参加使用价值的形成，他虽不认劳动是一切财富的源泉那种说法，他却主张劳动是价值的唯一的源泉。所以，那种必要劳动价值说否认天然力，忽视天然力的人们，如果不是不顾事实的信口瞎说，就一定是还不知道使用价值和价值两种东西的区别（关于这个区别，请看 5 节）。

（八）劳动价值说陷于循环论法说

这是新英美学派及许多俗流经济学派所持的议论。他们说：如果商品的价值是靠劳动决定的，那末，劳动自己的价值又靠什么决定呢？劳动这东西明明是当作商品，买卖着的，所以明明是有价值的。劳动的价值是靠劳动决定的？那自然是无意义的话。劳动的价值是靠劳动的生产物的价值决定的吗？如果那样，那岂不是一个明白的循环论？商品的价值靠劳动决定，劳动的价值又靠商品（生产物）决定，这岂不是等于没有说明什么？这种驳论，在一般经济学书籍中，虽然常常看见，但是，我们决不能因为常常看见它就说它是有根据的驳论；它实在是一种不顾对方论点的，无理取闹的议论。第一，主张必要劳动说的人，只说商品的价值是由抽象的社会的必要劳动决定的，并没有说劳动会有价值，不但没有主张劳动有价值，并且还明白的主张劳动决不能有价值，如 Engels 就在《反杜灵》①上（212 页）说过："劳动是一切价值的生产者。只有劳动才会对于现存的天然物，赋与一种从经济的意义上看来的价值。这价值本身就是被体化在一个东西当中的，社会的必要的人类的劳动的表现。所以，劳动这东西，是不能够有什么价值的。如果我们可以说什么劳动的价值，可以打算决定劳动的价值，那末，我们也就可以说什么价值的价值，或可以不打算去决定某个体物的重量，而可以打算去决定轻重（Schwere）本身的重量了"。第二，这种驳论家明明还没有认清劳动力和劳动的区别，所以会把在市场上当作商品卖买着的劳动力，误看成劳动。实则劳动力和劳动是两种迥然不同的东西：劳动力是存在人类肉体之中，存在活的人格之中的，当人类想生产某种使用价值的时候随时都可以使它发动出来的，肉体的并精神的诸能力的总体，简单说，就是实行劳动的人类能力，劳动却只是人类在实行生产时的人类的有意识的肉体活动本身，换句

---

① 今译《反杜林论》。——编者

话说，只是劳动力的发动进程；劳动力是劳动的本体，劳动是劳动力的作用，即劳动力的使用价值，二者虽然有极深的关系，同时却又有区别，因为同一本体可以因使用方式的不同而发生极不相同的作用，所以我们可以说它们间的关系和区别恰恰机器与机器的工能二者间的关系和区别一样：同一机器可以因通转的有无而决定工能的有无，可以因运转的长久短暂而发生工能的多寡，劳动力也可以因发动进程（即劳动的实行）的有无而决定劳动的有无，可以因发动进程的长久短暂而发生劳动分量的多寡。第三，照前面各段所述，一切商品的交换，虽然都是因为它们有不同的使用价值而成立的，但是，交换的标准却只在那商品的交换价值（价值）的多寡，并不在那商品的使用价值的多寡，所以在商品市场上卖买的，决不是商品的使用价值，倒只是那种具有交换价值同时又具有使用价值的商品本身，所以，如果把这个道理应用在目前的问题上，就是，在市场上被卖买着的，不是劳动（即劳动力的使用价值），倒只是劳动力本身。（哪怕在日常市场上惯用着"多少钱做一天工"或"多少钱出租一天机器"一类在表面上仿佛是卖买着使用价值的话，但是，从经济学上的意义看来，在那里被卖买的，还只是劳动力本身或机器本身，因为使用价值这东西无论也是不能被当作交换的标准的）第四，劳动力的价值交换价值是靠具有劳动的，实行劳动的人即劳动者的生活资料来决定的，劳动力的使用价值是劳动，它的多寡好坏是要看劳动生产物的分量和好坏而定的；决定劳动力的价值时所需的劳动者生活资料和决定劳动力的使用价值时的劳动生产物，二者在经济学上的意义完全是相异的，所以，我们决不能根据二者同是生产物的理由，就说劳动价值说陷于循环论法。固然，由劳动力的发动进程而生的新的劳动生产物，也有它的自己的价值，但是，这只是这种新生产物的自己的价值，并不是生产这种新生产物时所费的劳动的价值，如果认这种新生产物的价值为劳动的价值，当然是会陷于循环论中的，所以，主张循环论的人们的驳论，结局不过只是暴露他们没有理解着劳动价值说罢了。上述劳动力的价值和劳动生产物的价值，两种东西的大小，自然是可以不相同的，并且，在事实上，后者往往要大于前者，因此，所以才会形成剩余价值，也因此，所以才有人拿资本去购买劳动力，去攫取这种剩余价值。

（九）劳动价值说不能说明一切商品价值说

这是自 Bohm-Bawerk 以下许许多多的俗流派经济学者所主张的。他们说：世上虽然有许许多多须加劳动才有价值的商品，但是，同时他还有很多的不须加什么劳动就有价值商品，如像土地，天然林，矿泉，古董，美术品，奇巧品等等皆是，劳动价值说所以不能说明的例外既然这样多，所以劳动价值说至多也只能有一部分真理，并不是一个普遍的原则，所以劳动价值说是没有多大价值的。这种驳论的浅薄，更甚于上述各种驳论，但因它简单易于理解，所以还为许多没有经济学识的人们所信服，因此，所以应得把这些议论加以详细的反驳。在这里，我们一个个的列举这些驳论的无聊之前，应该从正确的观点上，提出几个关于这问题的总原则，以免多费重复词句。第一，社会原是时时刻刻在发展及变化之中的，所以社会科学上的原则也是常常免不了有若干例外的问题，只在所谓原则是不是居于支配的地位，如果它居于支配的地位，那末，纵有若干例外，也并不足以推翻那个原则或减少那个原则的价值。举例说罢，所谓具有五种特性的资本经济，虽是资本社会的一个原则，但是，无论在什么样的资本社会里面，不管它是初期的资本社会也好，是成熟的资本社会也好，或是老衰的资本社会也好，总会存有许多非资本经济的要素，如像简单的商品生产，自给自足的生产，非资本主义的集合生产，反自由竞争的独占经济等等，所以，纯粹的资本经济在事实上是决不能够有的。现在试问，我们能够因为资本经济不能够有纯粹的存在，就否认资本经济的存在吗？当然是不能够的。如果我们不能够因为在资本经济内部还有许多非资本经济的要素的存在的缘故，而否认资本经济的存在，那末，当然我们也不能够因为在事实上有许多不能用必要劳动说去说明商品的存在的缘故，就否认必要劳动说的存在或它的价值。我们要知道，从发展的观点看来，不但社会现象的说明不一定需要整齐画一的原则，并且整齐画一的原则，倒会变成形式的原则，不能说明社会现象的全面的真像，所以，那种因劳动价值说有许多例外就否认劳动价值说全部的人们，只不过暴露他们不深解社会科学的性质罢了。再进一步说，假使主张必要劳动说的人们对于许多例外，不能有合理的说明，这些反驳或许能够根据这一层去批评必要劳动说，说它是一种不完全的主张，但是，在事实上，照下面所述主张必要劳动说的人对于许多例外都有充分合理的说明，所以，说劳动价值说不能说明许多例外的人们，实在是故意蔑视事实。第二，价值和价格虽是互有密切关系的东西，但是，它们之间却还有很大的区别，不但二者不能够常常一致，并且，因为受着供求关系的影响，一般商品的价格在原则上倒反是常常离开它们的价值的（看5节）。此外，在资本经济社会里，行着一种平均利润率的法则，常常会把低度资本构成的产业部门及资本周转速度较大的产业部门的利润，实现到高度资本构成的产业部门及资本周转速度较小的产业部门去，换句话说，使前一部门的生产品的贩卖价格高过它的价值，使后一部门的生产品的贩卖价格低过它的价值。因着上述两种原因，所以世上的商品决不尽都是常常照它们的价值贩卖着的，因此，它们的价格决不常常是完全表示着它们的价值的，因此，所以在表面上就不能不有许多商品显得它们价格比它们的价值格外巨大（因为生产时必要劳动似乎比较不多）。不消说我们决不能因为价格和价值不能相一致的缘故，就否认劳动价值说的法则的存在，因为从社会科学上的发展的并全部的观点看来，事物的现象形态和它的本体的不一致本是常常存在的，并且如果更进一步说只因为有这种不一致的缘故，才用得着科学去说明它的真相：这恰恰和地球上各种江河湖海里的水在事实上本是极其不平的，本是因不平而常常流动着的，但是，这种不平的现象形态并不足以否认地球上的水平（海平）的存在的法则，不但不足以否认水平，并且只有靠着这种水平才能够测量水的高度，而得着种种实际的应用，那种情形一样。第三，不但价格和价值可以不一致，并且没有价值的东西，在商品社会里面，也还可以因别的反对作用，如利害，权势，独占等等的缘故，而占有价格。如像名誉，良心，贞操，土地，所谓混水股票，等等，就是本无价值（经济学上的）而会具有价格的东西的著例。但是价格形态这种东西……不单是容许着价值大小和它本身的货币表现间的量的不一致的可能性，并且它还可以包藏着某种质的矛盾，结果弄得哪怕货币只不过是诸商品的价值形态，而价格却一般的变得不是什么价值的表现了。因此，所以种种从它们本身看来，并算不得什么商品的东西，如像良心，名誉等等，都能够被它们的所有人拿来为获得货币的缘故贩卖起来，因此，也就能够靠着它们的价格，接受商品形态。因此，所以一个物件可以同时没有价值而在形式上具有一个价格。在这里，价格表现恰恰和数学上的某种数量一样，是一个想像的东西。……（陈译《资本论》第一分册[①]142页，英译Kerr版，1921年，115页）为什么这些没有价值的东西在特殊的时候会有价格呢？这自然是因为它们受着量变质的原则的支配的缘故：如果商品交换的频繁的进行可以使特殊的商品变成货币，如果货币经济的长期的进行，可以使货币转成资本（详见第七讲），那末，资本经济的进行自然可以因反射作用而使没有价值的东西也具有价格了。如像在资本经济下面，占有权势的人们可以利用权力地位行收贿行为拿职责上的良心和金钱相交换的时候，职责上的良心本是无价值的，但是，在这时，却受着一般金钱交换的反作用而发生一种价格，就是一种很明显很自然的例。此外，如像本无经济价值的名誉可以因它和破坏名誉的秘密相交换而发生价格，本无经济价值的贞操可以因男女的占有的欲望而发生买卖价格，本无价值的土地可以因土地所有权的独占而发生地租，更因地租的资本化（Capitalization）而发生地价，本无价值的混水股票以因红利大过普通利率而行资本化，更由资本化而发生市场价格，等等，种类甚多。不消说，这些例外的存在，据上述第一原则看来，并不是可以否认必要价值说的存在或减少它的价值的。（和这些想像的价格相交换的货币价值是从哪里来呢？这虽是另一问题，和现

---

① 收入全集第二卷第二册。——编者

在讨论的本题无关，但我们可以附带的说，这种货币价值自然是一些既存的价值，不过，只因为它们是和想像的，虚拟的价格相交换的，所以它们的交换在表面上虽是等价的交换，在事实上却是一种完全不等价的交换，是一种欺骗掠夺，所以，这种交换的存在是一种阻碍生产力的正当发展的）

在上面我们已经说明了三个一般原则，现在我们可以逐一的例举各种关于劳动价值说的，所谓除外例的驳论，并随时的施以简单的反驳了。这些驳论，更可以因它们的性质的相近，分为下述六大类：

A. 有人说：陨石内的金子，并没有加过什么劳动，为什么会和一般的金子同样具有价值？有人说：土地的所有人在耕田时偶然在田内发见的金银，为什么会有价值？也有人说：野生的树并没有经过劳动，为什么会和人造的林中的树具有同样的价值？他们以为这些质问都是主张劳动价值说的人们所不能答复的，都是劳动价值说例外，所以他们认为劳动价值说不足取。其实这些问题毫不足以推倒必要劳动说：第一，照上述第一原则说来，社会现象本来是不整齐画一的，纵然在极大量的由劳动造成的商品当中，夹有少数的非劳动的产物，如系上述的陨石内的金子，田中的金银，野生的树等等，也好比沧海之一粟，万不改变劳动生产品支配地位，所以这种例外的存在完全可以解消在大量的劳动商品之中，并不足以影响再生产时的必要劳动不足以推翻必要劳动说；第二，这些偶然的发见物虽然可以在交换场中获得特定的价值，但是，那只是上述第三原则上所谓想像的价值，并不是表现着价值的。

B. 有人说：为什么处女地也会被人卖买，也会发生价格？有人说：同一块土地为什么一天一天增加它的价值（价格，大抵驳击劳动价值说的人们都没有把价值和价格弄清，所以他们所谓价值，往往都是价格，这里也是一例）？土地何以没有价值而有价格——这个问题是主张劳动价值说的人们特别注意详细说明过的，如像：土地这东西和其他不用劳动做成的东西一样，是没有价值的。地价只不过是地租的资本化，并不是土地的价值的结果。地价只是地租的价格；土地的卖买只算得是将来的地租的贴现，和银行一般利率的贴现一样。所以地价的存在只是上述第二及第三原则的例子，并不足以推翻必要劳动说。并且。所谓处女地的卖买也不是事实；在各地方历史上都有事实证明原始的土地是不用代价就可以得着的；土地的代价只是到了交换时代才发生的，但是交换时代的土地，从一般说来，已经不是处女地了。

C. 有人说：美术品的制作时间，虽较普通商品的生产时间稍长，但是美术品的价值却往往高过普通商品数倍和它们所需的劳动时间之差相去太远，由此可知美术品也不是可以用劳动价值说去说明的，所以劳动价值说不是真理。不消说，这种驳论是错误的：第一，不懂得上述第一原则，不知道美术品的价值的决定纵然受着特殊原则的支配，也和劳动价值说的全体无关；第二，美术品的价值和价格之高，并不是不可以从劳动价值的理论去说明的（如果真正懂得劳动价值说的全部，如果不把它的一部误解为它的全部）。美术品可分两种，一是普通的，在相当范围内可以随意再生产的美术品，一是名家巨匠制作的，不能随意再生产的美术品。无论是哪一种美术品，它的价值和价格都应该特别的高。为什么呢？拿普通美术品说，一则它的制作时的劳动是一种复杂的劳动，所以照 4 节所述，它的价值本应该较大些，二则美术品生产部门的资本构成比较高，它的资本运转比较慢，所以照上述第二原则说，它的价格本应该比较其他部门的生产品更要高过它的价值，因此，所以普通美术品的一般价格就不得不显得比其他商品特别的高了。其次，拿名家巨匠的美术品说，除了它因复杂劳动而来的较大价值及因资本构成及运输速度而来的较高价格二者之外，还因为这种美术品不能任意的再生产出来的缘故，带着独占的性质，所以它的价格更带着独占价格的性质，但通例独占价格较竞争价格为高，所以这种美术品的价格就不能不比普通美术品的价格更高了。所以，美术品的价格之高，不但不足以推翻必要劳动说，并且，只有用必要劳动说才可以对它下合理的说明。

D. 有人说：如果劳动价值说是对的，那末，相同的劳动就应该发生相同的价值，不同的价值就应该被发生于不同的劳动，但是，在事实上，常常有劳动相同而生产物价值相异的，如像牛的腿肉和尾肉价值相差甚远，用同一果园内的同一生产方法生产出来的葡萄，用同一方法制造成酒的时候，质良味美的酒的价值比质恶味坏的酒，大得多；也常常有劳动相异而生产物价值相同的，如像熟练工人做的鞋与不熟练工人做的鞋，二者当中所含之劳动量本不相同，而在市场上却有同等的价值，上等肥田和劣等瘠田二者所生产的每石谷物内彼包含着劳动量本应不同，而在实际上两种田的每石谷物的价值却是相等的——这都是什么缘故呢？这明明是和价值大小由劳动分量的多寡决定着那种劳动价值说相矛盾的，所以劳动价值说不足取。这种驳论，乍听起来时，似乎很有条理，但是，如果我们不忘记前几节所述必要劳动说的真意义，我们立刻可以发见这种驳论的肤浅无聊。第一，它完全误解了劳动价值说的意义，因为主张必要劳动说的人们并没有主张着过去劳动说（看6节）；第二，它没有懂得价值和供求均衡的关系（4节）即没有懂得"必要"二字的意义，要知道，不为社会所必要的东西，纵然是劳动的生产物也不会发生价值，牛腿肉和牛尾肉的价值的相差以及好酒和坏酒的相差，自然是因为腿肉尾肉或好酒坏酒对于社会必要关系各不相同之故，如果不顾社会必要关系，那末，我们何不说毫无所用的，牛蹄和葡萄根也是同一劳动的产物，所以也应该有同一的价值呢？第三，它没有懂得价值和价格的依存关系并区别（5节），所以会把鞋及谷物的价值和它们的价格混在一起，其实不但同一种商品的价值照平均的必要社会劳动说，原应该一样的，并且，每一生产部门的生产物的价格因为受着平均利润的法则的支配的缘故，也未必能够正确的表示它们的价值，如果单单拿表面上的价格的相同为理由，就说它们的价值相等，就因此否认必要劳动价值说，那只不过暴露他未能认清什么是必要劳动价值说罢了。

　　E. 有人说：如果劳动价值说是对的，那末，矿泉，煤油坑，煤坑，海鸟粪等等东西，会有价值，会有很大的价值呢？这些东西不是没有经过什么顶大的劳动吗？不消说，这种驳论是很肤浅的；它不知道上述第一原则，以为一切社会现象都是齐一的一层，不待言了，此外，第一，它不明白事实，因为上述的矿泉，煤油，煤炭，海鸟粪等等，在原产地往往所值极微，并无很大的价值；第二，关于这些东西的发见，保存，采取，搬运等等，往往需要不少的劳动，所以它们当然应有价值；第三，这些东西都是特种的，依存于土地的产品，所以它们都得受各种地租的支配，因此，所以它们的价格都要比它们的价值大些，所以它们在表面上都显得价值较贵些。所以拿这些东西的存在，来反对劳动价值说，那是无道理的。

F. 有人说，名誉，良心，贞操等等，并未经过劳动进程，何以会有价值，何以会被世人用高价买卖着？关于这些东西的买卖，上面述第三原则的时候，已经详细说过，不赘说了。总之，说这种话的人们，根本上就不知道量变质的道理，不知道价格和价值的区别，不知道价格有时可以不表现价值，所以，这种驳论，只是他们的无知的证明。

G. 有人说：如果把陈酒和新酒，古画和新画，古董和新的用品等等东西比较起来，旧例都是前者价值比后者格外巨大，但前者所需的劳动却不一定会比后者所需的劳动多到什么程度；如果劳动价值说是对的，它何以不能够说明这种现象呢？这种驳论虽是我们常常听见的，但它却没有充分的理由：第一，陈酒，古董，古画等等的价格的特别昂贵自然是因为它们是任意再生产出来的东西①，因此使它们的价格带有独占价格的性质（照例独占价格要比普通竞争价格贵些）的缘故；第二，陈酒，古董及古画的保存是要花费相当的劳动的，这种劳动自然应该当作各阶段上的劳动，加在它们社会必要劳动之中，所以它们的价值本应该比新酒，新画，新的用品等等的价值贵些；第三，做陈酒，古董，古画等的买卖的人们的资本构成照例要高些，他们的资本运输速度也照例要比较慢些，所以依上述第二原则说来，他们的商品的价格也比较要大的。既然陈酒，古

---

① 原文如此，不便妄改。——编者

董，古画等等，具有三种理由可以使它们的价格加大，那末，当然它们的价格也应该比新酒，新品，新画的价格要格外巨大的了。

以上几种驳论，虽然都是不对的，但是，从它们本身说来，到底还算有相当的论据，还算能言之成理，此外还有一些更加肤浅，更加无理的驳论，也择录于下，以显其如何乖谬可笑。

（十）交换价值动摇不定说

这是说：一切商品内所包含的劳动即交换价值，照市场的实情看来，会往往随需要供给的关系的变动而发生动摇，时而变大，时而变小，这显然足以证明价值不是由劳动决定的，因为含在商品内的劳动是已经固定了的，决不会时常变动。这种驳论的错误是顶浅显的，第一，它并没有理解着必要劳动价值说的真意，第二，它把价格和价值混而为一，误认价格的变动为价值的变动了。

（十一）劳动价值说只是一种信仰说

它说：如果劳动价值说所谓劳动是指过去的劳动，它就不能够说明拙笨工所做的生产物的价值何以不会比巧练工所做的生产品的价值更大，如果劳动价值说所谓劳动是指未来的必要劳动，他就会因社会的技术常在不断的变化中的缘故，而变成缥缈无定的东西；所以所谓劳动价值说结局只是一种信仰，只不过想把在本质上万不能有量的决定的价值，用信仰的方法决定起来罢了。不消说，这种不要价值论的人们的驳论，只不过暴露他们不懂社会现象的大量性（看108节），暴露他们不懂真正的社会科学的固有方法，暴露他们没有探求经济现象内的客观法则的能力和勇气罢了。

（十二）必要劳动价值说不合乎正义说

它说：过去的劳动价值说虽然不合乎事实，但是，还有一种好处，即它能够富有论理上的正义观念，使人们可以靠它去主张劳动全收权，去拥护劳动者权利，抵抗资本家的压迫；现在，如果把过去的劳动价值说改为将来的社会的平均必要劳动说，那末，劳动价值说不但理论仍然不可通，并且连它的好处即论理上的正义观念，也就失去了。不消说行这种驳论的人是并未理解着必要劳动说的真意义的，因为必要劳动说并不是一种特别有利于资本家或特别有害于劳动者的学说。至于把正义观念作为学说的当否的判断的标准，那更是错谬已极，因为谁也知道，在客观的科学研究上，所谓道德的观点完全是不正确，无益有害的观点。

（十三）价值不需劳动，劳动反损价值说

它说：公园的古柏，枝干权丫，叶色苍翠，可以供人欣赏，可以不必加什么劳动而自自然然的随着时间的进行而增加它的经济价值（如公园门票，柏下茶桌租钱等）；现在，如果我们对一些古柏，加以劳动，把它们砍伐了去，它们除了被人劈为柴薪之外，恐怕没有别的一点用处；但是，柴薪的经济价值当然是很小的，当然会小过活的古柏的经济价值；由此，可以知道价值的增加不必定由劳动引起，劳动的添加倒反损毁价值；所以，劳动价值说是错误的。这种说法太过于根本不理解劳动价值说了，我们用不着一一去反驳它，我们只要不忘记上面几节的说明，我们就可以知道它如何不明白活着的古柏的价值的起源，如何不知道劳动和使用价值的关系，如何不理解必要劳动的根本意义了。

7. 由必要劳动价值说看来的各种价值学说（略）

抗战建国纲领浅说

经济篇

一、 经济纲领的重要性和它决定上的困难性

这里说的经济，所指的当然是广义的经济，即是说，是包含狭义经济内的生产，流通，消费，分配，和普通放在狭义经济以外的财政，金融，交通，运输等而言的。这不但因为《纲领》第二十条，第二十一条和第二十三条等条明明超出狭义经济之外，而且因为现代战时经济体制的施设，在学理上，必须采用广义的经济纲领，才能使整个的战时物资总动员，圆满进行。试看一九一四到一九一八年的欧战期中各国的实例，和近数年来德意俄日等国所谓准战时经济体制的理论并实例，便知这是一定不移的道理。

广义的战时经济纲领，照现代战争理论说，在一般的战时纲领当中，占有一个特殊的基本的重要地位。关于广义的战时经济纲领何以能有这种重要性，可以举出三个主要理由：第一，因为现代战争随着武器之不断进步，变成一种精制物资的大量消耗战，而这种被消耗的大量物资之来源，不能专靠储积，而须随着战争之进行，靠不断的大量生产去补充，所以要行现代战争，必须准备战时经济体制的生产，换句话说，必须有合理的广义战时经济纲领。第二，因为现代战争，除开大量的物资消耗外，必是动员全体具有战斗力的精壮国民的大规模的战争，在增加消耗和中断生产两方面，都容易促成后方人民生活上的异常勤劳艰苦。所以在战争期间，要想使这种后方人民生活上的艰劳，不致因过分而酿成反战或秩序不安的危机，必须施行合理的广义战时经济纲领，使后方人民生活能在通常人类可能忍受的最低限度以上。第三，因为照过去历史上实例，胜于战场者往往会因战胜后全国经济极度疲惫的缘故，在国际上被第三国所劫持，在国内发生社会事变，以致流血换得的胜利，在国利民福的关系上变为乌有。所以要想在战胜后不徒有胜利之名，而且保胜利之实，必须在战争期间施行合理的广义经济纲领，使全国经济始终保持相当余力，而不至在战后陷于极端疲惫的境地。综合以上三种理由看来，可知广义战时经济纲领得宜，则战时可以尽量发挥固有的战斗能力，可以避免因内部摩擦而来的意外失败，胜则可以确保胜利而招致国利民福，败亦可以无憾；反是，如果广义战时经济纲领不得其宜，则战时不能尽量发挥固有战斗能力，易招意外失败，败固遗憾无穷，胜亦难期确保胜利，以增进国利民福。由此可知广义战时经济纲领在现代战争上不但具有重要性，而且具有基本的重要性。因为只有在广义战时经济纲领得宜时，才能真正作战，才能尽量发挥战斗力，才能避免内溃式的意外失败，才能胜而利国福民，败而可望卷土重来。这样和备战，作战，决战并战后社会都有直接的重大的关系。故在一般战时纲领当中，除广义的战时经济纲领外，实在没有第二个。

广义的战时经济纲领，虽有上述的基本的重要性，然它的决定却非常困难，在一定时期和一定地方，要想决定一个合理的广义的战时经济纲领，在实际上很不易立刻做到。从理论上说，这也不足怪，因为一个合理的广义战时经济纲领，本来含有几种自相矛盾的性质，逼使纲领的决定人难于兼筹并顾。广义战时经济纲领含有哪几种矛盾的性质呢？

第一，它应该含有的时代性和环境适应性是互相矛盾的。广义战时经济纲领当然不能不是最具有时代性的最新式的纲领，因为不如此就不能在经济上和敌国对抗。例如敌国施行全国物资的军事管理的时候，如果己国不同样施行全国物资的军事管理，就会相形见绌，而在战斗力上发生不良影响。但在另一方面，各国国民经济的天然条件和发展程度，当然不能全然相同，所以所采的广义战时经济纲领不能不求其适合环境，否则非徒无益，而且有害。这两个必须具有的时代性和万不可缺的环境适应性，显然是互相矛盾的。

第二，广义战时经济纲领的一时应急性和长期奠基性，也是互相矛盾的。前面说过，战时不能努力行战争资料的生产，就不能尽量发挥战斗能力，在这个意思上，战时经济纲领是带有战时应急性的；在另一方面，前面又曾说过，战时不能在经济上奠定战后的基础，则难免在战后遭遇国内的社会事变或国际的异常打击而使战胜的结果归于乌有，所以战时经济纲领又必须是有奠定战后基础的性质的。这两种性质——一时应急性和长期奠基性——的互相矛盾，也是很显然的。

第三，战时经济纲领的全盘打算性和部分偏重性也互相矛盾。

战时经济纲领必须具有全盘打算性，把广义经济领域中一切事项全体包含在内而行整个的合理的计划打算，才能适应前面所述关于广义战时经济纲领的三个重要性；然而从战时的实践说，战时经济纲领又往往不能不偏重部分的发展，或过于倾重军需品生产的装置设备，或过于重视财政的需要而忽视狭义经济的需要，这种必然的偏重，可以叫做战时经济纲领的部分偏重性。这两种性质，不消说，也是互相矛盾的。

以上三种矛盾，在实际上如何才能调和，这是不容易答覆的。所以一个真正合理的广义战时经济纲领的决定，实在不是一件容易的事。从理论上，凡是一个合理的广义战时经济纲领的决定，必须（1）把握现代战时经济的学理。（2）考虑一国国民经济的特殊环境。（3）估量战时需要的缓急。（4）斟酌国民意志的向背和倾向。这样面面顾到，层层关联，才能真正谋定而可行，行之而有效。

《中国国民党抗战建国纲领》中的广义战时经济纲领，在它的决定之际，是否经过上述面面顾到层层关联的程序，执笔人虽不确知，然如从经济纲领的内容，加以考察，似乎可以推知其亦必大体经过上述的程序。因此，执笔人以下关于经济纲领的解说，也要沿着这个想像中的决定程序去进行，因为只有这样才能使论述体系化，使说明简单化。

二、 广义的现代战时经济的学理

关于广义的现代战时经济的学理，近几年来，著书立说者甚多。考其立论，大概俱系以现代战争之性质，现代全体主义的经济机构之形成，及一九一四到一九一八年欧战之经验，并俄意德日最近数年的准战时经济体制下之经验等等为出发点，而归结到现代战时经济的必要不可缺的种种纲领。本节的说明，本来也应该采用同样的立论方式，但因关于现代战争之性质，上节已约略说过，而关于现代全体主义的经济机构之形成和各国战时或准战时经济设施之经验，又因内容复杂，叙说费词，似非"浅说"程度的书所宜铺陈征引，所以在这里都略去不说，而专说现代战时经济纲领本身在学理上应有的内容，但在必要时，也附带的将现代全体主义的经济机构和各国过去经验，作为《纲领》本身的说明，略加解释。

从广义的现代战时经济的学理说，现代战时经济纲领上必要而不可缺的，有下列七项：

1. 财政金融的总动员

现代财政金融的活动为现代经济的脉络，如果财政金融的活动不充分或不合理，经济上的其他方面的活动便也不能充分，甚至于发生障碍和弊害。在平时是这样，在战时尤其是这样。所以经过上次欧战的辛苦经验，各国在平时都注意作财政金融战时总动员的准备，甚至未到战争时期，即有将财政金融的动员部分的实行者，例如集中外国货币并外国有价证券，或减低本国发行准备率之类。战时财政金融总动员之方法，极其复杂，并可依一国财政金融组织的健全与否，一国富力的多寡，一国经济机构之根本主义（例如自由的资本主义或强制的全体主义）如何等等，而异其办法。然从大体说，共通的主要办法略如下。

（1）全国财政的战时化。其内容为减少不急支出，设定战时租税，发行大量的自由公债或强制公债，延缓政府的支付，挪用各种特定目的之基金等。

（2）法定币制的修改。其内容为贬低货币之平价，更改发行准备率，增加制限外之发行额，不公布发行数及发行准备，完全停止国内的兑现（这当然不适用于平时本不兑现之国）等等。

（3）统制银行业务。其内容为统制汇兑，统制贴放，限制提存，特种生产贷款的保息保债，减低中央银行的制率，甚至强制银行的合并及投资或特种银行的收归国有等等。

（4）调整保险，信托及一般民间之贷借关系。其内容为制定一般债务延付办法，制定战时保险事业变通办法，强制战时减息等等。

（5）统制对外金融。其内容为限制外汇，管理外汇，增加在外资金及集中硬货等等。

2. 重要产业的战时统制和战时管理

上述战时财政金融的总动员，虽也有间接统制生产事业的作用，然而到底是间接的，所以要谋战时生产能向特定的战时需要方向进行发展，还须直接统制或管理重要产业。当然，这也和财政金融的战时总动员一样，是要看一国的经济条件及经济发达程度等等而有变更的；从大体说越是"有"的国家，越不需统制或管理；越是"无"的国家，越需要统制和管理。同时，经济越不发达的国家，越需要统制或管理；经济发达越到了高度的国家，越不需要严格的统制和管理。关于重要产业的战时统制和战时管理，主要办法大致如下：

（1）奖励战时必需品的生产和限制战时不急需品的生产。其内容为生产资金的贷出与否，生产奖励金的有无，免税的有无多寡，运输便利的给予与否，政府预约购买的有无等（有者及多者为奖励，无者及少者为限制）。

（2）军需产业和粮食产业的军事管理。其内容为特设监理人监理，直接派遣经理人经理，组织战时生产管理委员会监视指导，甚至将军需产业全部暂时收归国营等等。

（3）创设与战争有关的大规模产业。此为上述二法俱难适用时的办法，其内容为或利用保息保债并给予特权的方法，诱导私人资本独办或与国家合办，或利用战时法令，强制资本集团开办或合并，或利用战时财政之膨胀及战时资源之管理，直接由政府创办。

3. 劳力的总动员

劳力是经济生产的三大要素之一，在战时经济纲领上当然应占一重要地位，因为一切生产扩充皆非有充分的劳力不可，而在现在的大规模战争之时，许多精壮而能劳动的人都被移调做不生产的作战事业去了，劳力的数量当然会变成不充分，劳力的地域产业分布，也难免不适宜，所以在战时经济纲领上，必须有劳力总动员这一项。劳力总动员的方法，大致为劳力的地域上的移调，劳力的产业上的移调，劳力的强制，以女性代替男性劳力，降低童工年龄的限制等等。

4. 国内贸易及对外贸易的严格统制

在现代交换经济的状况下，如只图生产的增加而不设法统制贸易，仍恐因价格及供求关系，不能完全获得生产增加的益处，所以在现代战争中，必须相当的抵制自由竞争主义的贸易，而施行严格的贸易统制。这在国内贸易上，固不消说，即在对外贸易上，也应该如此，因为在对外贸易若不如此，就不但会有资本外流，国际收支平衡逆转的危险，而且容易酿成入口货非战争所必需，出口货反而影响己国军需的毛病。贸易统制的具体方法，大致为调整运价，免费运输，增减特定品之税率，限制进口出口，国营必需商品之买卖，对外重要贸易国营等。

5. 交通事业的国营或军事管理

在战争期中，交通事业直接关系军事的进行，自不待言；即单从战时经济之立场来看，交通事业对于生产动员，劳力动员及贸易统制，也有异常重大的关系。所以在战时经济纲领当中，不能不有交通事业的国营或军事管理一项。这当然要看一国平时交通事业是公营多或民营多而异其战时措置的程序，但无论如何，总得有若干的战时措置。因为即令主要交通事业平时是国营的国家里面，在战时亦须加重国家管理的程序或竟变为军事管理，否则恐难应军事上及战时经济上的需要。

6. 严格的消费统制

前面已经说过，在战时，前线消耗非常巨大，而生产方面复因劳力分子的不足，难免总生产额上的减少（特种物品虽可因集中资本及劳力的缘故而有增加），所以如不严格统制国民一般的消费，则不但特种物品的供给必感不足，并且在稍长期间之后，还难免一般必需品的供给的缺乏，因而影响全国民的健康和前线的作战能力。这道理在资源丰富的国家，已可适用，如在资源缺乏或粮食不足的国家，尤其可以适用。所以严格的消费统制，也是现代战时经济纲领上必要不可缺的项目。消费统制的具体方法，大致为断绝奢侈品的生产及来源，提倡节俭生活，奖励己国可能大量生产的物品的使用，调节粮食，国家管理粮食，禁止民间使用军需品或其原料，奖励储蓄，酌量增加消费税，统制物价等等。

7. 国民生计及国民所得的调整

在现代大规模的战时状况之下，尤其在长期的大规模消耗战争下，一般国民生计的日益变苦，一般国民所得日益变少，是带有必然性的。但同时国民中从事军需品制造或贩卖事业的人们，仍可幸逃法网，增加所得，也是各国过去实例上所明示的事。在这种一般国民日益艰苦而少数国民倒反日益富盛的状况之中，国民生计及国民所得的调整，也就必然会变成必要的战时经济纲领。调整国民生计及国民所得的具体方法，大致为施行战时所得税，增加战时所得税，施行战时救恤法，救济并抚恤战士家属等等。

三、　中国抗战经济纲领必具的特殊性

上节所述广义的现代战时经济的学理，是不是可以完全适用于中国？如果可以的话，那末，问题就很简单，我们只消依样画葫芦，就够了。但是照前面第一节所述，一国的战时经济纲领的决定是很不容易的，是要从几种矛盾当中去找出路的，最要紧的是要看一国的经济环境能不能完全适用最新式的经济纲领和须不须完全适用最新式的经济纲领。所以我们要想判断上节所述现代战时经济纲领的学理可不可以完全适用于中国今日的抗战经济，我们最要紧的先得看看中国国民经济的现实条件和中国国民经济发达的程度。

中国国民经济的现实条件和中国国民经济发达的程度到底如何？这虽是一个不易正确解答的复杂而麻烦的问题，然而从大体看

来，下述五点，总可以说是一般有识者所公认的。第一，中国的财政金融的运用权，一半还操诸外人手里，至少可以说，这几年来中国财政金融政策的运用，事实上还要靠善意的外国人的同情的援助。关于这层，有许多事实可资证明，并且是研究财政经济的人都知道的，这里且不必引证。第二，中国的多数经济机构，还没有完全现代化，例如全般的金融组织，一般产业内或产业间的组织，国内商业组织，一般运输组织，甚至一般商行为上的法律定式等等皆可为证。第三，中国的民族工业，无论从重工业看或从轻工业看，不但在事业经营上都没有打稳基础，并且在地域分布上都偏于沿海沿江一方，不能依以为战时经济的据点。第四，中国国民生活程度，从一般说，还没有达到现代生活的水准。第五，中国的农产品，除少数通商口岸外，大体还可自给，并且大体还是一种地方的自足自给，而不是整个国民经济互相交换补益的自足自给。

从这样的国民经济的现实条件和国民经济的发达程度，我们可以发见中国抗战经济纲领上必不能不具有的三个特别性：第一是它的国际连带性。这就是说，中国抗战经济纲领，在财政金融方面，在军需品的供给方面，以及在战时必需产业的建设材料的获得方面，都不能不和一些友邦发生国际的连带关系。第二是它的国民最低限生活的自给性。这就是说，因为中国一般国民生活水准不高，而粮食又大致能有地方性的自足自给，所以中国的战时经济纲领可以比较少顾虑到国民生计问题，简单说，中国的战时粮食问题，不像产业已经近代化的国家那样严重。第三是抗战和经济建设同时并进性。这就是说，外来侵略毁坏了沿江沿海的新式工业，同时促成了中国民族产业的彻底自觉，而在另一方面，抗战中的事实上的必需，又必然促成平时在经济上不利于建设的种种事业，例如交通线，轻工业，初步的机械工业，矿业等等的开办，所以中国抗战经济纲领，和其他各国的战时经济纲领迥不相同，真是带有一面抗战一面建设的性质的。

由此看来，当然可以很明白的知道上节所述现代战时经济的学理不能完全适用于中国了，因为如果中国财政金融的运用权不能完全自主，军火的来源也有赖于国际上的援助，那末，所谓战时财政金融的最新学理当然在中国就要感觉药不对症；同样，如果中国产业机构还很幼稚，那末，所谓彻底的战时产业统制或产业军事管理当然会变成不能实行，勉强行之就会等于"揠苗助长"；如果中国国民最低限度生计尚带有地方的自足自给性，那末，所谓最完全的粮食管理制度也就会变成无所用诸了。

所以，中国的抗战经济纲领有时虽不能不采用现代战时经济的学理，但现代战时经济的最新学理却全部的适用于中国，完全不采用现代战时经济的最新学理，明明是故步自封，必无以应抗战上之需要；完全模仿现代战时经济的最新学理，又显然是东施效颦，不但无济于事，而且将更增其丑。明白了这个道理，才可以谈《中国国民党抗战建国纲领》中经济纲领的最高原则和具体方略。

四、 抗战建国的经济纲领的最高原则

经济纲领的原则，除明白规定于《抗战建国纲领》第十七条外，更见于《临时代表大会宣言》中之民生主义一段之说明下，此外临时代表大会通过之《非常时期经济方案》之前文大部分，也可

认为是说明经济纲领的最高原则的。现在先将这几种资料的本文，征引出来，然后更进一步，加以解释和批判。

《抗战建国纲领》第十七条："经济建设，以军事为中心，同时注意改善人民生活。本此目的，以实行计划经济，奖励海内外人民投资，扩大战时生产。"

《临时全代会宣言》中民生主义之说明如下："凡此增进战时农工生产，以奠立战后经济基础，语其条理，虽经纬万端，而扼要言之，不外三点：第一举国人民当以极端之节约，极端之刻苦，以从事于生产资本之累积，与产业之振兴，近代新兴诸国莫不循此，吾人所宜借镜者也。第二举国人民皆当认定此时所急惟在抗战，惟在求抗战之胜利，一切产业复兴之计划皆当集中于此。盖此次抗战为国家民族存亡所系，国家民族之利益，大于个人之利益，必当以国家民族之利益，为共同之目的，即使平日因其地位或其职业利害感情各有不同，然覆巢之下断无完卵，惟有向共同之目的而共同迈进，乃可以救国家，救民族，且即以自救。第三抗战期间关于经济之建设，政府必当根据民生主义之信条，施行计划经济，凡事业之宜于国营者，由国家筹集资本，从事兴办，务使之趋于生产的合理化，且必节制谨度，树之楷模；其宜于私人企业者，由私人出资举办，于国家的整个计划之下，受政府的指导及奖励，以为有利的发展，私人企业既因国家的银行与重工业及交通网之发达而遂其生长，则于节制资本之目的既无违背，而私人企业心亦得所满足，不惟直接关系国防的经济事业得以活泼进行，即关于社会普遍繁荣的经济事业，亦因以发展，使最大多数人民生活之水平线得以增高继长。"

《非常时期经济方案》之前文谓："经济政策应适应时代之需

要，是以在非常时期一切经济施设，应以助长抗战力量，求取最后胜利为目标。凡对于抗战有关之工作，悉当尽先举办，努力进行，以期集中物力财力，早获成功。

目前之生产事业，应以供给前方作战之物资为其第一任务。战争之胜负，每以后方对于前方物资供给之能否充裕为断，吾国原料虽丰，而工业落后，作战所必需之物资，其可由国内生产者，务宜积极生产，以求自给。因制造设备不足而须向国外购买者，则应输出国内货品以为交易，故为前方物资计，亟应提倡生产。

在抗战时期，前方将士之一切需要固应充分接济；而后方民众之日常生活所必需，亦应由国内设法供给。抗战以来，各处海门多被封锁，交通工具多被破坏。我国施设当使人民日用所需无须仰给外人，庶生活得以自给，抗战可以持久，是以后方生活必需品之求自足自给，亦为当前之要务。

为实行促进生产起见，自须全部巩固，运用灵活，然后农工矿各业得以发荣滋长，并应发展交通机构，俾各种货物之运输得以通畅，更进而改进对外贸易，增加国产之出口，减少奢侈品及非必要品之入口，庶国际收支得以平衡，而促进生产及抗战必需之工具亦可借以输入，故金融交通以及对外贸易，亦为经济计划中之要端，必须同时注重。"

现在如果把上述三种资料综合起来，就可以知道中国抗战经济纲领的最高原则有四个：（1）军事中心的原则。其内容是"一切经济设施，应以助长抗战力量，求取最后胜利为目标"，反面说，就是为求抗战的胜利，不妨放弃平时的经济计算损益上的观点，而务期能增加抗战力量，以求抗战胜利，例如以重价购买外来的必需的军火，举办条件较平时苛刻的外债，修筑在平时经济打算上万不能修筑的交通工具等等，就是实例。当然，"凡对于抗战有关之工作，悉当尽先举办"，也应该是军事中心原则的另一个主要内容。（2）扩大战时生产的原则。其内容是为前方物资计，亟应提倡生产，同时"后方民众之日常生活所必需，亦应由国内设法供给"，但生产的扩大是需要增加资本的，所以扩大战时生产的原则之第二内容，为"奖励海内外人民投资"，并"举国人民当以极端之节约，极端之刻苦，以从事于生产资本之累积"。（3）实行计划经济的原则。其内容为"凡事业之宜于国营者，由国家筹集资本，从事兴办，务使之趋于生产的合理化，必节制谨度，树之楷模；其宜于私人企业者，由私人出资举办，于国家的整个计划下，受政府的指导及奖励，以为有利的发展"。其次为实行促进生产起见，必须金融巩固而运用灵活，交通机构发展，即对外贸易亦因国内生产之必需工具及生产品之销路有关，所以金融，交通，以及对外贸易，亦为经济计划中之要端，亦须同时注重。更次，个人间之经济竞争足以减少生产总额之分量，所以"举国人民皆当放弃其平日因其地位或其职业而生之利害感情的不同，而趋向共同目标，共同迈进"，也是计划经济的一个内容。再次，生产之进行必定要靠劳资双方，所以资本与劳工之利益，应兼筹并顾，使劳资合作，事业繁荣；反之，如在抗战区间，发生阶级斗争，必会影响抗战事业，所以"更不容许其发生，抗战胜利以后，其于民生主义之计划经济，已使共有共治共享之理想臻于实现，尤无发生阶级斗争之必要"；由此可知劳资协调也是计划经济的原因之一内容。（4）改善人民生活之原则。这是《抗战建国纲领》第十七条明白规定的，但其具体的内容，依

《临时全代大会宣言》观之，似倾重于间接改善的方法，期在因直接关系国防的经济事业之活泼进行及关于社会普遍繁荣的经济事业之发展，使最大多数人民生活之水平线得以继长增高。

以上四个关于抗战经济纲领之最高原则，从学理上看来，都是最合于中国经济的现实状况和发达程度的原则，同时又是合战时和战后需要的原则，所以它们的合理性和妥当性，是用不着再加注释的。这里我们应该注意的，是这一层：各原则在表面上虽系平列，在实际上却应有主从先后之别，在四者中，居于领导地位的是军事中心的原则，在这原则领导之下，才能有扩大战时生产的原则；同时只有在扩大战时生产的原则之下，才能说实行计划经济原则。更次，只有在实行计划经济的原则之下，才能说到改善人民生活的原则。理由是很显然的，不但在一般学理上各原则非有主从先后之别，就不能成其为带有指导性的原则，而只是一些多元的杂凑；而且从各原则本身之关联看起来，在抗战期间没有计划经济就不会有整个的人民生活之改善，没有战时生产之扩大，则救死扶伤之不暇，也不会有计划经济，没有军事中心的原则使军需先能充实，军事先能立脚，则扩大战时生产恐怕也会流为空言的。

最后，应该看一看这些最高原则是不是和现代战争经济的学理相合。关于这一层，大至可以说，大体方向是相符合的，不过，程度却相差甚远。例如军事中心的原则的适用，先进国当不能及到中国的程度。而改善人民生活的原则，先进国的适用当远过于中国的程度。因为在先进国中军需事业的平时准备应远过于我，所以无须临战而仓皇。同时，因为先进国，照例贫富悬绝，常有深刻的劳资之争，一般生活程度较高，而国民经济又多带全国交换补益性，所以在战时易生内部生活上的摩擦，而有尽量改善人民生活之必要。即以扩大战时生产的原则和实行计划经济的原则来说，中国与先进国间的程度之差，也应该很大。因为已有现代产业机构的国家，甚易扩大战时生产，故程度不必甚深，而在没有现代产业机构的国家中，则情形却恰恰相反；在另一方面，已有现代产业机构的国家，易于实行完全的计划经济，而在没有现代产业机构的国家中，则所谓计划经济，在实际上势必只能施行初步的程度。像这样，中国战时经济纲领上的原则和先进国战时经济纲领上的原则之间的差别，是一切研究战时经济的人们必须要切实把握的，否则其所计划，所主张，就是画符，就是幻想。

五、 抗战建国经济纲领的具体的项目

抗战建国经济纲领的最高原则既已说明，就可以进而解释抗战建国经济纲领的具体的项目了。为求简明扼要起见，姑且照广义经济学上的一般的分类，分为七项来说，并且所用的资料，也还不限于《抗战建国纲领》，而是兼采《非常时期经济方案》及其他和相关法令或报告的要旨的。当然，在这里，还要引用前几节所述的旨趣，说明各种具体项目何以和现代战时经济学理上关于同种项目的主张尚有相当的差别。

1. 战时财政政策

中国战时财政政策纲领，见诸明文的有下列诸款：

（1）节减开支。这见于《非常时期经济方案》第七项厉行节约以省物力之说明中，即"现值非常时期，政府应领导人民厉行节

约，紧缩开支。其在公共财政者，凡政府机关不必要之开支及不能即生效果之建设费用，均宜切实核减，以维财力。"

（2）向友邦告贷外款。这屡见于财政当局自抗战以来的财政报告，中国出席国联行政会代表屡次公开请求友邦行物质的援助，也是一种旁证。老实说，在战争期间，如果能借得着外款，哪怕条件稍苛，那也是最好不过的，因为这样就等于扩大了己国的战时物资，而可以避免国内战时生活过于困苦和战后社会摩擦的发生。且从现代战争史看来，战胜国往往是能多借外债，肯多借外债之国（例如日俄战争及欧战）。所以在战时借外款，是不必忧虑的，也是不必隐讳的。

（3）发生内债。这是可由五万万元救国公债，五万万的国防公债，五万万元的金公债和一万万元的振济公债等来证明的。在《非常时期经济方案》的结末，也说："本方案内所述种种事业，均属非财莫举，国家财政近年来虽渐入正轨，然自全面抗战发动以来，税收锐减，支出激增。弥补之法，不外加税，举债两途，在此非常时期，举办新税，整理旧税，既非急切所能收效，而可济急用者，只可出于发行债券，所赖国人深明大义，竭力输将，华侨尤热心救国，源源捐汇，使抗战数月得以顺利进行。本案所列各款，类为生产事业，关于工矿交通等事业资金，自宜由主管机关尽量利用国内金融机关人民之投资及国际材料机器之借贷，其必须由国库支援者，自当授权政府，于可能范围内加税举债，集款应付，以期共赴事机。"这也是中国战时政策特别注重发行内债的证明。

（4）推行战时税制。

（5）彻底改革财务行政。后二者都是《抗战建国纲领》第二十条所明示的，其详细办法，目前还无从知悉；但政府特别注重公债政策而不十分重视租税政策，则证之前述"而可济急用者只可出于发行债券"一语，毫无疑问。

合上述五项观之，可知中国战时财政政策与现代战时财政政策之间，尚有相当距离。中国尚未采用设定战时租税，发行强制公债（这是对亚比西尼亚作战时的意国，准备战争的今日的德国和敌国日本等已经采用的方式），及延缓政府的支付等等方法，因此也可知中国战时政策尚有余裕，同时可知中国之能借得外债一事如何有利于战时经济。

2. 战时货币金融政策

这见诸明文的，有下列诸款：

（1）巩固法币。这见于《抗战建国纲领》二十二条之"巩固法币，统制外汇……以安定金融"，及本年三月为抵制伪组织破坏法币而发布之外汇请核办法。

（2）统制银行业务。这见于《抗战建国纲领》第二十一条之"统制银行业务，从而调整商工业之活动"，及抗战以来屡次公布的种种调整金融之条例。《非常时期经济方案》第五项所述之分别地区调剂金融办法四种（文长不录），也可以证明政府对于统制银行业务之方针。

合二者而观之，可知中国的战时货币金融政策，距现代战时经济学理上所公认之种种办法，如前第二节所述者，程序相差尚远，这固由于中国金融运用权之不完全及中国金融机构之落后，同时也由于中国无实行种种极端政策如修改币制，特种银行收归国有，管理外汇及制定一般债务延付办法等等的必要。

3. 战时生产政策

这可分为：

（1）农业生产政策。这可见于《抗战建国纲领》第十八条之"以全力发展农村经济，奖励合作……并开垦荒地，疏通水利"，及《非常时期经济方案》之第一条："推进农业以增生产"项下所述：①农民生活应使安定；②有用作物之生产应使增加；③大宗农产品应设法积储调剂；④农村经济应使活动；⑤土地分配应逐步改进五种办法之中（原文过长，兹不转录）。

（2）工业生产政策。这可见于《抗战建国纲领》第十九条之"开发矿产，树立重工业的基础，鼓励轻工业的经营，并发展各地之手工业"，及《非常时期经济方案》第二条"发展工矿以应供需"项下所述：①固有工矿设备应设法保存以充实内地生产能力；②国防急需之工厂应积极筹设；③燃料及动力应妥筹供给；④农村手工业应提倡促进；⑤民营事业应扶植奖导五种办法（文长不录）之中。

合农业及工业的生产政策观之，可知中国之战时生产政策也只是初步程度的战时统制和奖励，尚未达到第二节所述现代战时经济学上所主张的战时管理，但只因中国是一个"有"而经济不发达的国家，所以中国不能不采用该节所述"创设与战争有关的大规模产业"的办法。

4. 战时贸易政策

中国的战时贸易政策，见于《抗战建国纲领》第二十二条之"……管理进出口货……"及第二十四条之"严禁奸商垄断居奇，投机操纵……"，并《非常时期经济方案》第六项"管理贸易以裕外汇"项下所述：①责成水陆运输机关对于出口货品特予便利；②办理兵险以资保障；③责成贸易专管机关，对于重要外销货品，改良品质，扩充数量，并促成国内买价及国外买价之合理化；④对于中外出口商行，当充分协助，使各发挥其本能；⑤政府备款购买大宗货品，推销国外。此外抗战始期所分颁"农产调整""贸易调整"及"工业调整"之三种条例，其主旨亦在调整战时国内贸易及对外贸易的机构及活动之不备。

中国战时贸易政策，在大体上虽甚接近现代战时经济学理上所公认之办法，但在国内贸易方面，因旧来商业习惯牢不可破的缘故，尚未达到切实统制的程度。

5. 战时交通政策

这见于《抗战建国纲领》第二十三条之"整理交通系统，举办水陆空联运，增筑铁路，公路，加开航线"，及《非常时期经济方案》第四项"发展交通便利运输"项之下：①国内交通线路应加速添设；②国际交通线路应开辟扩充。此外自抗战以来即已实行的铁路运输军事统制及关于水路之联合运输办事处之半军事统制，亦属于战时交通政策之范围。

在中国各种战时经济纲领当中，只有关于战时交通事业之部分，最与现代战时经济学理上所公认之办法相接近。这虽是第一由于交通与军事关系太密切，第二由于中国铁路半系国营，航空亦有半国营性的缘故，但从事交通事业的人们的异常努力，亦值得称赞。

6. 战时消费政策

这可见于《抗战建国纲领》第十八条之"……调节粮食……"，第二十四条之"……实施物品平价制度"，及《临时全代会宣言》

之提倡极端之节约，极端之刻苦，暨《非常时期经济方案》第七项"厉行节约以省物力"项下所举之：①衣食住行应养成良好习惯；②奢侈各品应分别限制禁止；③勤俭美德亟应提倡三种办法当中。

中国的战时消费政策，距现代战时经济学理上所公认的办法，还很遥远，但依中国各种统计调查尚不完备，登记制度及小卖市场取缔制度素不发达的状况看来，也许是抗战初期无可如何的事。

7. 战时国民生计政策

这仅可见于《抗战建国纲领》第二十七条之"救济战区难民及失业民众……"，及《非常时期经济方案》第三项"筹办工业以安难民"一项的说明中。此外，最近振济委员会之设立和振济公债一万万元之发行，也是国民生计政策的一个表现。至于战时利得税及战时财产税等调整国民所得的办法，则尚未采用。

此时国民生计政策，也是中国战时经济纲领和现代战时经济学理相距甚远的一个中项目；这当然是如前第三节所述，因为人民生活水准较低及粮食尚能有地方的低度自给的缘故。

为现代战时经济学理所注重而为《抗战建国纲领》所未顾到者，为战时劳力的总动员，这当然是由于中国劳力向来过于充裕，而新式的产业又尚未充分发达，因而不感觉战时劳力动员必要的缘故。所以这一层也不能算为抗战建国经济纲领的缺点。

实业计划综合研究总论

第一章　实业计划之经济学的观察

第一节　实业计划之经济学远见

一、预见计划经济之可能

二、预见一九二九年之世界恐慌及集团经济的形成

三、预见统制经济时代的到来

四、预见物资经济时代之诞生

五、预见国防经济建设为一切经济建设基础之原理

六、预见中国西部经济建设在国防经济上之重要性

第二节　实业计划实施之经营方式

一、一般经营方式之种类

二、实业计划所注重之经营方式

三、经营方式与所有权之关系

四、主要的经营方式与生产关系之变化

第三节　实业计划实施时所需之土地，资本及劳力

一、土地　在平均地权的政策下，所需要土地绝无问题

二、资本

A　资本的意义及种类

B　内资　在"钱币革命说"的理解下，不成问题，详见次节

C　外资

（1）来源

（2）数量

（3）利用方式

三、劳力

A　数量

B　来源

C　品质

D　分配之社会化与劳动生产性增高之关系及劳资问题

第四节　实业计划实施有之经济机构

一、设计及推进机构

二、管制机构

三、业务机构

四、辅助机构

第五节　实业计划全部实现后中国社会经济现状改观之预想

一、经济的"一次革命"发生伟绩的可能

二、在生产方面

三、在分配方面

四、在流通方面

五、在消费方面

六、在一般经济生活上

第二章　实业计划之钱币革命（黄元彬，略）

各国现代经济学说及组织

　　本课程依预定计划，原分（一）总论，（二）英国，（三）美国，（四）法国，（五）德意，（六）苏联，（七）日本，（八）中国等八章，而以中国垫后作全书总结。每章各自成一单元，请由对各该国经济问题有研究之权威学者，分别讲述，以期成一完整之教程。惟因各作者或以公务栗六[1]，或以讲授过忙。大都无暇撰述详稿，除何粹廉先生担任之美国部分讲稿诸未寄到，不得已付诸阙如外，或以大纲或以要目权充，此在全书组织系统上似欠严整，以时间关系，急于赶印分发，曲曲之衷，尚希谅之！

编者（原编者）附志

---

　　① 意为忙碌。——编者

一 现代经济学说及组织

第一章　总论

第一节　本课题的意义

一、本课题的目标

依教育计划之所定，本课题之讲授要旨，在对英美苏德日等国之现代经济学说及组织，加以比较研究，并探讨我国经济思想与组织之特质与趋向。故本课题的目标，应为在比较研究之中，加深我们对于现代中国经济思想及组织之认识，并坚强我们对民生主义经济学说及组织之信念。

二、设置本课题之理由

1. 从学理上说

（1）经济为社会生活之基础，而经济学说及组织又足为经济之表征。

（2）经济学说及组织具有相当程度的合法则性，因之可用人力作相当程度的推动转移，同时在各国之间可能发生相当程度的互相影响。

2. 从事实需要上说

（1）目前世界局势正在经济学说及组织发生剧烈转变的过程中。

（2）中国正在推行民生主义的经济学说并正在开发实行民生主义的经济组织。

本班的使命在养成建设三民主义社会的高级干部人才，故从甲乙两种理由说，俱有讲习本课题之必要。

三、本课题的具体内容

本课题范围非常广泛，欲作穷源究本的研习，势非有数百小时不可，因本班时间有限，故只能择要研习，因之，对于本课题讲授时所含的具体内容，不能作预行规定，其大体如下：

1. 关于分章

（一）总论，（二）英国，（三）法国，（四）美国，（五）德意两国，（六）苏联，（七）日本，（八）中国。

2. 关于各章的讲授项目

除第一章总论系论述与各章俱有关系之共通问题外，其余各章至少必须包含：（1）经济学说之种类及其根本要义。（2）各种经济学说所由产生之社会背景。（3）在最近二十年中尤其在第二次世界大战发生后各种经济学说之变化。（4）各种经济学说之制度化的程度。（5）采取此种经济学说的国家之经济组织大要。（6）关于此种经济学说及制度之批判等六项。

第二节　经济学说的范围

一、时代上的范围

经济学说为比较发达的社会科学之一，在时代关系上各种经济学说种类甚为繁杂。一一列举，势有不能。故本课题之限定"现代经济学说"自有充分理由。惟"现代"二字之意义仍似难确定，普通解释为约莫一世纪之说，在单纯的历史分段上，虽有相当根据，惟以之适用于经济学说，则微嫌不妥，盖因片断的经济思想之成为有体系的学说实始于十八世纪，如只研习近百年之经济学说，恐仍不能明经济学说进步之大势，因此，本课题关于"现代"二字采取广泛解释，认为指从十八世纪起至现今止之时代。

二、地域上的范围

如前节所述，世界主要国家各有其经济学说，我们在地域究竟应如何限定范围？从本班的立场说，当然不能采用过广的范围，然如范围过狭，又恐不能符设置本课题之原意，目前我们决定限于英，法，美，德，意，苏联，日本及中国等七个地域，理由不是因这七八国是大国，而是这七八国在整个经济学说的发达史上各有其特殊贡献，意大利及日本贡献虽不甚大，但亦有可资借鉴之处，故将意大利附属于德，日本则作为发生纯然一意模仿杂凑的经济学说的国家之榜样。

三、研究对象上的范围

经济学说与经济思想不同，后者是片断的，前者有体系的，我们的研究对象应为前者，自不待论，例如照学理上说，经济学说的体系，理应包含：

（1）对于经济的根本观念。

（2）对于经济学说对象的认识。

（3）经济活动各部门间，如生产，流通，分配及消费间的关系。

（4）经济政策的主张和其倾向。

（5）对于经济发展的认识。

（6）根本的社会观或历史观等等。

然在事实上各国经济学说往往不能尽数论及，此种体系内之各部分，我们应认它为经济思想抑经济学说？目前我们只能采宽泛解释。凡大体能成一体系者，俱认为经济学说。且不拘定以一人或数人代表某种学说，而只注重某种学说在事实上是否能成一派别。

第三节　经济学说之发生及演变与社会背景

一、学说与社会背景

一切科学之发生，未有不为社会之背景所促成者，经济学说当然不是例外，不但如此，且一因经济学说与社会实况有密切之关系。二因经济现象比较繁杂幽微，不易被社会认识，苟依社会实况而形成经济学说，则其背景必有甚显著者之故，经济学说与社会背景之关系，较一般科学更当密切。因之，我们研习经济学说，必须同时认识其发生之背景，方能彻底理解其意义，方能确定其得失，方能批判其价值。

二、经济学说发生时之社会背景

一个经济学说之发生，必有其种种社会背景，其主要者大致为：

（1）社会生活上之需要。

（2）因生产技术改良或经济活动发展而来之社会内部矛盾。

（3）外来之政治或经济的压迫。

此三者或为同时的，或为单独的，各视其时其地之情形而定。

三、经济学说演变时之社会背景

一个经济学说之演变，亦必有其社会背景。此种背景，除与发生时之社会背景约略相同外，尚有下列三种：

（1）国际战争。

（2）经济恐慌。

（3）政治革命。

第四节　经济学说之制度化及其成败

一、经济学说与经济学说之制度化

一切经济学说之发生及演变，虽皆有其社会背景，然一切经济学说未必皆能制度化，尤其未必皆能全部制度化。盖因社会化或组织化之原动力必为政治力量。而经济学说背景上之主要政治力量，未必遽能倾向于采用此种经济学说，即使有此倾向，亦未必能全部采用，我们研习经济学说，必须对于经济学说之制度化之程度及其效果，有一明白的认识，方能理解这个经济学说的势力而作比较合理的批判。

二、经济学说制度化之方式

经济学说制度化之方式，或为渐进的，或为急进的，或为合理而有计划的，各依其时其地之情形而定。概括的说，自以合理而有计划的方式为最安全妥适。

三、经济学说制度化之效果

经济学说制度化之效果，或有或无，或大或小应依种种条件，如（1）心理的准备是否周到；（2）政治上的配合是否切实；（3）学说的精义与制度的精神是否吻合；（4）制度化当时的社会需要是否与学说切合；等等而决，不能轻率论断。

第五节　经济学说及经济组织之价值批判

一、经济学说及经济组织之价值批判的必要

我们研习经济学说及组织，如第二节所述要目标在加深我们的认识和加强我们的信念，因此，我们对于各种学说及组织不能不有一种价值判断，否则不但加深认识和加强信念的目的将不能达到，而且或将堕于知识游戏或概念游戏的陷阱。

二、绝对批判的不可能

不过，对于经济学说的价值判断，确是不容易的事。第一，绝对的价值批判既是说，在纯粹学理上判定一个经济学说的价值有无和大小，在目前是不可能的，因为：

（1）目前尚无确定的客观的批判标准。

（2）目前尚少体系完全的学说和完全制度化的对象。

（3）目前尚无可资判断的充分资料。

三、相对的批判之标准

我们难作绝对的批判，同时我们又不能不作批判，所以我们只能作相对的价值批判，即是说，凭现有的事实和我们认为正确的主观，去作批判一相对的价值批判之标准，大致如下：

（1）既知的历史事实。

（2）我们认为正当的经济的根本概念。

（3）现实的国民需要。

（4）某种经济学说及组织对于现实文化生活的贡献等等。

依此等标准去作批判，当可得一使批判者主观上心安理得的结论，而加深其认识并加强其信念。

（中略）

六 中国现代经济学说及组织

（日本附）

第一章 中国经济学说及组织

第一节 中国现代经济学说

一、概说

现代中国只有三个经济学说：（1）固有的旧经济学说。（2）外来的经济学说。（3）国父创造的民生主义经济学说。

二、固有的旧经济学说

1. 固有的旧经济学说在事实上只有一个。

2. 此种经济学说之特色：

（1）尽人事以待天命的根本观念。

（2）惠民。

（3）均富。

（4）重农。

（5）富民。

（6）节用和勤俭。

3．此种经济学说在体系上大有缺点。

三、外来的经济学说

1．外来的经济学说在事实上亦只有一个。

2．此种经济学说之特色：

（1）尚未全部移植。

（2）被理解者往往只系糟粕。

（3）在应用上常被曲解。

（4）"橘逾淮为枳"式的存在。

四、国父创造民生主义经济学

1．民生主义经济的学说渊源。

2．民生主义经济学说与固有的旧经济学说的异同。

3．民生主义经济学说与外来的经济学说间的异同：

（1）与正统派经济学说。

（2）与历史派经济学说。

（3）与社会主义经济学说。

（4）与法西斯主义学说。

4．民生主义经济的重点。

（1）民生史观。

（2）以养民为目的。

（3）从经济法则出发的计划经济。

（4）合理的统制经济。

（5）和平的一次产业革命。

（6）彻底的钱币制度。

（7）各取所值的社会政策。

（8）永久的繁荣经济。

第二节 产生各种经济学说之社会背景

一、产生固有的旧经济学说之社会背景

此问题的解释关系"中国社会之性质问题"，而后一问题的答复据个人意见应如下述：

1. 中国社会，自春秋战国以来直到今日，始终是处于商业资本社会初期的状况之中。其所以不能进展者之主要的由于资本累积之不成功，其理由除政治的姑不叙述外，盖在：

（1）所谓亚细亚式的生产样式。

（2）周围可资农业发展之处女地过多，使商业资本不趋于工业而趋向于土地。

（3）贵金属存在量地之比较稀少。

（4）生产关系之比较优良。

2. 从政治上看来的种种理由：

（1）周围无文化程度生产技术较高之国家。

（2）重农轻工商之法令。

（3）分散式的遗产分配制度。

（4）换朝代的政治转变之频繁。

二、产生外来的经济学说之社会背景

1. 帝国主义的对华侵略之加剧。

2. 政治的对外对内的无能。

3. 民生的疾苦的加重。

4. 对外来各种经济学说的观察之不足。

5. 对先进国的富强之研究不充分。

三、产生民生主义经济学说之社会背景

1. 帝国主义的对华侵略之加剧。

2. 政治的对外对内的无能。

3. 民生的疾苦的加重。

4. 对外来各种经济学说的意义之正确认识。

5. 对中外文化的认识之进步。

6. 对中国在国际经济上的地位的认识之正确化。

7. 对先进国的经济竞争的本质之把握。

第三节 现代中国经济学说在最近二十年中之变化

一、固有的旧经济学说日趋没落

1. 第一次世界大战后之世界经济发展趋势，使单纯的重农主义学说无存在余地。

2. 苏德计划经济之成功，使消极的或半消极的经济学说不能自存。

二、外来的经济学说日益暴露其不能适用于中国

1. 外来学说本身在外国之变化。

2. 一部分资本主义国家之繁荣。

3. 社会主义的苏联经济之变化。

4. 法西斯主义经济设施之变化。

5. 包含苏联在内的第二次世界大战之事实。

三、民生主义经济学说在应用上有若干变化　其理由为：

1. 对日抗战之事实的需要。

2. 苏德计划经济之成功。

3. 中国国际地位之提高。

第四节　现代中国经济学说之制度化的程度

（1）固有的经济学说之制度化的程度最高，但最近已逐渐解体。

（2）外来的经济学说在讲坛上及企业界上，虽曾一时获得相当信仰；但制度化的程度，尚不称道。

（3）民生主义经济学说之制度化程度虽比较最浅，然自对日抗战以来逐渐加深，此后尚有急剧加深之趋势。

第五节　今日中国之经济组织

1. 中国今日的经济组织，是一过渡期的经济组织，既非前资本主义组织，亦非资本主义组织，更非社会主义组织。

2. 左右中国经济组织之主要势力，仍为传统的国家力量。

3. 中国经济组织中之集团尚无充分的自觉和实力，以适应新环境。

4. 对日抗战以还的国策，如继续行之，可使中国经济组织经过"一次的产业革命"，而进入民生主义成分，站于主要的地位的阶段。

第六节　中国现代经济学说之批评

1. 固有的旧经济学说在中国历史上功过相半。

2. 外来的经济学说，过大于功。

3. 民生主义经济学说，自本党执政以来，功渐显著，此后有发生伟绩的充分可能。

附日本的经济学说及组织要点

1. 日本无固有文化，因之从严格的意义说，日本亦无固有的经济学说，如勉强充数，只有二宫尊德的报恩经济说，可算一个半固有的经济学说。这是把中国的忠孝思想，拿来与日本皇室关联起来。认为经济上一切享受俱出于天皇之恩。因之，个人的经济活动及国家的经济政策俱应以对天皇报恩为根本的出发点。这个学说在纯学说的意义上，当然还不成一个体系，故不为日学界所重视。但自九一八事变以来，日本少壮派军人中一部分，由此学说推演，成为所谓财产奉之如（对皇帝），冀借此筹措其侵略战费。其运动成绩颇有可观者，故不能以其在学理上不成学说而忽视之。

2. 日本之外来的经济学说，和中国一样亦只能有一个。因为日经济学界比较中国活泼有力，故这个外来的经济学说，比较中国为完整。但因日本无固有文化，故未能使这个学说真能适合日

445

本的环境，而成为一个独立的新学说。从理论言，这个学说还未体系化，还未脱离杂凑支离之境界，日本在侵华战争以后，经济国策之所以屡加改变而不能确定，主要原因便在于此。

3. 从社会背景，日本之外来的经济学之产生原因，大致与中国之外来经济学说之产生原因相同，惟日本因在中日及日俄战争暨第一次世界大战上为胜利国，故此种经济学说能借军事的余威而深植其基础。

4. 此种外来的经济学说，在最近二十年中，依国际经济情形而有相当变化，在最近，似乎其中法西斯主义经济学说的成分已有占据领导地位的趋势。

5. 日本之外来的经济学说已经高度的制度化，旧日本的经济组织，已濒于完全没落之境。

6. 日本的经济组织是一个资本主义占着领导地位的经济组织。

7. 日本之外来的经济学说，在日本的历史上，表面似有大功，然实际是一种残民的工具。